英語の主要構文

中村　捷 / 金子義明　編

研究社

まえがき

　英語の構文とか英文法と聞いて，大学初学年の学生の頭に浮かぶのは，5文型を中心とする基本文型や受動文，関係節，疑問文，否定文などの構文であろう．そして，これらの文型や構文がどのような形式と特徴を持ち，どのようにして形成されるかを知っている．たとえば，wh 疑問文では wh 句が文頭に移動されるし，受動文では目的語が主語位置に移動することを知っている．また，普通の動詞を持つ文から否定文や疑問文を作る時には，do を用いることを知っている．そしてこのような知識は，英語を話したり，理解したりする時，必要欠くべからざる重要な知識である．
　このような知識をさらに深く追求すると，英語の wh 疑問文で wh 句が文頭に生じるのはなぜか，受動文で目的語が主語の位置に生じるのはなぜか，be 動詞，助動詞を持つ疑問文や否定文では do を用いることがないのに対して，普通の動詞を持つ文では do が用いられるのはなぜか，等々の問題に対して説明を与える必要があることがわかる．「英語では wh 疑問詞は文頭に移動する」という知識は，欠くべからざる重要な知識であるが，それはなぜかという問いを立て，それに答えようとするのが，ことばの仕組みの解明を目指している言語研究の目標である．そしてこのような目標に対する重要なアプローチの1つに生成文法理論がある．本書では，この生成文法理論の枠組みに立ち，英語の主要な構文について，その特徴を整理し，基本的分析を提示するが，それは単に言語分析のための分析であるのではなく，現在各自が持っている英語の知識の根底にある原理を明らかにし，結果的に英語の理解力，運用能力を高めるのに役立つからである．なお，本書は第 1 章から読み始め，第 2 章以降はどの章から読んでもよい．

学習者に対して編者から

　本書は，英語の主要構文 24 について，まずその構文の特徴をあげ，さらにその構文の最も基本的な分析を提示している．したがって，本書は「構文から見る英文法」である．英語を学習・活用するすべての学生にとって，英語の仕組みの本質を知ることは，英語のより深い理解とより円滑な運用につながると思う．本文中の例文に，新聞，小説などから採取した例文が用いられているのはこのためである．

　学習者が，本書のトピックの中にさらに深く研究したいトピックを見いだしたならば，『英語学モノグラフシリーズ』（研究社）の当該の巻へ読み進むのがよい．本書は独習にも適しており，1 日 1 章の割りで学習すれば，1 か月に満たない時間で英語の基本的枠組みが習得できる．本書では基本的用語はそのつど解説してあるが，なお不明の用語に出会った時には，『チョムスキー理論辞典』（研究社）を活用されるとよい．また，最新の生成文法の展開については『生成文法の新展開』（研究社）を参照されたい．本書の第 2 章以降の章の始めに小説や新聞からとった生きた例文があげてある．各章を読み終えた後で，英文を解釈し，問題となっている構文を自分で分析することによって，内容の理解を確かめられたい．そのような作業を通して，英文を読む力がさらに増すからである．

教授者に対して編者から

　本文の内容を理解・整理した上で，適切な解説と本書にない情報をスパイスとして授業で加味していただきたい．授業は，まず例文を提示し，学生自身に問題点を「発見」させるような方式がよいのではないかと思う．また，口頭レポートをさせ，内容や用語の説明について質問しながら授業を進めることもできよう．当該構文の実例を拾う作業はぜひ授業に組み入れたいものである．言語分析が，言語分析だけに終わるのではなく，解釈力・運用力の養成にも役立つことが理解できるような授業を心がけたい．

　2002 年 2 月

編　　者

目　　次

まえがき　iii

第 1 章　文法の枠組み　1
第 2 章　時 と 時 制　11
第 3 章　ムードとモダリティー　21
第 4 章　アスペクト　31
第 5 章　動詞のクラスと交替現象　41
第 6 章　名詞句移動　51
第 7 章　疑問詞移動　61
第 8 章　関　係　節　71
第 9 章　There 構文　81
第 10 章　分裂文と Be 動詞構文　91
第 11 章　話題化構文と右方移動構文　101
第 12 章　省　略　現　象　111
第 13 章　That 補文と不定詞補文　121
第 14 章　コントロール現象　131
第 15 章　動名詞と派生名詞　141
第 16 章　叙　述　関　係　151
第 17 章　Tough 構文と目的節　161
第 18 章　程度表現と比較構文　171
第 19 章　名詞句の解釈　181

第20章　代用表現　191

第21章　極性現象　201

第22章　文副詞とVP副詞　211

第23章　理由節・条件節・譲歩節　221

第24章　数量詞と作用域　231

第25章　遂行動詞と発話行為　241

参考文献　251

索引　263

執筆者一覧

第 1 章　文法の枠組み

The generative grammar of a particular language is a theory that is concerned with the form and meaning of expressions of this language. One can imagine many different kinds of approach to such questions, many points of view that might be adopted in dealing with them. Generative grammar limits itself to certain elements of the larger picture. Its standpoint is that of individual psychology. It is concerned with those aspects of form and meaning that are determined by the "language faculty," which is understood to be a particular component of the human mind.

　　　　　　　　　　　　　　　　　　　　（Noam Chomsky 1986b: 3）

1.1　文法とは

　われわれが日常自由にことばを使用できるのは，われわれの脳にことばを操る仕掛りがあるからである．この仕掛けを言語知識（linguistic knowledge）と呼んでいる．そしてこの目に見えない知識を記述したものを文法（grammar）と呼ぶ．われわれは，文が表す音を聞いて，その意味を理解する．したがって，ことばは音と意味のつながりである．しかし音と意味は直接つながっているのではなく，音と意味との間にはその両者を結びつける仲介役として統語構造（syntactic structure）と呼ばれる構造が存在する．これを図示すると次のようになる．

（1）

2

統語構造の諸特徴を研究する領域を統語論（syntax）と呼び，音の諸特徴を扱う分野を音韻論（phonology）と言う．意味の諸特徴を扱う分野を意味論（semantics）と言う．これが文法の基本的な枠組みであり，文法はこれら3つの部門に含まれる規則・条件・原理の集合から成り立っている．ここでは統語論，すなわち統語構造について考える．

1.2 句の構造

文は語（word）の連鎖から成り立っているが，われわれは文を構成する語が単にじゅず玉のようにつながっていると認識するのではない．

（2）a.　John put the book on the desk.
　　　b.　The boy ate an apple in the kitchen.

われわれは (a), (b) の文が次のように大きく2つの部分に分割されるという直観（intuition）を持っている．

（3）a.　[John] [put the book on the desk]
　　　b.　[The boy] [ate an apple in the kitchen]

また，(3) の右側の部分は，さらに，(4) のように分割されるという直観を持っている．

（4）a.　[John] [put [the book] [on the desk]]
　　　b.　[The boy] [ate [an apple] [in the kitchen]]

われわれは，(2) の文に対してこのような知識を持っているが，これは文が単語の単なる連続から成り立っているのではなく，いくつかの単語のまとまりとそれが構成する階層構造から成り立っていることを示している．(4a) は下記 (5) のように表すこともできる．

（5）　John put the book on the desk

```
           John      put the book on the desk
                          |
                     put  the book  on the desk
```

この図は，線的に左から右へ一列に並んでいる語の間に一定のまとまり（group）があることを示している．たとえば，the と book, on と the と desk, put the book on the desk は，それぞれ，1つのまとまりを成してい

るのに対して，put と the，book と on などは1つのまとまりを成していない．the と book のように，1つのまとまりを成す要素を構成素（constituent）と言う．さらに，構成素の構造は，the と book が1つの構成素を作り，put と the book と on the desk がより大きな構成素を作り，その構成素が John と結びついて文を構成するというように，階層構造（hierarchical structure）を成している．われわれの言語知識にはこのような情報が含まれるので，文法はこのような情報を正しく述べることができなければならない．

構成素の構造（5）を見ると，book や desk は名詞（noun）であり，put は動詞（verb），the は決定詞（determiner: DET）である．そして，the book，the desk は名詞句（noun phrase: NP）であり，put the book on the desk は動詞句（verb phrase: VP）であり，on the desk は前置詞句（prepositional phrase: PP）である．このような情報を用いると，(5)は(6)のような構造に書き換えることができる．(6)を(7)のように書くこともあるが，内容は同じである．

（6）

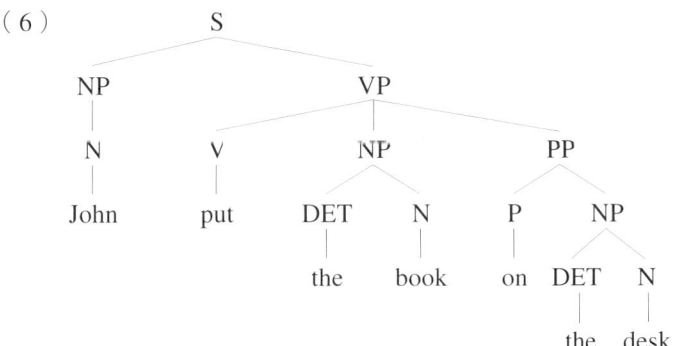

（7）　[S [NP [N John]] [VP [V put] [NP [DET the] [N book]] [PP [P on] [NP [DET the] [N desk]]]]]

この図は，この文が John で始まり desk で終わる語順を持つこと，the book，on the desk などが，それぞれ，1つのまとまり（構成素）を成していること，その構成素の範疇（品詞），さらに，その構成素間に階層関係があることを表している．

1.3 句の構造を支持する証拠

前節で，ことばは音声と意味の結びつきであり，文は単に単語の列ではなく，構造を持っていることを見た．音声は実際に聞こえるので「目に見える」存在であり，意味は実際に理解できるのでやはり「目に見える」存在である．したがって，この2つが実在することは明らかである．しかしその両者を結びつける仲介役としての構造は，音声や意味と異なり「目に見える」存在ではないので，その存在を支持する証拠が必要である．

ことばには，要素の移動という現象が見られる．たとえば，英語では wh 疑問文の wh 疑問詞は必ず文頭の位置へ移動される．

(8) a. John put the book on the desk.
  b. Which book did John put on the desk?
  c. On which desk did John put the book?

このような移動によって移動される要素は，1つのまとまり（構成素）を成すことが知られている．(8b, c) から，which book に対応する the book は1つのまとまりを成し，on which desk に対応する on the desk も1つのまとまりを成していることがわかる．そしてこの情報は (6) の構造に正しく表示されている．

次に，階層構造が必要である点を見よう．

(9) a. John loves his mother.　（ジョンは彼の母を愛している）
  b. *He loves John's mother.　（*彼はジョンの母を愛している）
  c. John's mother loves him.　（ジョンの母は彼を愛している）
  d. His mother loves John.　（彼の母はジョンを愛している）

これらの文で John と his / him は同じ人を指すものとしよう（日本語でも同様）．この解釈が得られないのは (9b) だけである（* でそのことを示す）．もし文が単語をじゅず玉のようにつないだヒモ状であるとすると，(9a, b, c) の事実を説明するためには「代名詞はその先行詞に先行してはならない」という条件を設定すればよい．しかしこの条件によると，(9d) では，his が John に先行しているにもかかわらず，his が John を指せるという事実が説明できない．そこで下の図1, 2の構造を考えよう．

図1が (9a, b) に対応する構造であり，図2が (9c, d) に対応する構造

である．そして，代名詞には次の原理が適用されるとしよう．

（10）　代名詞の先行詞は代名詞の姉妹要素の中にあってはならない．

姉妹要素とは，構造上の母が同じ要素を言う．たとえば，図1では，NP_1 と VP，V と NP_2，NP_3 と N はそれぞれ姉妹要素である．（10）を（9b）に適用すると，代名詞 he（NP_1）の姉妹要素である VP の中にその先行詞 John があるので，he と John の間には同一指示関係はない．

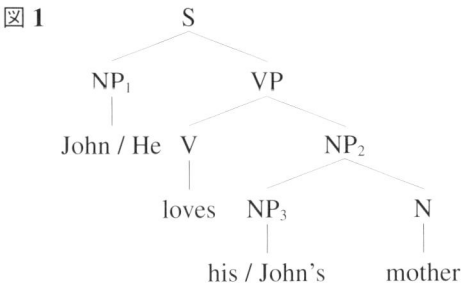

図1

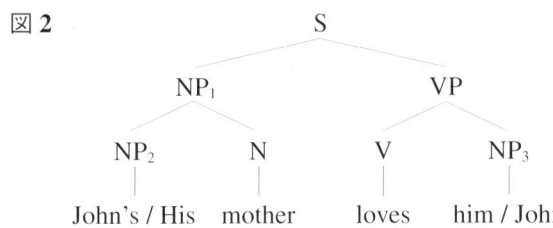

図2

これに対して，（9d）では代名詞 his の姉妹要素は N (mother) であるので，その中に代名詞の先行詞はない．したがって，この場合には his と John の間に同一指示関係があってもよい．この説明は，文がヒモ状ではなく，上図のような木の形をしている，つまり構造を認めてはじめて成り立つ説明であり，したがって，文には構造が必要である．

1.4　文の基本構造

　文の基本的構造を決定する規則を X′ 理論という．X′ 理論（「X バー理論」と読む）の基本的考え方は，「どの言語でも，その範疇のいかんを問わず，句の構造がきわめて類似している」という考え方である．たとえば，

次の句を見よう．（S′ は that 節，S′ inf は不定詞節を表す．）
（11） VP
  a. criticize the book （V-NP）
  b. talk about Mary （V-PP）
  c. think that he is kind （V-S′）
  d. try to do it   （V-S′ inf）
（12） NP
  a. criticism (of) the book （N-NP）
  b. gift to John   （N-PP）
  c. idea that he is kind （N-S′）
  d. attempt to do the job （N-S′ inf）
（13） AP
  a. proud (of) his son （A-NP）
  b. good at math   （A-PP）
  c. sure that he is kind （A-S′）
  d. able to do it   （A-S′ inf）
（14） PP
  a. behind the table （P-NP）
  b. from behind the tree （P-PP）

（11）–（14）の例を通覧してわかるように，VP には V が，NP には N が，AP には A が，PP には P が必ず含まれているという類似点がある．これはきわめて当り前のことのように思われるが，言語の重要な一般的特性の1つである．これらの N, V, A, P のように，それぞれの句の中心となる要素を主要部（head）と呼ぶ．そして，この主要部がその句全体の性質を決定する．たとえば，boys は名詞で複数形で有生名詞（生命を持つものを指す名詞）であるから，これを主要部とする the big boys もやはり名詞句で，複数形の有生名詞が生ずる位置にしか生ずることができない．このように主要部が句全体の性質を決定する．

 N, V, A, P を主要部と呼ぶのに対して，それに後続する NP, PP, S′, S′ inf などの要素を，総称して補部（Complement: Comp）と呼ぶ．（11）–（14）の例から明らかなように，主要部は N, V, A, P と異なるにもかかわらず，それらに後続する補部はきわめて類似している．

次に主要部の前にくる要素を見ると，NP では属格の名詞句や冠詞がくる（John's / the book）．そうすると，名詞句の構造は次のようになる．
(15)

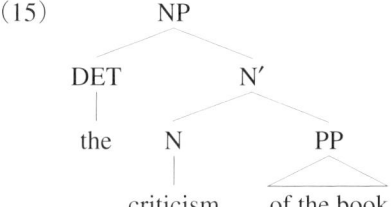

そして，これをすべての範疇に適用する一般的構造で示すと (16) となる．
(16)

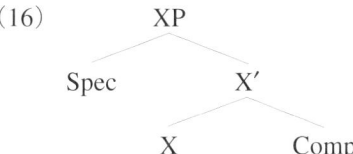

主要部と補部の関係は緊密であるので，X-Comp の部分を 1 つにまとめて X′ と呼ぶ．主要部の前にある要素を指定部 (Specifier: Spec) と呼ぶ．Spec と Comp はさまざまな範疇の総称である．

1.5　CP, IP, DP の構造

これまで，NP, VP, AP, PP について見たが，S, S′ などの節や DET もまた，X′ 理論の規約に従うと考えられる．すなわち，S′ は補文標識 (Complementizer = COMP: C) を主要部とし，S は屈折要素 (Inflectional element = INFL: I) を主要部とする句であり，DET も冠詞を主要部とする句であると考える．屈折要素とは，時制などを含む要素である．この仮定に従うと，S′ は CP，S は IP となり，従来の NP は DP となり，それぞれ下記 (17a, b) の構造を持つ．まず，CP (= S′) は主要部として C を持ち，補部として IP をとる．CP の指定部の位置は空で，この位置に wh 句が移動する．IP (= S) の主要部は I で，その補部が VP である．IP の指定部の位置には DP があり，これが文の主語である．DP の主要部には冠詞や所有格の 's が生ずる．（具体例については，各章の構造を参照．）

(17) a.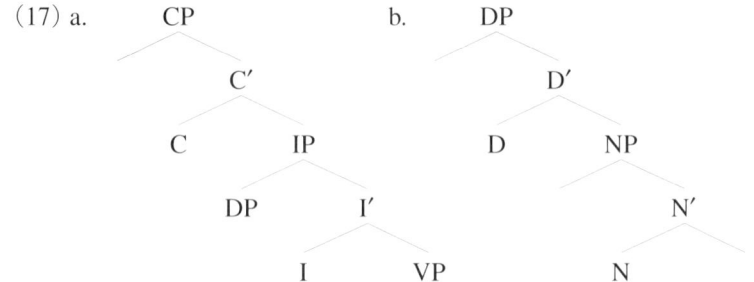

1.6 移 動 規 則

すでに (8) で英語には文頭へ wh 句を移動する現象があることを見たが，このような移動規則を認める根拠について見よう．動詞 put は補部として目的語と前置詞句をとる．どちらが欠けても正しい文とはならない．

(18) a. John put the book on the table. （V-NP-PP）
  b. *John put the book.   （V-NP）
  c. *John put on the table.   （V-PP）
  d. *John put.   （V）

このことを前提として次の文を見よう．

(19) a. On which table did Susan put the book?
  b. *On which table did Susan put the book on the desk?

(19a) は，(18b) の場合と同様に，VP の中に PP が存在しないにもかかわらず文法的である．一方，(19b) では，VP の中に NP と PP があるにもかかわらず非文法的である．この事実は，(19) の文が次の構造から wh 句を文頭に移動する規則によって派生されるとすれば自然に説明できる．

(20) a. Susan [put [the book] [on which table]] （V-NP-PP）
  b. Susan [put [the book] [on the desk] [on which table]]
                （*V-NP-PP-PP）

(19a) が正しい文であるのは，そのもとになっている構造 (20a) が正しい構造だからであり，一方，(19b) が正しい文でないのは，そのもとになっている (20b) で PP が 2 つあり，非文だからである．この説明が成り立つためには，(20) の構造から wh 句を文頭に移動する移動規則を仮

定しなければならない．この操作を図示すると次のようになる．

(21)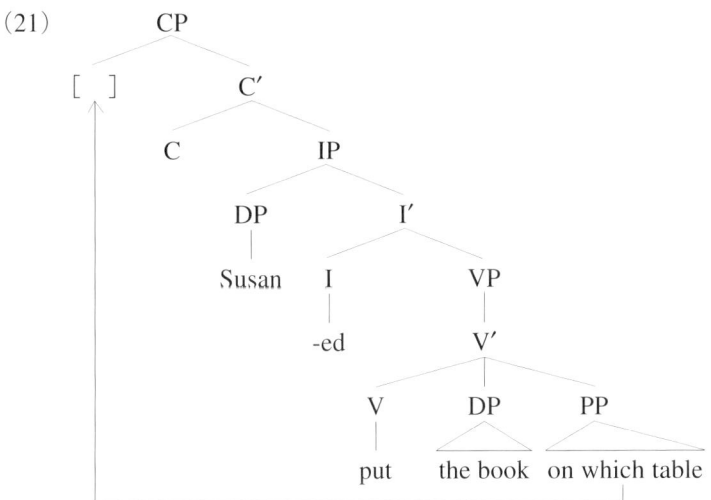

さらに，次の (22a) の文を見よう．この文は「チョムスキーの本の書評がでた」の意味であり，a review of Chomsky's book の部分は 1 つのまとまりとなっているべき要素である．それにもかかわらず，(22a) ではこの句が分割されている．すなわち，構造上は分割されているのにもかかわらず，a review と of Chomsky's book の間には依存関係がある．この事実を捉える最も自然な方法は，(22a) が (22b) から of Chomsky's book を文末に移動する規則によって派生されると考えることである．

(22) a. A review appeared of Chomsky's book.
 b. A review of Chomsky's book appeared.

すなわち，(22a) で分割されている a review of Chomsky's book も，もとの構造 (22b) では 1 つのまとまりを成しているので，この句が意味上 1 つのまとまりを成していることが説明される．

これまでの説明で，(19a) は (20a) の構造から wh 句移動規則によって派生され，(22a) は (22b) から PP を文末に移動する規則によって派生されると述べた．したがって，移動規則が適用されている文には少なくとも 2 つの構造があることになる．たとえば，(19a) には (19a) に加え

て，そのもとになった構造（20a）があり，（22a）には（22a）に加えて，そのもとになった（22b）の構造がある．そして，もとになる構造を D 構造（D-structure）と呼び，移動規則の適用の結果得られる構造を S 構造（S-structure）と呼ぶ．すなわち，移動規則は D 構造を S 構造に変える操作であるが，そのようにして派生された S 構造もまた，これまで見てきたような階層構造を持っている．このことは，次の事実から理解される．

(23) a. [IP He [VP likes [NP which book that John bought]]]（D 構造）
     b. [CP [NP Which book that John bought] does [IP he like]]?
                                                              （S 構造）

ここで条件 (10) を思い出してほしい．この条件によると，(23a) では he と John が同じ人を指すことはできない．というのは，he と姉妹要素である VP 内にその先行詞 John があるからである．一方，(23b) では，条件 (10) に抵触しないので，he は John を先行詞とすることができる．この説明が成り立つためには，S 構造も階層構造を持っていなければならないことになる．移動規則はある構造を別の構造に変える規則である．

以上のことをまとめると，音声と意味の仲介役となっている統語構造の部門は次のように図示される．

(24)

▶ 基本文献 ◀

- 『生成文法の新展開』中村捷・金子義明・菊地朗著，(2001)，研究社：標準理論，GB 理論，最新のミニマリスト・プログラムの 3 つの理論の展開をわかりやすくまとめたもの．
- 『言語を生み出す本能』スティーブン・ピンカー著，椋田直子訳，(1995)，日本放送出版協会：ことばの研究全般にわたる優れた解説．
- 『マナグア講義録』ノーム・チョムスキー著，田窪行則・郡司隆男訳，(1989)，産業図書：生成文法の基本的思考法を平易に解説．

第 2 章　時 と 時 制

【実例】
(a)　Because such activities are so difficult to measure and quantify, no one really knows what they amount to. Many economists now believe that America may have been underestimating its rate of GDP growth by as much as two to three percentage points a year for several years.
　　　　　　　　　　　　　　　　（Bill Bryson, *I'm a Stranger Here Myself*）
(b)　I recently learned from an old friend in Iowa that if you are caught in possession of a single dose of LSD in my native state you face a mandatory sentence of seven years in prison without possibility of parole.
　　　　　　　　　　　　　　　　　　　　　　　　（Bill Bryson, op. cit.）

2.1　英語の時制と時制解釈

接辞（affix）として動詞に結合され，時間上の関係を表す文法要素を時制（tense）と呼ぶ．ここでは，時制の統語特性と解釈について見よう．

2.1.1　時制と文構造

時制に関しては，次のような統語的現象を説明しなければならない．
（1）a.　主節では必ず時制が標示される: *John *walk* in the garden.
　　　b.　動詞類が連続する場合，時制の区別は先頭の要素に標示される: John {*has*/*had*} walked. / *John have *walks*. / *John have *walked*.
　　　c.　to 不定詞節や -ing 節では時制が標示されない: John wants [to *leave*] / *John wants [to *leaves*] / *John wanted [to *left*].

(1a)の問題を見よう．自然言語の句は，X′理論に従い，(2)の構造を持つ(⇨1章)．文(S)も，この式型に従い，(3)の構造を持つ．

(2)　　　　　XP　　　　　　　(3)　　　IP (= S)

　　　指定部　　X′　　　　　　　　Subject　　I′

　　　　　　X　　補部　　　　　　　　　　I　　VP

すなわち，文は INFL (= I) を主要部とする．INFL は，動詞の屈折 (inflection) (-s, -ed 等) を決定する要素で，主語はその指定部，VP は補部となる．INFL は数 (number)，性 (gender)，人称 (person) の素性と時制素性 T (tense) から構成される．T は，現在時制 [Pres(ent)] または過去時制 [Past] を持つ．文はその主要部 INFL を義務的に含むので，文には必ず時制が存在する．

次に(1b)の問題を見よう．IP と VP の間には，さまざまな助動詞 (auxiliary) が生じるが，それらの階層順序は固定されていて，上から，will などの法助動詞 (modal) が生じる Mod，完了 (perfect) の助動詞 have が生じる Prf，進行 (progressive) の助動詞 be が生じる Prg の順で生じる．

(4)　[$_{IP}$ Subject [$_I$ T] [$_{ModP}$ Mod [$_{PrfP}$ have [$_{PrgP}$ be [$_{VP}$ ... V ...]]]]]

時制素性 T を含む IP の主要部 INFL は，動詞要素の接辞としての性質から，隣接する助動詞または動詞と必ず結びつかなければならない．たとえば，(5)で時制接辞 T と結びつくのは，V_2 ではなく隣接する V_1 である．

(5)　[$_{IP}$ Subject [$_{I′}$ [$_I$ T] [$_{VP1}$ V_1 [$_{VP2}$ V_2 ...]]]]

この隣接条件により，時制の区別が標示されるのは，動詞の中で INFL と隣接している最も上位の動詞要素である．もし INFL と一般動詞の間に助動詞が生じると，先頭の助動詞が時制の標示を受ける．たとえば，(6)では，現在時制と結びつくのは一般動詞ではなく，完了助動詞 have である．

(6) a. John has walked in the garden.
　　b. [$_{IP}$ John [$_I$ Pres] [$_{PrfP}$ have [$_{VP}$ walk(ed) in the garden]]]
　　　　　　　　　　　　　↓
　　　　　　　　　　　　　has

最後に，(1c) の特性を見よう．従属節の中には，to 不定詞節や -ing 節のように時制が標示されない節があり，これを非定形 (non-finite) 節と呼ぶ．一方，時制の区別が標示される節を定形 (finite) 節と呼ぶ．不定詞節の INFL は，to として具現化し時制の指定はない．

（7） [$_{IP}$ Subject [$_{I'}$ [$_{I}$ to] [$_{VP}$ ... V ...]]]

したがって，不定詞節の助動詞と動詞には時制が標示されることはない．

2.1.2 時の意味解釈

次に時の意味解釈 (temporal interpretation) を見よう．時制と完了形，進行形，および未来法助動詞 will の主要な組み合わせには，以下のようなものがあるが，これらの形式に解釈を与えなければならない．

（8）a. 現在：John walks in the garden.
　　b. 過去：John walked in the garden.
　　c. 未来：John will walk in the garden.
　　d. 現在完了：John has walked in the garden.
　　e. 過去完了：John had walked in the garden.
　　f. 未来完了：John will have walked in the garden.
　　g. 現在進行：John is walking in the garden.
　　h. 過去進行：John was walking in the garden.

第二に，時制形式と時の副詞には共起制限が見られるが，時の解釈は，このような共起制限に説明を与えなければならない．

（9）a. John is singing a song {at this very moment / *yesterday}.
　　b. John sang a song {yesterday / *at this very moment / *tomorrow}.
　　c. John will sing a song {tomorrow / *yesterday}.

第三に，下記 (10) は，(11a, b) の 2 通りの解釈が可能である．時の解釈は，この多義性を説明しなければならない．

（10） The secretary had eaten at 3 P.M.
（11）a. 秘書の食事の時間が午後 3 時であった．
　　b. 午後 3 時になるまでに，秘書は食事を終えていた．

以下で，これらの問題にどのように答えるかを見よう．

2.1.3 時の意味解釈の表示

時の解釈の表示方法として，発話時（speech time: S），指示時（reference time: R），事象時（event time: E）の組み合わせで時の解釈を表示する分析を見よう（cf. Reichenbach 1947）．

(12) a. S: 発話の時点
b. E: 出来事や状態が生ずる時点
c. R: E の位置づけの基準となる話者の視点が置かれる時点

S は文が発話される時を表し，通例，現在時と一致する．E は，主動詞によって記述される出来事や状態が生ずる時を表す．S と E は直接関係づけられるのではなく，話者の視点である R を介して関係づけられる．R は E の時間上の位置づけを決定する際の基準となる要素である．

これらの S, E, R は統語構造に表示されると考えることにしよう（Thompson 1996）．S は INFL, R は Perf, E は V の素性として生ずる．

(13) $[_{IP}$ Subject I [S] $[_{ModP}$ (will) $[_{PrfP}$ Prf [R] $[_{VP}\ldots$ V [E] $\ldots]]]]$

Prf が [+ Perfect] ならば have が生じて完了形の文となり，[− Perfect] ならば have が現れずに非完了形の文となる．

時制要素と助動詞は，2 つの時の要素間の関係を指定する．（'A, B' は A と B が同時，'A__B' は A が B に先行することを示す．）

(14) a. T [Pres]: R, S（R は S と同時）
b. T [Past]: R__S（R は S より前）
c. will: S__R（R は S より後）
d. Prf [+ Perfect] (= have): E__R（E は R より前）
e. Prf [− Perfect]: E, R（E は R と同時）
f. Prg (= be): $[_E \ldots R \ldots]$ (= E ⊇ R)（E は R を含む）

進行相 Prg の指定 (14f) は，話題となっている R の期間，動詞の表す出来事が継続していることを表している．

S, R, E の間の関係は，(14a–f) の情報を合成して得られる．たとえば，単純現在形の (8a) (= 15) を見よう．（→ は時の進行方向を示す．）

(15) 現在: John T [Pres] [− Perfect] walk in the garden.

$\Rightarrow$ (R, S) & (E, R) $\Rightarrow$ $\underset{\displaystyle\xrightarrow{}}{\text{E, R, S}}$

現在時制が 'R, S' を，非完了形が 'E, R' を指定する．S と E は R と同時なので，S と E も同時となり，S, R, E はすべて同時となる．

現在完了形 (8d) (= 16) では，現在時制が 'R, S' を，完了 have が 'E__R' を指定するので，S と R が同時，E はそれより前の時点を指す．

(16)　現在完了：John T [Pres] have [+ Perfect] walked in the garden.

$$\Rightarrow (R, S) \& (E\_R) \Rightarrow \quad \underset{E \qquad R, S}{\text{———×———×———}}$$

したがって，「歩く」という出来事は過去の出来事であるが，話者の視点は発話時にあるので，過去の出来事が発話時に何らかの関連性を持つ．

次に未来助動詞 will が生じている (8c) (= 17) を見よう．

(17)　未来：John will [− Perfect] walk in the garden.

$$\Rightarrow (S\_R) \& (E, R) \Rightarrow \quad \underset{S \qquad E, R}{\text{———×———×———}}$$

未来表現では，will が 'S__R' を指定し，[− Perfect] が 'E, R' を指定するので，結果的に R と E が未来のある時点を指すことが決定される．

2.1.4　時の副詞表現の解釈

次に，時の副詞表現の解釈を見よう．yesterday, tomorrow, at this very moment 等の表現は，指示する時が決められている．

(18) a.　tomorrow: 発話時よりも後の時点を指す
  b.　yesterday: 発話時よりも前の時点を指す
  c.　at this very moment: 発話時を指す

これらは，時の解釈表示の指示時 R あるいは事象時 E を修飾し，特定化する．一方，発話時 S は，副詞表現による特定化を受けない．もし S が副詞類による特定化を受けるなら，下記 (19a) が可能なはずである．

(19) a.　*Now John ate apples yesterday.
  b.　$\underset{\text{yesterday} \quad \text{now}}{\underset{E, R \qquad\quad S}{\text{———×———×———}}}$

(19a) の非文法性は，S が副詞によって特定化されないことを示している．

このことを前提に，(20) (= 9) の副詞の共起制限を見よう．

(20) a. John is singing a song {at this very moment / *yesterday}.
   b. John sang a song {yesterday / *at this very moment / *tomorrow}.
   c. John will sing a song {tomorrow / *yesterday}.

(20a–c) には，それぞれ (21a–c) の表示が与えられる．

(21) a.　　　　　　　[E . . . R, S . . .]
　　　　　———————+———————
　　　　　　*yesterday　at this very moment
　　b.　　　E, R　　　　　　S
　　　　　———+—————+—————+———
　　　　　yesterday　*at this very moment　*tomorrow
　　c.　　　　　　　　S　　　E, R
　　　　　———+—————+—————+———
　　　　　*yesterday　　　　tomorrow

それぞれの例において，副詞表現が結びつくべき R または E が存在しない場合，不適格となっている．たとえば，(21a) では yesterday が修飾すべき R または E が適切な位置に存在していない．なお，(21a) で at this very moment が修飾しているのは R であり，S ではない．これは，(19) で見たように，S が副詞表現による特定化を受けないからである．

次に，(22) (= 10) の多義性について見よう．

(22)　The secretary had eaten at 3 P.M.
(23) a. 秘書の食事の時間が午後 3 時であった．
　　b. 午後 3 時になるまでに，秘書は食事を終えていた．

(22) には，(24) の時の解釈が与えられる．

(24)　　　　E　　　　　R　　　　　S
　　　———+—————+—————+———
　　　at 3 P.M. (23a)　　at 3 P.M. (23b)

at 3 P.M. のような時の副詞句は，E と R いずれを修飾することも可能であるので，at 3 P.M. は，(23a) の解釈では E を，(23b) の解釈では R を修飾している．このようにして，(22) は (23) に示す 2 つの解釈を持つ．

(22) に対して，(25) のように PP が文頭にあると，多義性が消失し，

(23b) の解釈のみが可能である (Hornstein 1990; Thompson 1996).
  (25) At 3 P.M., the secretary had eaten.

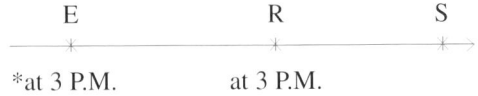

(22) と (25) に見られる多義性の有無の相違は, (22) の構造 (26a) と (25) の構造 (26b) の相違によって説明される (Thompson 1996).
  (26) a.

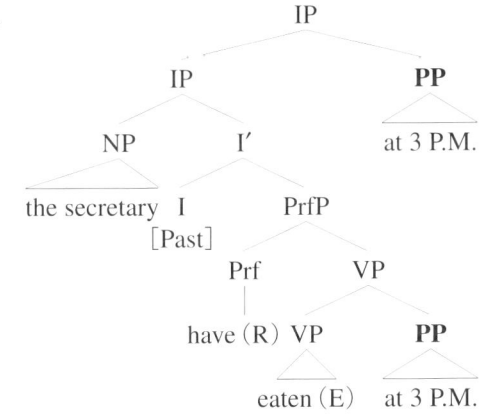

  b.

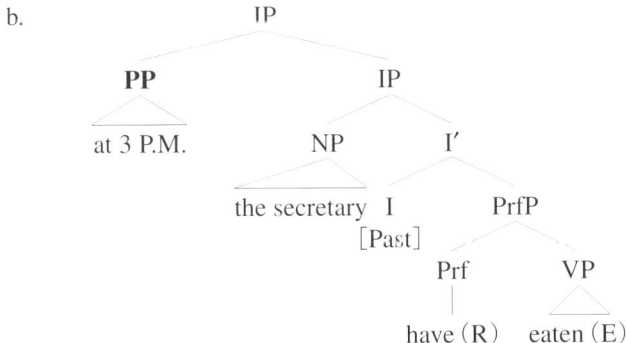

副詞類は, IP に付加 (adjoin) される文副詞と, VP に付加される VP 副詞に分けられる (⇨ 22 章, 23 章). 文副詞は VP の外側の要素を修飾し, VP 副詞は VP 内部の要素を修飾する. PP が文末にある (22) では, (26a)

に示すように，IP 付加と VP 付加の 2 つの可能性がある．IP 付加の場合，PP は VP の外側の R を修飾し，VP 付加の場合，PP は VP 内部の E を修飾する．一方，PP が文頭にある（25）では，（26b）に示すように，IP 付加の可能性しかないので，VP 外部の R を修飾する解釈だけが存在する．

このように，副詞表現解釈の多義性の有無は，副詞の生起位置と，R と E が生ずる統語的位置の相違に基づいて説明される．副詞表現の統語的位置と解釈に関しては，Hitzeman (1993) と Johnston (1994) を参照．

2.2 時制解釈の特殊用法
2.2.1 現在形による未来表現

英語には，単純現在形を用いて未来の出来事に言及する用法がある．

(27) The train departs at five o'clock tomorrow morning.

この用法は，未来での出来事が発話時に予定されている場合に可能であり，典型的には，到着 (arrive)，出発 (depart, leave)，開始 (start) などを表す動詞が用いられる．

単純現在形に与えられる表示は (28a) であるので，このままでは時の副詞句が修飾すべき要素が存在しない．この場合は，(28a) の基本構造から，E を未来に移動して構造 (28b) を派生する操作が適用される．

(28) a. 基本構造： E, R, S

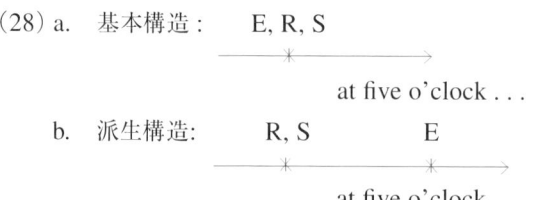

b. 派生構造： R, S   E

派生構造で，前置詞句は，未来時に移動された E と結びつけられる．

このように，この現象は，時制，相表現等の情報を組み合わせて得られる基本的表示に，一定の変更を加える操作が存在することを示している．

2.2.2 完了の Have の用法

完了助動詞 have は，典型的には完了相を表すのに用いられ，経験，継

続，結果の状態を表す用法や，聞き手にとって初耳の出来事を伝える「ホットニュース」の用法がある（McCawley 1971）．

(29) a.　I have read *Principia Mathematica* five times.（経験）
　　 b.　I've known John since 1970.（継続）
　　 c.　I can't come to your party tonight — I've caught the flu.
　　　　（結果の状態（風邪をひいた結果，外出できない体調である））
　　 d.　Malcome X has just been assassinated.（ホット・ニュース）

しかし，助動詞 have は，このような完了相の意味を持たず，過去時制の代用として用いられる場合がある．たとえば次の例を見よう．

(30) a.　Alice must have finished her dissertation yesterday.
　　　　　　　　　　　　　　　　　　　　　　　　　（Baker 1995: 561）
　　 b.　Alice finished her dissertation yesterday.　　　（ibid.）

推量（〜にちがいない）の意味で用いられる must は，発話時までの出来事に対する推量を表す．(30a) は，過去時制の文 (30b) を対象とした推量を表す．(30a) が現在完了相ではなく過去時制の文に対する推量を表すことは，下記の (31) が示すように，現在完了相の文に，yesterday のような特定の過去時を示す副詞表現は用いられないことから明らかである．

(31) *Alice has finished her dissertation yesterday.　　　（ibid.）

したがって，(30a) の完了形 have finished は，(30b) の過去形 finished の代用として用いられていると考えなければならない．

このように，法助動詞の後の完了形が，過去時制に対応するか，完了相に対応するかは，主動詞，副詞，および法助動詞の性質によって決まる．

2.3　時の副詞節と時制の制約

when 節，before 節，after 節，as 節等の時を表す副詞節の時制には次のような制約が見られる（cf. Geis 1970）．

第一に，主節の時制と副詞節の時制は同一でなければならない．この現象は，「時制の調和」（tense harmony）と呼ばれる．

(32) a.　John leaves [Pres] {after / before / when} Mary arrives [Pres].
　　 b.　*John leaves [Pres] {after / before / when} Mary arrived [Past].
(33) a.　John left [Past] {after / before / when} Mary arrived [Past].

    b. * John left [Past] {after / before / when} Mary arrives [Pres].
第二に，時を表す副詞節には，未来予測の will は用いられない．
(34) a.   John will leave {after / before / when} Mary arrives.
    b. *John leaves {after / before / when} Mary will arrive.
    c. *John will leave {after / before / when} Mary will arrive.
この現象は，条件の if 節にも見られる．
(35)   If the boat {(a) sinks / (b) *will sink} we will get drowned.
さらに，これらの副詞節では，未来予測の will だけでなく，話者の推量を表す認識様態（epistemic）の法助動詞（⇨ 3 章)が一般に許されない．
(36)   *We will begin dinner when my father {will / may / must} arrive.
したがって，時や条件を表す副詞節には，次の 2 つの一般化が存在する．
(37) a.   時や条件を表す副詞節内で，現在時制［Pres］は（i）現在時，あるいは（ii）未来時を指すことができる．
    b.   時や条件を表す副詞節内では，認識様態の表現を用いることができない．
このことをどのように説明するかは今後の課題である．時の副詞節の分析については，Geis (1970), Hornstein (1990) 等を参照．

▶基本文献◀

・Baker (1995): 時制・相に関する問題の入門的解説がある．
・Hitzeman (1993): 時の副詞句の意味論と統語論の研究．
・Hornstein (1990): Reichenbach 理論による時制分析の基本文献．

第3章　ムードとモダリティー

【実例】
(a)　Millions more people, most of whom you <u>will</u> never meet or even see, <u>won't</u> help you, indeed <u>can't</u> help you, <u>may</u> not even be able to help themselves. They deserve your compassion.
　　　　　　　　　　　　　　　(Bill Bryson, *I'm a Stranger Here Myself*)
(b)　Whatever it is you want to do in life, <u>do</u> it. If you aspire to be a celebrated ballerina or an Olympic swimmer or to sing at Carnegie Hall, or whatever, <u>go</u> for it ... There is nothing worse than getting to my age and saying, "I <u>could have played</u> second base for the Boston Red Sox but my dad wanted me to study law."　　　　　　(Bill Bryson, op. cit.)

3.1　ムードとモダリティー

　ムード(叙法)(mood)とモダリティー(modality)は，ともに，文が表す叙述内容(命題)に対する話者の心的態度を表す概念である．ムードは，一般に，動詞の形態上の相違として現れ，直説法(indicative mood)，命令法(imperative mood)，仮定法(subjunctive mood)の区別がなされてきた．一方，モダリティーは，特定の種類の語彙要素によって表され，代表的なものが法助動詞や possibly, probably 等の文副詞である．

3.2　法 助 動 詞

　法助動詞は，モダリティー表現の代表例であり，will, would, can, could, may, might, shall, should, must 等がある．本節では法助動詞の意味特性と統語特性を見よう．

3.2.1 法助動詞のモダリティー：認識様態用法と根源用法

法助動詞が表すモダリティーは2種類に大別される．1つは，認識様態（epistemic: E）の解釈と呼ばれ，文の叙述内容（命題）が真（true）である確率に対する話者の見通しを表す．もう1つは，根源的（root: R）解釈と呼ばれ，義務や許可を表す義務的（deontic: DE）解釈と，能力・意志・傾向等を表す動的（dynamic: DY）解釈がある．

一般に，法助動詞には，認識様態の解釈と根源的解釈が可能である．

(1) a. John must be married.（E: 必然性「違いない」）
　　b. John must obey the order.（DE: 義務「ねばならない」）
(2) a. He may be serious.（E: 推測「かもしれない」）
　　b. He may stay here.（DE: 許可）
(3) a. Can it be true?（E: 可能性「あり得る」）
　　b. John can play the piano.（DY: 能力）
(4) a. It will rain tomorrow.（E: 未来予測）
　　b. Will you have a drink?（DY:（主語の）意志）
(5) a. Unless the taxi comes soon we shall miss our plane.（E: 未来予測）
　　b. You shall have a sweet.（DY:（話者の）意志）
(6) a. He should be there now.（E:（話者の規範による）必然性「はずである」）
　　b. You should eat more fruit.（E:（話者の規範による）義務「べきである」）

たとえば，認識様態の解釈の（1a）では，命題内容 John is married. に対して，話者が用いることのできる情報に照らし合わせると，真であるとみなすことができると述べている．一方，根源的解釈の（1b）では，命題内容 John obeys the order. を実現させる義務があることを述べている．

3.2.2 法助動詞を含む文の構造

認識様態の解釈と根源的解釈の相違を，文構造の相違によって説明する分析がある（Ross 1969; Perlmutter 1970, 1971）．これを古典的分析と呼ぶことにする．古典的分析では，根源的解釈の文はコントロール（control）構文の一種と分析され，認識様態の解釈の文は繰り上げ（raising）構文の

一種と分析される．（t は移動の痕跡，PRO は音形を持たない主語を表す．同一の指標 $_i$ を持つ要素は同一の人・物を指す．）

(7) a. 根源的解釈：Subject$_i$ Modal$_R$ [PRO$_i$ VP]
    b. The doctor$_i$ must [$_{VP}$ PRO$_i$ examine John]
(8) a. 認識様態の解釈：Subject Modal$_E$ [$t_{Subject}$ VP]
    b. Mary may [t_{Mary} visit John]

この分析の根拠として，態の交替に伴う解釈の変化の有無があげられる．

(9) a. The doctor must examine John.（義務）
   ≠ b. John must be examined by the doctor.（義務）
(10) a. John may visit Mary.（推測）
   = b. Mary may be visited by John.（推測）

根源的解釈の(9)では，義務を負う人は，通例，能動態の(9a)では主語の the doctor，受動態の(9b)では主語の John であると解釈される．一方，認識様態の解釈の(10)では，態が変わっても解釈に変化はない．

態の交替に伴う解釈の変化の有無は，コントロール構文と繰り上げ構文にも見られる相違である．

(11) a. The doctor$_i$ wants [PRO$_i$ to examine John].
   ≠ b. John$_i$ wants [PRO$_i$ to be examined by the doctor].
(12) a. John seems [t_{John} to have visited Mary].
   = b. Mary seems [t_{Mary} to have been visited by John].

コントロール構文の(11)を見ると，不定詞補文が能動態である(11a)では，John の診察を望んでいる人は the doctor であり，一方，補文が受動態である(11b)では John である．これに対して，繰り上げ構文の(12)では，態が交替しても解釈の変化は生じない．

古典的分析は，2つの解釈の相違を構造上の相違に基づいて説明できる利点があり，生成文法における法助動詞の標準的な分析となっている．しかし，根源的解釈のコントロール分析には次のような問題がある．

第一に，根源的解釈のコントロール分析においては，主語は法助動詞によって「義務を負う者」，「許可を有する者」等の意味役割を決定される．しかし，これらの概念は法助動詞によって決定される意味役割ではなく，談話の場面に応じて語用論的に決定されると考えるべき根拠がある．

(13) a. Visitors may pick up flowers.（許可）
= b. Flowers may be picked up by visitors.（許可）
(Jackendoff 1972: 105)
(14) a. The senior man must do the job.（義務）
= b. The job must be done by the senior man.（義務）
(Huddleston 1974: 228)

これらの文は，根源的解釈であるが，態が交替しても解釈は変わらない．(13a, b)で許可を受けているのは，いずれも visitors であり，(14a, b)で義務を負っているのは，いずれも the senior man である．さらに次の例では，許可を受けているのが誰であるのか，明示されていない．

(15) The cake may be eaten now.（許可） (Jenkins 1972: 21)

この文では，The cake is eaten now. という出来事が許可されていることが述べられているが，許可を受けているのが誰なのかは特定されていない．

(13), (14), (15)の現象から，根源的意味は，命題全体を対象に義務や許可を与えることであり，義務や許可を有する者は，文脈に応じて語用論的に決定される概念であることが示唆される．

第二に，形式主語の there やイディオム表現の一部を成す名詞句は，繰り上げ述語の主語となることはできるが，コントロール述語の主語となることはできない．

(16) a. There seem to have been three explosions on the boat.（繰り上げ構文）
b. *There intends to be an admiral on the committee.（コントロール構文）

しかし，これらの名詞句は根源的解釈の文の主語となることができる．

(17) a. There must be peace and quiet!（義務）
(Newmeyer 1970: 195)
b. There may be up to five cars in the lot at one time.（許可）
(Brennan 1993: 41)
c. Suit must be brought at once against A.T. & T.（義務）
(Jenkins 1972: 31)

これらの事実は，根源的解釈における法助動詞は，コントロール述語よ

り繰り上げ述語の特性を持つことを示唆している．したがって，法助動詞は，認識様態の解釈だけでなく，根源的用法においても繰り上げ述語であると考えられる．根源的解釈のコントロール分析を批判する議論としては，Kaneko (1997, 1999)，Wurmbrand (1999)，Papafragou (2000) を参照．

3.3 ムード

ムードは，動詞の形態によって，命題に対する話者（あるいは主節の主語）の心的態度を表す．ムードには，直説法，命令法，仮定法などがある．

(18) a. John *is* in his office.（直説法）
   b. *Be* quiet!（命令法）
   c. Bill insists that John *be* in his office.（仮定法現在）
   d. If you *lived* in Dallas now, you *could* drive home in half a day.（仮定法過去） (Baker 1995: 555)

(18a) の直説法は，通例の定形節のムードであり，現在・過去の時制の区別がなされ，現在形は現在時，過去形は過去時を指す．直説法は，命題内容を事実として述べるのに用いられる．命令法は (18b) のような命令文で用いられ，動詞は原形であり，現在・過去の時制の区別はない．命令法は，叙述内容の実現を聞き手に求める話者の心的態度を表す．(18c) の仮定法現在でも原形の動詞が用いられ，時制の区別は見られない．仮定法現在は，that 節の内容の実現に対する主節の主語の要望等を表している．(18d) の仮定法過去では，動詞は過去形が用いられるが，叙述内容は現在の事柄である．仮定法過去は，現実度が低いと見なされる内容を条件として述べるのに用いられる．以下では，命令法と仮定法現在の特性を見よう．

3.3.1 命 令 法

命令法は，命令文で用いられるムードであり，叙述内容の実現を聞き手に求める話者の心的態度を表す．命令文は次のような特性を示す．

① 顕在的主語は義務的ではなく，随意的である．

(19) a. Hoist the sails!
   b. Mind your business!
   c. Be happy!

(20) a. You sit down. (Baker 1995: 471)
　　 b. Someone call a doctor. (ibid.)
② 動詞は現在・過去の時制の対立を示さず，原形である．
(21) a. Be patient!
　　 b. *Are Patient! (ibid.)
③ 否定や肯定の強調で，一般動詞のみならず，be 動詞と完了の have にも形式助動詞の do が用いられる．
(22) a. Don't forget my birthday! (Potsdam 1998: 7)
　　 b. Don't be so foolish! (Potsdam 1998: 6)
　　 c. Don't be messing around when the bell rings!
　　　　　　　　　　　　　　　　　　　　　　(Potsdam 1998: 315)
　　 d. Don't have eaten everything before the guests arrive!
　　　　　　　　　　　　　　　　　　　　　　(ibid.)
　　 e. Do be more careful! (Potsdam 1998: 6)
　　 f. Do have reached a decision regarding the matter!
　　　　　　　　　　　　　　　　　　　　　　(Potsdam 1998: 9)

① の特性から見よう．命令文で顕在的主語が随意的であるのは，命令文では，you に対応する音声的に空の代名詞の主語(これを pro としよう)が許されるためである．

(23) [$_{IP}$ pro [$_{VP}$ be patient]]

顕在的主語が存在しない場合，you に相当する空の主語が生じているとすると，動詞の目的語が再帰代名詞（reflexive pronoun）である場合，2 人称の再帰代名詞のみが可能なはずである．

(24) a. Shave {yourself / yourselves / *myself / *himself / *herself}.
　　 b. You must shave {yourself / yourselves / *myself / *himself / *herself}.

通例の定形節 (24b) と同様に，命令文 (24a) でも 2 人称の再帰代名詞のみが可能である．また，命令文に付加疑問文が後続する場合，付加疑問文の主語は you のみが可能である．

(25) a. Shut the window, could you! (Radford 1997: 160)
　　 b. Don't say anything, will you! (ibid.)

これは定形節で主語が you である場合と同じ現象である．
  (26)　You went to New York, didn't {you / *he / *she}?
　主語が顕在化される場合は，次の意味的制約に従う．
  (27)　命令文の主語の制御可能性条件
　　　　命令文の主語は，命令を受ける聞き手にとって制御可能な（controllable）存在でなければならない．
具体例を見よう．
  (28) a.　*You* take out the trash!　　　　　　　（Potsdam 1998: 6）
　　　b.　*Everyone* take out a pencil.　　　　　　　（ibid.）
聞き手にとって最も制御可能な存在は聞き手自身であるので，典型的にはyouが主語となる．(28b) は聞き手が集団である場合である．しかし，(27)に従う限りにおいて，命令文の主語が聞き手と一致しないこともある．
  (29) a.　*You and your men* be on guard for anything suspicious!
　　　　　　　　　　　　　　　　　　　　　（Potsdam 1998: 212）
　　　b.　*YOUR soldiers* build the bridge, General Lee!
　　　　　　　　　　　　　　　　　　　　　（Potsdam 1998: 213）
(29a) では聞き手を含む集団が主語であり，(29b) は聞き手を含まない集団が主語である．いずれの集団も，聞き手の指揮下にある集団であるので，聞き手にとって制御可能であり，(27) を満たしている．
　次に，②の特性を見よう．
  (30)　Be / *Are patient.
命令文の助動詞・動詞に現在形や過去形がないのは，命令文の IP の主要部 INFL が，定形節の INFL と異なり，現在時制 [Present]・過去時制 [Past] の指定を持たないためである．
　③の特性については，次の一般化により説明される．
  (31)　命令文の have / be の一般化
　　　　命令文では，助動詞 have と be 動詞は INFL へ繰り上げられない．
定形節で形式助動詞の do が用いられるのは，INFL と一般動詞 V の間に音声内容を持つ要素が介在する場合である．たとえば，否定辞 not が介在すると，INFL と V が隣接しなくなり，INFL と V が結合できなくなる．

そのため INFL の結合の相手として形式助動詞の do が挿入される．
- (32) a. Mary does not love John.
   b. [$_{IP}$ Mary __ I not [$_{VP}$ love John]]
       ↑_____×_____|
       do

助動詞の場合に do 挿入が用いられないのは，助動詞は INFL へ繰り上げられて INFL に付加されるので，助動詞と INFL が隣接し，結合可能であるので，do 挿入の必要がないからである．
- (33) a. Mary has not read the book.
   b. [$_{IP}$ Mary have + I not [$_{PrfP}$ t_{have} [$_{VP}$ read the book]]]
       ↑_____|

これに対して，(31) で述べたように，命令文では have / be が INFL へ繰り上げられないと仮定しよう．そうすると，否定辞 not が存在する場合，INFL と have / be が隣接しなくなるので do を挿入する必要がある．
- (34) a. Don't have eaten everything before the guests arrive!
   b. [$_{IP}$ pro __ I not [$_{PrfP}$ have [$_{VP}$ eaten everything ...]]]
       ↑_____×_____|
       do

このように，形式助動詞の do に関する命令文の特性は，命令文で have / be が INFL へ繰り上げられないことの帰結として説明される．

3.3.2　仮定法現在

仮定法現在は，demand, insist, suggest, imperative, necessary 等の述語の補文に生ずるムードであり，補文の叙述内容の実現に対する主節の主語や話者の要求・提案・必要性を表すのに用いられる．
- (35) a. I demand / urge / insist that he be there.
   b. He suggests that you be more receptive.
   c. The rules require that the executives be polite.
   d. It is vital / essential / important that he be there.
   e. It is necessary that the foundation be inspected before we proceed.

仮定法現在は，主としてアメリカ英語で用いられ，次のような特性を示す．

① 動詞は原形が用いられる．((36)の非文法性はアメリカ英語の demand についてのもので，イギリス英語では直説法補文が可能である．)

(36) a. *I demand that he goes there.
b. *It is imperative that he finds the answer soon.
(Culicover 1971: 42)

(37) I demand that he should go there.

イギリス英語では，仮定法現在に対応する構文では (37) のように should が生起する．(ただし，最近は，アメリカ英語の影響により，イギリス英語でも原形を用いた仮定法現在の用法が見られる．)

② do 挿入が適用されない．仮定法現在補文は，助動詞・動詞の原形が用いられる点や，叙述内容の実現に対する要求・提案を表す点で命令文に似ているが，命令文とは対照的に形式助動詞 do が用いられない．(38a, b) に示すように，肯定の強調でも形式助動詞 do が用いられない．さらに (39a, b) に示すように，否定文でも do が挿入されず，(40) のように否定辞 not 単独で生起する．

(38) a. ?*Contrary to what the polls say, we suggest that Jimmy do run for re-election. (Potsdam 1998: 64)
b. ?*I requested that she do be more assertive as she is quite competent. (ibid.)
(39) a. *Who suggested that he {do not / don't / doesn't} act so aloof if he hopes to find a wife? (Potsdam 1998: 65)
b. *Jack asks that we {do not / don't} cut down his bean stalk just yet. (ibid.)
(40) a. Who suggested that he not act so aloof if he hopes to find a wife? (ibid.)
b. Jack asks that we not cut down his bean stalk just yet. (ibid.)
c. The sign requests that one not be loitering during curfew hours. (ibid.)
d. It is important that he not come very often.
(Haegeman and Guéron 1999: 325)

まず①の特性から見ると，仮定法現在で動詞の原形が用いられるのは，

仮定法現在の IP の主要部 INFL が，命令文の INFL と同様に，現在時制［Present］・過去時制［Past］の指定を持たないために，補文の助動詞・動詞が現在形や過去形となることはないからである．

次に ② の特性は，次の一般化により説明される．

(41) 　仮定法現在補文の INFL は，接辞としての特性を持たないので，動詞と 結合する特性を持たない．

直説法の節や命令文で形式助動詞 do が必要となるのは，接辞としての特性を持つ INFL と，INFL と結合すべき動詞・助動詞との間に音声内容を持つ要素が介在する場合である．しかし，仮定法現在補文の INFL は接辞としての特性を持たないので，助動詞・動詞と結合する必要がない．形式助動詞の do の挿入は，最後の手段（last resort）として必要のある場合にのみ適用されるので，仮定法現在補文では適用されない．

(42) a. *Jack asks that we {do not / don't} cut down his bean stalk just yet.
　　　b. 　Jack asks that we not cut down his bean stalk just yet.

このように，仮定法現在補文と命令文の共通点と相違点は，それぞれの IP の主要部 INFL の特性の共通点と相違点により説明される．

▶基本文献◀

・James (1986): 数少ない仮定法の包括的研究．
・Jenkins (1972): 生成文法による法助動詞研究の基本文献．
・Palmer (1990): モダリティー分析の包括的な基本文献．
・Potsdam (1998): 生成文法による最新の命令文研究．

第 4 章　アスペクト

【実例】
(a)　When he was in the air force he once spent the weekend <u>cycling uphill for 11 hours</u> against the wind, before climbing for an hour to reach a mountain hut.　　　　　　　　　　　　　（*Outdoor Action*）
(b)　This was for the convenience of the Bishop's barge and any other vessels to land, and where the Bishop might take his barge at any time and in an hour <u>reach his Cathedral</u>.
　　　　　　　　（D. Church and E. S. Gowers, *Across the Low Meadow*）

4.1　アスペクト

　アスペクトとは，1つの出来事の始まり，経過，終わりに注目する概念である．アスペクトの分類方法は，研究者によって細部は異なるか，まずこの分野での先駆的研究で，あらゆるアスペクト研究の土台になっているVendler (1967) の4つの分類を見ていこう．
　（1）a.　状態（state）：継続性があり，終点がなく，静的．
　　　　　　know the answer, be tall
　　　b.　動作（activity）：継続性があり，終点がなく，動的．
　　　　　　walk, dance
　　　c.　完成（accomplishment）：継続性があり，終点があり，動的．
　　　　　　build a house, draw a circle
　　　d.　達成（achievement）：継続性がなく，終点があり，動的．
　　　　　　reach the summit, notice a sign
　まず，終点があるかどうかにより，状態／動作（1a, b）と完成／達成（1c,

d）が区別され，継続的かどうかで，状態/動作/完成（1a–c）と達成（1d）が区別される．さらに，動的かどうかで，静的な（1a）と動的な（1b–d）が区別される．このようにして，4つのアスペクトすべてが区別される．以下，4つのアスペクトを区別するいくつかの概念(特に境界性，継続性)と，アスペクトに関わるいくつかの現象について見ていく．

4.1.1 境 界 性

アスペクトの区別でまず重要なのは，終点の有無である．(1)の区分では，状態と動作が終点を持たず，完成と達成が終点を持つ．たとえば，単に歩くだけなら明確な終わりはないが，家を建てるという行為は，家が建ったらそれで終わりである．完成や達成のように，述語に終点があることを境界的（bounded, delimited, telic）といい，その反対に状態や動作のように，終点のないことを非境界的（unbounded, non-delimited, atelic）という．次の文で，in an hour という副詞句のふるまいの違いをもとに，境界性という概念がどのようにアスペクトを区別するか見よう．

（2）a. *John knew the answer in an hour.
　　b. *John walked in an hour.
　　c. John built a house in an hour.
　　d. John reached a summit in an hour.

in an hour が生起するためには，述語は完了したこと，つまり，終点を持たなくてはならない．完成と達成がこの条件を満たすので，(2c, d) は文法的である．((2b) は「1時間後に歩き始めた」という意味なら可能．)

by 句も，in an hour と似たような差を生み出す．

（3）a. *John will know the answer by tomorrow.
　　b. *John will walk by tomorrow.
　　c. John will build a house by tomorrow.
　　d. John will reach a summit by tomorrow.

by は「までに」を意味するので終点を必要とする．したがって，終点がない状態と動作は，(3a, b) のように by 句はとれない．(「明日までに知る，歩き始める」という意味では可能である．この場合，終点を持ち達成の意味になる．) 完成は終点を持つので，by 句をとることができる．(3c)

は，家を建てるための行為を明日までに完了する(つまり明日までに家が完成する)という意味である．(3d) の達成も，終点があるので by 句が可能である．

4.1.2 継 続 性

アスペクトを区別するもう 1 つの概念として，継続性を見よう．

(4) a. John knew the answer for an hour.
  b. John walked for an hour.
  c. John built a house for an hour.
  d. *John reached a summit for an hour.

for an hour は，継続性を持つ述語と共起できる副詞句である．4 つのアスペクトのうち，状態，動作，完成は継続性を持つので，(4a–c) は文法的である．これに対して，達成は継続性を持たず，一瞬の出来事であるので，(4d) は非文である．(4c) は，家が建つために必要な行為を 1 時間継続したという意味である．前節の (2c) で，John built a house in an hour. が可能であることを見たが，これは「1 時間で家を建てた」という意味である．(4c) の for an hour は完成に至るまでの継続に焦点が当てられているのに対し，(2c) の in an hour は完成の終点に焦点が当てられている．このように，完成のアスペクトは，継続と終点の両方を持つので，for an hour と in an hour がともに可能となる．

すでに in an hour と by 句の類似性を見たが，同様に for an hour は until と似たふるまいをする．

(5) a. John will know the answer until tomorrow.
  b. John will walk until tomorrow.
  c. John will build a house until tomorrow.
  d. *John will reach a summit until tomorrow.

until は「まで」という意味なので，継続を必要とする．したがって，継続性がある状態，動作，完成とは共起可能だが (5a–c)，継続性のない達成とは共起不可能である (5d)．(5c) の until の場合は，家を建てるための行為を明日までする，という意味である．これに対して，(3c) の John will build a house by tomorrow. は，家を建てるための行為を明日までに

完了する(つまり明日までに家が完成する)という意味である．ここでもまた，完成のアスペクトの動詞において，継続と終点のいずれにも焦点が置かれている．

継続性が関わるもう 1 つの例に，almost がある．この副詞は，完成 (6a) では多義性（ambiguity）を生むが，達成 (6b) では多義性を生まない．

(6) a.　John almost killed Bill.
    b.　John almost reached the summit.

(6a) は多義的である．ジョンの銃が暴発した状況を考えてみよう．1 つの解釈は，弾がビルをかすめた，という読みである．もう 1 つは，弾がビルに当たり，ビルは病院に運ばれて，九死に一生を得た，という解釈である．この 2 つの解釈の差は，almost が，出来事の始点と終点のどちらを修飾するかに依存している．普通，人を殺す際，その行為を始める瞬間と，息が絶える瞬間には時間のずれがある．このずれの時間が，kill という完成動詞の継続性を示している．先の「かすめた」読みは，この継続の始点を almost が修飾した場合で，後の「九死に一生」の読みの場合は，継続の終点を almost が修飾した場合である．こうした多義性は，述語に継続性がある場合にはじめて可能になる．したがって，継続性を持たずに，一瞬に出来事が生じる達成の (6b) は多義的でなく，単に「もう少しのところで頂上に到達するところだった」という意味があるだけである．

4.1.3　現在形と進行形

現在形や進行形も，その可能性や意味により，アスペクトの区別に関して重要な手がかりを与えてくれる．まず，次の現在形の文を見てみよう．

(7) a.　John knows the answer.
    b.　John walks.
    c.　John builds a house.
    d.　John reaches the summit.

(7a) の状態文では，ジョンは今まさに，答えを知っているという意味だが，他の 3 つは，習慣を表している．（特殊な例として，スポーツの実況中継の時は，(7b–d) が目下進行中のことを述べることもある．）上の文は，

状態と他の3つの事象(動作，完成，達成)の相違を示している．

次に進行形を見てみよう．

(8) a. *John was knowing the answer.
　　b. John was walking.
　　c. John was building a house.
　　d. John was reaching the summit.

状態は進行形が不可能である(8a)のに対して，動作，完成，達成の3つの事象では進行形が可能である(8b–d)．(8b–d)は文法的であるが，その意味に違いがあり，それが動作，完成，達成の間の相違を反映している．(8b, c)は，それぞれ，「歩いていた」，「家を建てていた」という意味だが，(8d)は「今にも頂上に届こうとしている」という意味である．つまり，動作と完成は継続性を持ち，それが進行中であることを意味するが，達成は一瞬なので，進行形にすると，その一瞬に至るまでの動作の進行を表すことになる．動作(8b)と完成(8c)でも，進行形で意味の差がでる．つまり，(8b)はジョンが歩いたことを含意するが，(8c)では必ずしも家が完成したことを含意しない．したがって，以下の(9a)は矛盾だが，(9b)はそうでない．

(9) a. #John was walking, but he did not walk.
　　b. John was building a house, but he did not build a house.

(9b)のように，完成の過去進行形が単純過去形を含意しないことを，未完了のパラドックス(imperfective paradox)という．これは，動作と異なり，完成には明確な終点があることによる．つまり，build a house という行為は，家が建った段階で完了の状態に達し，それで終わりである．したがって，その状態に達するための行為の進行を表す John was building a house. だけでは，家が建ったことにはならず，(9b)は矛盾しない．しかし walk という行為は一歩でも歩けば John walked. と言えるので，John was walking. は John walked. を含意し，(9a)は矛盾する．

4.1.4 意図性と均一性

前節で，現在形と進行形は，状態を他の事象から区別する手がかりにな

ることを見た．本節では，意図性と均一性も同様の相違を生むことを見る．

　動作と完成は，動作主性（agentivity）や意図性（intentionality）と深く関わっている．つまり動作と完成は意志をもって行なうのに対し，状態は意志が介在しない．意図性の有無を試すテストはいくつかあるが，それらはみな動作と完成に当てはまり，状態には当てはまらない．

(10) a.　*Know the answer!
　　 b.　Walk!
　　 c.　Build a house!
(11) a.　*John deliberately knew the answer.
　　 b.　John deliberately walked.
　　 c.　John deliberately built a house.
(12) a.　*What John did was know the answer.
　　 b.　What John did was walk.
　　 c.　What John did was build a house.
(13) a.　*Tom forced / persuaded John to know the answer.
　　 b.　Tom forced / persuaded John to walk.
　　 c.　Tom forced / persuaded John to build a house.

命令形になれる（10），deliberately のような副詞と共起できる（11），擬似分裂文（pseudo-clefts）になれる（12），forced や persuaded などの動詞の補部になれる（13）ことは，動作と完成の特徴であり，状態には当てはまらない．（達成は一瞬のため意図性が明確でない場合が多く，上のテストでは除外した．）

　同様の区別の基準として，均一性がある．つまり，状態と行為は，継続性はあるが終点がない点で共通しているが，内部構造には違いがある．すなわち，状態はそのほんの一瞬だけを取り出すだけでも成立するのに，行為は一定の長さが必要である．たとえば，know the answer はその状態をどんなに細かく切っても同じであるが，walk では，一連のいわゆる「歩く」という行為を終了して，はじめて walk と言える．このように，均一性も状態とそれ以外のアスペクトを区別する特徴である．

4.1.5 動作と完成の間の変換

今まで，1つの述語のアスペクトはあらかじめ決まっているかのように扱ってきた．しかしアスペクトは動詞に固有のものではなく，述語の中の要素によりアスペクトが変化することがある．

まず，動作は到達点を加えることにより，完成に変化する．

(14) a. *John pushed the cart in an hour.
  b. John pushed the cart to the town in an hour.

4.1.1 で見たように，in an hour は，終点があることを示しているのであった．(14a) が非文であることは，push the cart が非境界的な動作であることを示す．その非境界的な (15a) に，(15b) のように to the town という到達点を加えると，境界的な完成になる．つまり，「荷台を押す」だけではどこが終点かわからないが，「その町まで」ということがはっきりすれば，完成になる．これとは逆に，完成も主語や目的語が冠詞のない複数形 (bare plurals) になると，動作と解釈される．

(15) a. John pushed the cart to the town in an hour.
  b. *John pushed carts to the town in an hour.
  c. John pushed the / four carts to the town in an hour.

(15b) のように目的語が冠詞のない複数形の carts であると，非境界的な動作の解釈を持つ．これは荷台の数に上限が設定されておらず，何台町まで押したら動作が終了するかがわからないためである．一方，(15c) のように定冠詞や数量詞をつけて，the carts, four carts にすると，一定数の荷台のことを指すので，境界的な完成となる．以下の文は，主語でもまったく同様のことが当てはまることを示している．

(16) a. The man pushed the cart to the town in an hour.
  b. *Men pushed the carts to the town in an hour.
  c. The / Four men pushed the cart to the town in an hour.

主語が単数，あるいは定冠詞や数量詞を伴った複数の (16a, c) は境界的な完成で，in an hour と共起が可能だが，主語が冠詞のない複数の (16b) は非境界的な動作で，完了を表さず，in an hour と共起できない．

4.2 全体的読みと部分的読み
4.2.1 位置交替

次の言い替えを考えてみよう．

(17) a. Jack sprayed paint on the wall.
   b. Jack sprayed the wall with paint.
(18) a. Bill loaded cartons onto the truck.
   b. Bill loaded the truck with cartons.

(17)と(18)は，ある物をある場所に移動させた状況を表している．(a)の文では，移動するもの(それぞれ paint と cartons)，移動先を示す on(to) 句の順序である．(b)の文では，移動先(それぞれ the wall と the truck)，移動するものを示す with 句の順序である．この交替を位置交替 (locative alternation) という．

　(17)と(18)で，(a)と(b)の間には意味に微妙な相違がある．(17b)では，壁全体にペンキが塗られたことを意味し，(18b)ではトラックの隅々にまで箱が積まれたことを意味する．つまり移動が全体に及んでいることを表しているので，これを全体的読み (holistic reading) という．このように移動が全体に及んだ時，目的語が影響を受けた (affected) といい，この性質を被影響性 (affectedness) という．被影響性は，目的語の位置と強く結びついている．(17a) や (18a) では，移動先が直接目的語ではない．この場合，ペンキや荷物が壁全体やトラックの隅々まで行き渡っている必要はない．日本語でも，「壁にペンキを塗る」が全体的読みがないのに対し，壁が対格を取る「壁をペンキで塗る」には全体的読みがある．

　位置交替をアスペクトの観点から考えてみよう．(a) の spray paint on the wall, load cartons onto the truck は動作である．実際には，トラックや壁の面積は有限だが，目的語の paint, cartons に関しては量は定まっていない．ここで，4.1.5 で見たように，目的語の量が定まっていない時には述語は動作を表し，定まっている時には完成を表す傾向があることを思い起こしてほしい．これに従えば，量が定まっていない目的語を持つ (17a) と (18a) は，アスペクトとしても終点が定まっていない動作となる．それに対し，(17b) と (18b) では目的語が the wall, the truck という

ように量が定まっている．したがって，アスペクトも終点が定まっている完成となると考えられる．

位置交替は，特定の動詞に限られ，すべての動詞に可能なわけではない．
(19) a. Jack put a book on the shelf.
    b. *Jack put the shelf with a book.
(20) a. *Bill filled water in the cup.
    b. Bill filled the cup with water.

(19) の put では，移動するものが目的語になる構文のみが許され，(20) の fill では移動先が目的語になる構文のみが許される．こうした差は，なぜ生じるのだろうか．この場合にも，アスペクトの概念が重要になってくる．spray や load に比べ，put や fill は本来完成の意味が強い．spray や load は，何度もスプレーがけや積み荷の作業を繰り返す動作に焦点があるが，put や fill は置くあるいは満たす行為の完了とその結果の状態まで焦点に含まれる．ここで位置交替の基本的な機能が，load や spray のような本来動作的な動詞に，(17b) や (18b) のような全体的読みを与えることであると仮定してみよう．そうすると，put や fill のような本来完成のアスペクトを持つ動詞には位置交替は適用できないので，(19) と (20) の交替が不可能なことが説明される．

4.3 ステージレベルと個体レベル

次の2組の文の意味の違いを考えてみよう．
(21) a. Firemen are available.
    b. Firemen are altruistic.
(22) a. Standing on a chair, John can reach the ceiling.
    b. Having unusually long arms, John can reach the ceiling.

(21) では冠詞なしの複数形が主語となっている．(21a) の1つの意味は，現在出動体制にある消防士が複数いる，という存在を示す意味であり，(21b) は消防士というものは自分を犠牲にしてでも他人のためにつくす性格だ，という総称的な意味を持つ．(22) は分詞構文の例だが，(22a) は椅子の上に立てばジョンは天井に届く，という条件の意味なのに対し，(22b) は異常に長い手をしているので，ジョンは天井に届くという，理由

を表す意味である．なぜこうした意味の違いが出てくるのだろうか．

available も altruistic もともに状態を表しているが，上記の差は状態という概念をさらに分ける必要があることを示している．上記の差を説明するために，述語を「一時的」，「恒久的」の2つに分けることにしよう．そして一時的な述語を，「ステージレベル」(stage-level)，恒久的な述語を「個体レベル」(individual-level)と呼ぼう(⇨ 19.6)．(21a)で，冠詞なしの複数主語の時は，ステージレベルの述語は存在を意味するのに対し，(21b)の個体レベルの述語では単に一般的性質を表している．(22)の分詞構文では，(22a)のステージレベルの述語は条件を，(22b)の「長い手をしている」という個体レベルの述語は理由を表すことを示している．

ステージレベルと個体レベルの差は，there 構文にも表れる．

(23) a.　There are firemen available.
　　　b.　*There are firemen altruistic.

ステージレベルの(21a)は存在を表すので，available は(23a)のように存在の there 構文に表れる．一方，恒久的な性質を表す個体レベルの述語は，(23b)に示すように，存在を表す there 構文には生じない．

▶基本文献◀

・Diesing (1992): 述語がステージレベルか個体レベルかによって，主語が生成される位置が異なるという，影響力のある仮説を提唱した．
・Tenny (1994): アスペクトと統語構造の関係を扱い，特に目的語がアスペクトを決定するのに重要な役割を果たすという観察をした．
・Vendler (1967): 状態，動作，完成，達成の4つのタイプのアスペクトを最初に提示した，アスペクト研究の古典．

第5章　動詞のクラスと交替現象

【実例】
（a） Five years prior to his death he gave property absolutely to his son.
　　　　　　　　　　　（Patrick Soares, *Non-resident Trusts*）
（b） The old man emerged from a back room and stood playing until the barman gave him a chair to sit on.
　　　　　　　　　　　（Derek Robinson, *A Good Clean Fight*）

5.1　動詞の分類

　動詞は，目的語などの補部の有無から多くのクラスに分けられる．代表的なものに，自動詞，他動詞，不完全自動詞，不完全他動詞，二重目的語動詞など，学校文法の5文型に対応する分類がある．他方，知覚動詞，移動動詞，使役動詞など，意味的な分類もある．これらの分類の目的は，個々の動詞の基本的な統語的ふるまいを捉えることであり，それぞれの動詞類の統語特性を決定している素因を突きとめる必要がある．この点で語彙項目の意味情報は重要である．たとえば cut も break も他動詞で，対象の「状態変化」を含み，同じ使役動詞のクラスに分類できそうに見える．しかし，これらの間には語彙意味の違いがあり，これが（1a, b）の自他の交替現象の違いをもたらしているので，break と cut は別々のクラスに属する（⇨ 5.3.1）．

（1）a.　John cut the bread. / *The bread cut.
　　 b.　John broke the glass. / The glass broke.

　同様に give も contribute（寄付する）も共通に「授与」を表し，[＿ NP PP] という補部構造をとるが，前者にのみ二重目的語構文が可能である．

この対照も両者の意味の違いから説明される（⇨ 5.3.2）．
(2) a. We contributed our paycheck to her. / *We contributed her our paycheck.
　　 b. John gave a book to Mary. / John gave Mary a book.
　以下では，意味的観点から個々の動詞の語彙記載を考察し，一定の動詞類の統語的特徴および（1b），（2b）のような構文交替現象を説明する．

5.2　語彙意味論

　伝統文法以来，意味的に同類の動詞が共通の統語的性質を示すことが知られている．この立場は語彙意味論（lexical semantics）と呼ばれ，個々の動詞の統語的ふるまいは，根本的にはその意味から予測されるとする．
　動詞に必要とされる主語や目的語などの要素を項（argument）という．語彙意味論では，たとえば，put は主語 NP の他に目的語 NP と場所を表す PP の 3 項を義務的に必要とするが，これは put の「人がモノをあるところに置く」という意味の帰結であると考える．また swim が自動詞（＝1 項動詞）であるのも，その表す出来事が swimmer のみによって実現されることによる．
　動詞の項には，動詞が表す出来事との関係で一定の意味役割が与えられる．主な意味役割には，動作主（Agent: 意図を持ち行為をなす主体），主題（Theme: 移動体，変化体，静止体，心的経験の対象），着点（Goal: 移動先），出所（Source: 移動元），場所（Location: Theme が留まっている場所・状態），経験者（Experiencer: 心的経験の主体）などがある．語彙意味論では，たとえば put には，[Agent, <Theme, Location>] という語彙指定が与えられる．これは，動詞の項の数，意味的・統語的性質を表し，項構造（argument structure）と呼ばれ，put が Agent, Theme, Location の 3 項をとる「配置」動詞であることを指定している．項は内項（internal argument）と外項（external argument）に分けられる．<...> 内の Theme と Location は内項で，VP 内に実現される．下線部の Theme は直接内項と呼ばれ，直接目的語の位置に現れる．一方 <...> の外にある Agent は外項で，VP の外，すなわち主語の位置に生起する．

5.2.1 自動詞：非対格動詞と非能格動詞

　語彙意味論では，意味役割と統語位置には一定の普遍的な連関が存在すると仮定されており，これをリンキング規則（linking rule）という．たとえば，Agent は主語位置と，Theme は直接目的語位置と，Goal は VP 内の PP と結びつく．これらを前提として，自動詞（SV 型）を分析してみよう．(3a, b) の動詞は，表面的には [$_{IP}$ NP ＿ PP] という同じ統語環境に現れるが，それぞれの項構造を考えると異なるクラスに属する．

（3）a.　John swam in the river.
　　 b.　A train arrived at the station.

まず，(3a) の swim は 1 項動詞で，[Agent] という項構造が与えられる．PP の in the river は随意的付加詞で，John の行為の起こった場所を指定する VP 修飾句である．一方，(3b) の arrive は 2 項動詞で，a train は移動物（Theme），the station はその着点（Goal）という意味役割を担う．この事実をリンキング規則の観点から見ると，arrive の項構造は [ϕ, <Theme, Goal$_{PP}$>] となる．というのは，Theme は直接目的語，Goal は PP となり，主語となるべき Agent が存在しないので，外項の位置は空（ϕ）となるからである．このような外項を欠く動詞を非対格（unaccusative）動詞という．一方 swim のように外項 Agent を持つ自動詞を非能格（unergative）動詞という．

（4）a.　非能格動詞：cry, dance, run, smile, sing, laugh, play
　　 b.　非対格動詞：arrive, appear, ascend, drop, emerge, fall, rise

　swim の項構造 [Agent]，arrive の項構造 [ϕ, <Theme, Goal$_{PP}$>] が統語構造に投射されると，それぞれ (5a, b) の D 構造がえられる．

（5）a.　[$_{NP}$ John] [$_{VP}$ swam].
　　 b.　[[$_{NP}$ e] [$_{VP}$ arrive [$_{NP}$ a train] [$_{PP}$ at the station]]]

このように，一定の自動詞について，表面上の主語が最初は目的語位置に生起するとする分析を非対格仮説（unaccusative hypothesis）という．英語では主語位置を空にしておくことはできないので，(5b) に示したように NP の a train を移動するか，(6) のように虚辞の there を挿入する．

(6) a. There arrived a train at the station.
　　 b. In the gardens there appeared the first signs of spring.
　　　　　　　　　　　　　　　（W. Dalrymple, *City of Dijinns*）

非対格動詞には過去分詞形による名詞前修飾が見られるが，非能格動詞では不可能である．

(7) a. newly arrived packages, a newly appeared book, a fallen leaf, a risen Christ, an undescended testicle, a stuck window
　　 b. *a run man, *a swum contestant, *a sung artist

このような形容詞的用法は，目的語が Theme であるものに限られている．非対格動詞は D 構造で Theme 項を目的語とするので，この条件を満たすけれども，非能格動詞はこの条件を満たさず，(7b) は排除される．

5.2.2　不完全自動詞と項構造

さらに，非対格仮説分析を受ける動詞に，第 2 文型 (SVC) に生起する不完全自動詞 (8) がある．次にこれらの項構造を考えてみよう．

(8)　seem, look, appear, prove, turn out

seem は「...に～のように思われる」という意味を表すが，ある命題「～」が人の心に浮かぶと解釈できるので，前者が Theme，後者は Goal とみなされる．Theme も Goal も内項とすると，seem の項構造は [ϕ, <Goal, Theme>] となる．Goal は to NP，命題は節で実現されるので，seem 文の基底構造は，非対格仮説により，主語を欠く (9a) の形になる．このままでは主語のない非文が派生されるので，(9b) のように，虚辞の it を主語位置に挿入する．

(9) a.　[$_{NP}$ e] [$_{VP}$ seem [$_{PP}$ to me] [$_{CP}$ that John is smart]]
　　 b.　It seems to me that John is smart.

一方，節が小節 (small clause: SC) の場合には (10) の基底構造を持つ．

(10)　[$_{NP}$ e] [$_{VP}$ seem [$_{SC}$ John smart]]

この場合には，定形動詞を欠く不完全節なので，主語の位置への it の挿入は許されない．そこで，主語位置を埋めるために，小節の主語 NP が上位節の主語位置に移動され，(11) の文が派生する．

(11)　John seems smart.

このように，表面上異なる構造に生起する 2 つの seem が，実は同一の項構造に由来するものであることが捉えられる（⇨ 6 章）．

5.2.3　心 理 動 詞

　驚きや不安や怒りなどの心的状態を表す動詞を心理（psychological）動詞という．心的状態には，経験者（Experiencer）と心的状態を引き起こすもの（Theme）の 2 つの参与者が関わっている．心理動詞は，2 つの項のいずれが主語になるのかによって 2 つのクラスに分けられる．

(12) a.　Experiencer が主語：admire, enjoy, fear, like, love, relish
　　 b.　Theme が主語：amuse, frighten, interest, please, surprise, thrill
(13) a.　John (Experiencer) fears thunder (Theme).
　　 b.　Thunder (Theme) frightens John (Experiencer).

心理動詞には，(14) にあげる統語的，意味的問題がある．

(14) a.　逆行的束縛
　　 b.　非対格仮説分析
　　 c.　リンキングパラドックス（linking paradox）
　　 d.　派生名詞化形（derived nominals）

　まず (14a) の逆行的束縛から見よう．束縛照応形（bound anaphor）は先行詞によって c 統御されねばならない（⇨ 20 章）．しかし，(13b) の心理動詞には，この制限に違反した照応形の束縛（binding）が見られる．

(15) a.　*Pictures of himself hit John.
　　 b.　Pictures of himself worry John.

ここで，John は himself を c 統御できないが，(15b) では束縛関係が成立している．この問題の 1 つの解決法は，(12b) の動詞に非対格仮説を適用することである．すなわち，これらの動詞の表面上の主語（Theme）は D 構造で動詞の直接目的語位置に導入され，その後主語位置に移動する．

(16)　　　　　IP
　　　　　／＼
　　　　NP　　I′
　　　　　　／＼
　　　　　I　　VP
　　　　　　　／＼
　　　　　　V′　　NP
　　　　　／＼　　｜
　　　　V　　NP　John（Experiencer）
　　　　　　　｜
　　　　　Pictures of himself（Theme）

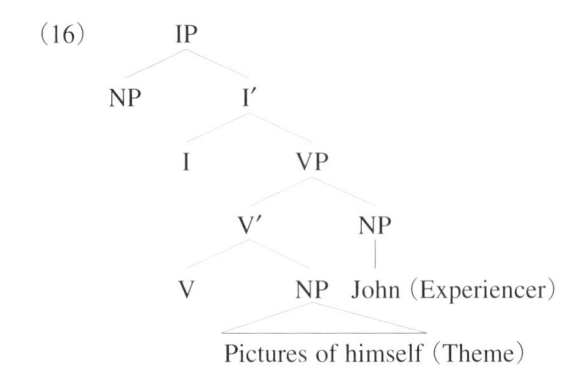

この分析によると，(15b) で Experiencer である John は D 構造で Theme の pictures of himself を c 統御する位置にあり，照応形 himself を適切に束縛することができる．このようにして (14a, b) が説明される．

次に (14c) のリンキングパラドックスを見よう．Baker (1988) の主題役割付与一様性の仮説 (uniformity of theta assignment hypothesis: UTAH) によれば，同じ意味役割はどの動詞においても同一の統語上の位置に実現される．心理動詞では，UTAH の予測に反して，Experiencer, Theme という役割が，(12a, b) の動詞類で正反対の位置に実現をする．すなわち，(13a) の fear では，Experiencer が主語位置，Theme が目的語位置と結びつけられるが，(13b) の frighten では，Theme が主語位置，Experiencer が目的語位置と結びつくので，UTAH と矛盾する．

1つの可能性は，両者の意味は異なると分析する方法である．すなわち，(12b) の心理動詞は使役の意味を含んでおり，その項構造は［Theme, <Experiencer>］ではなく，［Causer, <Causee>］であるとする．たとえば，(13b) は，雷が原因となって，John の驚いた状態を引き起こしたと解釈される．この立場では，fear 類と frighten 類の意味役割が異なるので，そもそもリンキングパラドックスは起こりえない．

(14d) では次の派生名詞化形の対照が問題となる．

(17) a.　*The movie's amusement of the children
　　　　(cf. The children's amusement at the movie)
　　b.　the nation's fear of high taxation

c.　The enemy's destruction of the city

（17a）に見るように，（12b）の動詞は，The movie amused the children. に対応する派生名詞化形が不可能である．（17a）と（17b, c）の対照の説明の1つとして，派生名詞化形の所有格位置には一定の意味的制限があり，心的経験の対象（= Theme）はこの位置からは排除されるとする分析がある．これによれば，fear でも，（18a）では scarecrows が恐怖の対象だから許されない．他方，amuse でも，所有格が Agent である場合には，（18b）のように派生名詞化形は許される．

（18）a.　*Scarecrows' fear by Amy（cf. the city's destruction by the enemy）
　　　b.　The clown's deliberate amusement of the crown（the clown は Agent）

5.3　構文交替現象

本節では代表的な構文交替現象を3つ取り上げ，そこに関わっている動詞類の意味的要因を考察する．

5.3.1　能格動詞と使役起動交替

他動詞の目的語が自動詞の主語として現れる自他両用の動詞類がある．

（19）a.　The wind broke the window. / The window broke.
　　　b.　The sun melted the ice. / The ice melted.
（20）　awake, bend, break, burn, carbonize, darken, diminish, explode, freeze, melt, open, purify, spray, thicken, yellow

（19）の交替を使役起動交替（causative-inchoative alternation），自動詞を能格（ergative）動詞と呼ぶ．Levin and Rappaport Hovav（1995）によれば，これらの動詞類は，外的原因による状態変化を表し，自動詞にも不定の外的原因が含意される．他方，bloom（開花する）や decay（腐る）のような内的原因による出来事を表す自動詞は，使役起動交替を許さない．同様に，play や speak のような Agent による出来事を表す非能格動詞も，「意志」という内的原因が関わるので，交替を許さない．

(21) a. The cactus bloomed early. / *The gardener bloomed the cactus early.
　　 b. The log decayed. / *The bad weather decayed the logs.
(22) a. The children played. / *The teacher played the children.
　　 b. The actor spoke. / *The director spoke the actor.
(以上 Levin and Rappaport Hovav 1995)

一方，cut や assassinate などの動詞も外的原因による状態変化を表すが，対応する能格動詞が存在しない．これらには，(19) の break や melt と異なり，Agent (刃物の使い手，暗殺者などの意志行為者)が外的原因として関与する．このような場合，使役起動交替は不可能となる．

(23) a. John cut the bread. / *The bread cut.
　　 b. The terrorist assassinated the senator. / *The senator assassinated.

ここで，使役起動交替は項構造 [(Causer) <Theme>] によるものとしよう．Causer が統語的に実現されると他動詞文に，Causer が(不定の外的原因と解釈され)抑圧されると自動詞文になる．しかし，自動詞の場合でも，抑圧された Causer は隠れた外項として働き，Theme 項は内項に生じる (Grimshaw 1990; Levin and Rappaport Hovav 1995)．そうすると (19) の自動詞文の基底構造は以下のように非対格仮説分析を受ける．

(24)　[[NP e] [VP broke / melted [NP the cup / the ice]]]

この構造に NP 移動が適用して，(19) の自動詞文が導かれる．

5.3.2　Give 動詞と与格交替

(25) の Give 動詞は (26a, b) のように，[__ NP PP] の構文と [__ NP NP] の構文のどちらにも生起できる．これらの動詞が 2 つの統語枠に現れることを与格交替 (dative alternation) という．

(25)　feed, give, hand, lend, pass, pay, sell, serve, trade
(26) a. John gave a book to Mary.
　　 b. John gave Mary a book.

(25) の動詞が表す出来事には，贈り手，贈り物，受け手の 3 つの参与者が関わるので，Agent, Theme, Goal の 3 項を持つ．Agent は外項として

主語位置と結びつけられ，残った 2 項は内項として，(26a, b) のように VP 内に実現される．この交替現象は，Goal 項の統語的実現が，目的語か PP (to NP) の二通りの可能性があることに由来する．しかし，上記の 3 項を持つ動詞がすべて交代現象を示すのではない．carry などの動詞も同じ項構造を持つが，(27) のように二重目的語構文は不可能である．

(27) 　*I carried / pulled / pushed / schlepped / lifted / lowered / hauled John the box. 　　　　　　　　　　(Pinker 1989: 111)

(25) の動詞類の意味を検討すると，Goal 項がモノの着点であると同時に，その所有者としての資格を持つ．このような交替を，同一の動詞がとる 2 つの異なる項構造に帰してみよう．(26a) の give の項構造 [Agent, <Theme, Goal$_{PP}$>] を基本として，Goal 項が所有者の資格を持つ場合に，項構造レベルで，[Agent, <Theme, Goal$_{PP}$>] → [Agent, <Goal, Theme>] という語彙変更過程があると仮定する．前者の項構造の実現が [＿ NP PP] 構造で，後者の項構造が [＿ NP NP] 構造に実現される．

他方，give 動詞であっても，Goal が単純に位置的移動先を表す場合には，この語彙変更過程は適用しない．

(28) a. 　Bill sent a package to Tom / London.
　　　 b. 　Bill sent Tom / *London a package. 　　(Levin 1993: 46)

しかし Goal という意味役割のラベルだけでは，問題の要素が地理的着点か所有者かを見分けることはできない．この点で，生成意味論 (generative semantics) 以来の語彙分解による，基本意味述語と変項を含む精密な語彙意味表示が優れている．このような表示は語彙概念構造 (lexical conceptual structure) と呼ばれ，[＿ NP PP] 用法と [＿ NP NP] 用法の give の意味構造はそれぞれ次のように記述される．

(29) a. 　X cause Y to go to Z ((26a) の give)
　　　 b. 　X cause Z to have Y ((26b) の give)

この構造で，変項 X, Y, Z が give の項に当たる．さらに (29a, b) で，X が主語位置と，cause の直後の Y, Z が直接目的語位置と，さらに (29a) の Z が PP$_{to}$ と，(29b) の被所有物 Y は VP 内位置と結びつくとするリンキング規則を仮定する．そうすると与格交替は，(29a) → (29b) という語

彙変更過程により捉えられる (Pinker 1989).

5.3.3　中　間　交　替
(30) の交替を中間交替 (middle alternation) といい，自動詞文は中間構文と呼ばれる．

(30) a.　Someone bribes the bureaucrats. / Bureaucrats bribe easily.
　　 b.　The butcher cuts the meat. / The meat cuts easily.
　　 c.　She broke the crystal. / The crystal breaks at the slightest touch.

中間構文は，ある行為の対象について，それがどの程度容易になされうる性質を持っているかを述べる．したがって，この構文は対象をトピックとする受け身的な意味を持ち，さらには対象の内在的性質を述べるため，特定の時の指示を持たない．もとの Agent 項は含意はされているが，統語的には表現されず，さらに通例 easily のような「難易」を表す副詞を伴う (e.g. This book reads easily. / *This book reads.)．

中間構文の派生に関して，統語的な方法を見よう．この方法では，[Agent <Theme>] という項構造で，Agent を外項から降格 (demote) させる操作により，項構造 ([ϕ<Theme, (Agent)>]) が派生される．これは外項を欠くので，(31a) のような基底構造 (非対格構造) に投射される．この基底構造に NP 移動が適用して (31b) のような中間構文が導かれる．

(31) a.　[[$_{NP}$ e] [$_{VP}$ V [$_{NP}$ Theme] (Agent)]]
　　 b.　This book reads easily (for Bill).

▶基本文献◀
・Levin (1993)：種々の構文交替の概説と意味的観点からの包括的な動詞分類が示されている．
・Levin and Rappaport Hovav (1995)：非対格仮説と使役起動交替が主に分析されている．語彙意味論研究の基本図書．
・Pinker (1989)：与格交替や使役交替など種々の構文交替現象が，語彙意味論や言語習得の観点から分析されている．

第6章　名詞句移動

【受動文の実例】

In most cases, the Atlantic hurricane is precisely bred off the coast of Africa and has a rather predictable gestation period. Its development and progress are monitored by satellites, analyzed by meteorologists and their computers, and discussed hourly on every news programme.
　　　　　　　　　　　　　　　　　(*Reader's Digest*, February 2000)

【繰り上げ構文の実例】

Lester Packer of the University of California, Berkeley, found that animals who received the supplement in their diets were more likely to recover from heart attacks than those who did not.
　　　　　　　　　　　　　　　　　(*Reader's Digest*, March 2000)

6.1　受　動　文

6.1.1　受動文の統語特性

　受動文の統語特性は，対応する能動文における動詞の目的語が文の主語になり，能動文の主語が随意的に by 句として現れる点である．

　（1）a.　John invited Mary.
　　　 b.　Mary was invited (by John).

この統語特性は，どのようにして説明できるのであろうか．

　具体的な説明に入る前に，(1a, b) の構造について述べておこう．文の主語はIPの指定部位置に，目的語はVの補部位置に生成されるので，(1a) の能動文の構造は，次のようになる．

　（2）　[$_{IP}$ John [$_{I'}$ I [$_{VP}$ invited Mary]]]

[51]

一方，(1b)の受動文の場合，Mary は文の主語であるにもかかわらず，意味上は動詞 invite の目的語に対応している．Mary が持つこの二重性は，(3a)の構造から(3b)の構造を派生する NP 移動を仮定することによって捉えられる．

（3）a.　[IP ___ [I' was [VP invited Mary]]]
　　　b.　[IP Mary$_i$ [I' was [VP invited t_i]]]

(3a)では，Mary は，invite の目的語として V の補部の位置に現れているので，この構造により，Mary は invite の目的語であることが保証される．一方，(3b)では，Mary が主語の位置に生じているので，この構造により，Mary が文の主語であることが保証される．このように，生成文法では，(1b)の受動文は(3a, b)の2つの構造を持つと仮定することにより，Mary が，意味上は目的語であり，統語上は主語であるという二重性を説明する．(3a)の構造は基底構造であり，Mary が目的語の位置から主語の位置に移動することにより，(3b)の構造が派生する．Mary が移動した後には，Mary の痕跡 (trace) が残ると仮定されている．

受動文(1b)に対して(3a)の基底構造と(3b)の派生構造を仮定した場合，次の2つの疑問が生じる．

（4）a.　基底構造(3a)において，IP の指定部が空であるのはなぜか．
　　　b.　V の補部に基底生成された目的語が，IP の指定部に移動しなければならないのはなぜか．

これら2つの問題を解く鍵は，動詞と結びついて受動分詞をつくる受動形態素 -en が持つ次のような語彙特性にある．

（5）a.　受動形態素は，動詞が IP の指定部に与える意味役割（θ-role）を吸収し，それを by の目的語に付与する．
　　　b.　受動形態素は，動詞が目的語に与える格を吸収する．

たとえば，受動形態素が他動詞 invite に結びつくことにより，次のように語彙特性が変化する．

（6）　invite　　　　　　→　invited
　　　[動作主，被動者]　　　[___，被動者，by 動作主]
　　　格付与能力あり　　　　格付与能力なし

角括弧内の要素は，動詞が付与する意味役割を示している．下線部の要素は，動詞が IP の指定部(主語)に与える意味役割を示している．他動詞 invite は，IP の指定部(主語)に動作主 (agent) の意味役割を付与し，V の補部に被動者 (patient) の意味役割を付与する．動作主は動詞によって表される行為をする人を表すのに対し，被動者はその行為の影響を受けるものや人を表す．一方，このような語彙特性を持つ invite に受動形態素 -en が結びついた受動分詞 invited は，IP の指定部(主語)に与えるはずの動作主の意味役割が吸収され，by 位置に移される．その結果，受動分詞 invited は IP の指定部(主語)に意味役割を付与しないので，主語位置に名詞句が現れることはない．したがって，受動文の基底構造 (3b) における IP の指定部は空になる．これが，(4a) の問題に対する答えである．

次に，(4b) の問題に移ろう．生成文法では，格 (Case) という概念を用いて名詞句の分布を規定する格理論を仮定している．この理論の中心的原理は，格付与に課せられる次の適格性条件である．

（7） 格フィルター（Case Filter）
　　　音声形式を持つ名詞句は，格を持たなければならない．

能動文の構造である (2) の場合，主語である John は INFL から主格 (Nominative Case) が付与され，目的語である Mary は動詞から対格 (Accusative Case) が付与される．したがって，この文における John も Mary も格フィルターを満たしている．これに対して，受動文の基底構造である (3a) の場合，動詞が本来持つ対格は，受動形態素に吸収されている．その結果，Mary が動詞の補部にとどまる限り，Mary には動詞から対格が付与されず，格フィルターに違反してしまう．この問題を解決する最後の手段として，Mary は空の IP の指定部に移動し，その位置で INFL から主格を受けとる．

（8） 移動の理由
　　　名詞は，格が与えられていない時にのみ，格を求めて移動する．

このように，受動文では，目的語が格付与のために主語位置に移動する．

これに対して，that 補文をとる動詞の受動文においては，that 補文が IP の指定部に移動する必要はない．

（9） It is said / believed / held [that she slipped arsenic in his tea].
この文における that 節は名詞ではないので，格を必要としない．したがって，INFL から格を受けとるために that 節は IP の指定部に移動することはなく，動詞の補部にそのままとどまる．英語の場合，主語が必ず必要なので，主語位置には仮主語の it が挿入され，(9) の受動文が派生する．

このように，受動文で目的語が主語位置に移動する特性は，受動形態素が動詞の持つ意味役割と対格を吸収すると仮定することで説明される．この仮定によると，受動文の基底構造では，IP の指定部には意味役割は付与されず，その結果，この位置は空である．また，動詞の補部に存在する目的語には格が付与されないので，目的語は格を得るために，空の IP の指定部に義務的に移動する．

6.1.2 受動文と前置詞

前節で，受動文の一般的統語特性を見たが，受動文の中には，動詞ではなく，前置詞の目的語が主語になる場合もある．

（10） a. Everyone talked about John.
  b. John was talked about by everyone.
（11） a. Everyone took advantage of Mary.
  b. Advantage was taken of Mary by everyone.
  c. Mary was taken advantage of by everyone.

(10b) では，前置詞 about の目的語の John が主語になっている．また，(11c) では，動詞 take の直接目的語ではない Mary が受動文の主語になっている．これらの受動文は擬似受動文（pseudo-passive）と呼ばれる．

擬似受動文に対して，動詞とそれに隣接する前置詞を結合し，1 つの複合動詞を形成する再分析（reanalysis）が提案されている．この分析によると，(10b) の基底構造は，(12a) から (12b) の構造に再分析される．

（12） a. __ was [$_{VP}$ [$_V$ talked] [$_{PP}$ about John] by everyone]
  b. __ was [$_{VP}$ [$_V$ talked about] John by everyone]

(12b) において，talk about は 1 つの動詞となり，前置詞 about が持つ格は，受動分詞 talked に吸収される．その結果，John は前置詞から格を受

けとることができないので，John は IP の指定部に移動し，INFL から格を受けとる．

次に，(11b, c) を考えよう．これらの文の基底構造は，(13) である．

(13) ＿＿ was [$_{VP}$ taken advantage of Mary by everyone]

この構造において，受動形態素が動詞の持つ対格を吸収するので，take はその目的語である advantage に対して対格を与えることができない．したがって，advantage は IP の指定部に移動し，INFL から主格を受けとる．その結果，(11b) の文が派生する．これに対して，(11c) の擬似受動文は，(13) の基底構造に taken advantage of を単一の動詞として再分析する規則が適用された次の構造から派生する．

(14) ＿＿ was [$_{VP}$ [$_V$ taken advantage of] Mary by everyone]

taken advantage of は 1 つの複合動詞となり，この複合動詞の持つ対格は過去分詞に吸収されるので，Mary は対格を付与されない．そこで，Mary は IP の指定部に移動し，(11c) の擬似受動文が派生する．

以上のように，受動文の統語特性は，動詞の持つ意味役割と格が受動形態素に吸収される帰結として説明される．また，前置詞の目的語が受動化される場合には，動詞とそれに隣接する前置詞を結合し，1 つの複合動詞を形成する再分析という操作が適用されている．

6.1.3　受動文の機能上の特徴

受動文はそれに対応する能動文と知的に同義であるが，機能的観点から見ると受動文が使われるにはそれなりの理由がある．Jespersen (1933: 120–121) は，受動文が使われる主な理由として次の 5 つの場合をあげている．第一に，能動文の主語が不明であるか，容易に言及できない場合．

(15) a. Her father was killed in the Boer war.
　　 b. The city is well supplied with water.
　　 c. I was tempted to go on.
　　 d. The murderer was caught yesterday, and it is believed that he will be hanged.
　　 e. She came to the Derby not only to see, but just as much as to be seen.

第二に，文脈から能動文の主語が明らかな場合．
(16) a. He was elected Member of Parliament for Leeds.
b. She told me that her master had dismissed her. No reason had been assigned; no objection had been made to her conduct. She had been forbidden to appeal to her mistress, etc.

第三に，能動文の主語を示したくない特別な理由が存在する場合．特に，書き言葉における1人称は，しばしば省略される傾向がある．
(17) Enough has been said here of a subject which will be treated more fully in a subsequent chapter.

第四に，能動文の主語よりも，受動文の主語の方により関心がある場合．
(18) a. The house was struck by lightning.
b. His son was run over by a motorcar.

第五に，文と文のつながりをよくする場合．
(19) He rose to speak, and was listened to with enthusiasm by the great crowd present.

この最後の点は，英文構成上の原則の1つである「旧情報から新情報へ」という原則と関連がある．つまり，話者と聞き手の双方が了解している旧情報を文の主題として，それに新たな情報を加えるという原則である．
(20) a. Just look at this book. It was talked about by Mary yesterday.
b. Just then John came in. He was accompanied by his father.

これらの文においては，旧情報から新情報への流れに合うように，2つ目の文が受動文になっている．

6.2 繰り上げ構文

次に，繰り上げ（raising）構文と呼ばれる文について考えよう．
(21) a. It seems that John is an excellent student.
b. John seems to be an excellent student.

(21a)では，動詞 seem の主語位置に仮主語 it が現れ，動詞の補部には that 節が生じている．一方，(21b)では，動詞の補部に不定詞句が生じており，その不定詞句の意味上の主語が主節の主語に対応している．これら2つの文は形は違うが，論理的意味内容は同じである．生成文法では，

(21b)のような文を繰り上げ構文と呼ぶ．この構文には，形容詞の likely, certain, sure, 動詞の appear, turn out, seem, happen などが現れる．

6.2.1 繰り上げ構文の構造

　繰り上げ述語は，主語位置に意味役割を付与せず，補部の位置にのみ命題（proposition）の意味役割を付与する．たとえば，seem の語彙特性は [__, 命題]であり，主語位置に意味役割を付与しない．したがって，(21a, b) の基底構造は (22b) であり，主節の主語位置は空である．

(22) a.　__ seems [that John is an excellent student]
　　 b.　__ seems [John to be an excellent student]

基底構造 (22a, b) が異なるのは，seem の補部に，(22a) では that 節が，(22b) では不定詞節が生じている点である．(22a) の that 節は，次の構造を持つ．

(23)　__ [$_{VP}$ seems [$_{CP}$ that [$_{IP}$ John [$_{I'}$ [$_I$ is] [$_{VP}$ an excellent student]]]]]

この構造では，John が INFL から主格を受けとるので，もはや移動する必要はない．その結果，主節の主語位置に it が挿入されると，(21a) の文が得られる．これに対して，(22b) の不定詞内の構造は (24) である．

(24)　__ [$_{VP}$ seems [$_{IP}$ John [$_{I'}$ [$_I$ to] [$_{VP}$ be an excellent student]]]]

この構造では，IP の主要部である INFL は時制を持たないので，指定部にある John に主格を付与することができない．また，seem は自動詞であり，John に対格を与えることができない．その結果，John が IP の指定部にとどまる限り，John はどの要素からも格を得ることができず，(7) の格フィルターに違反する．そこで，John は，格を受けとることができる位置，すなわち，主節の IP の指定部に移動し，そこで時制を持つ INFL から主格を受けとる．この移動の結果，次の構造が派生する．

(25)　[$_{IP}$ John$_i$ I [$_{VP}$ seems [$_{IP}$ t_i to be an excellent student]]]

このように，(21a, b) の同義性は seem の語彙特性から説明され，繰り上げ構文 (21b) は補文内から主節主語への名詞句移動により説明される．

6.3 NP 移動の一般的特性

　これまで見た受動文と繰り上げ構文には NP 移動が関わっていた．最後に，受動文と繰り上げ構文に見られる NP 移動の特徴を整理し，これらの特徴が生成文法において仮定されている一般原理からどのように説明されるかをまとめておこう．

　受動文と繰り上げ構文の典型例は次の文である．

(26) a.　[$_{IP}$ The car$_i$ was bought t_i by Mary]
　　 b.　[$_{IP}$ John$_i$ seems [$_{IP}$ t_i to be kind]]

(26a) の受動文では，名詞 the car が受動分詞である bought の補部の位置から主語位置に移動している．移動の元位置である t_i は，bought より意味役割が与えられるが，格付与されない位置である．これに対して，移動先の IP の指定部は意味役割が与えられないが，INFL より格付与される位置である．同様に，(26b) の繰り上げ構文で，名詞 John の元位置である t_i には不定詞句内の述語 (be) より意味役割が与えられるが，格は付与されない．これに対して，移動先である IP の指定部は INFL から格を付与されるが，seem からは意味役割を付与されない位置である．

　2 つの構文における NP 移動の特徴は，以下のようにまとめられる．

(27) a.　名詞句は，意味役割が与えられている位置から，意味役割が与えられていない位置へ移動する．
　　 b.　名詞句は，格付与されない位置から，格付与される位置へ移動する．
　　 c.　名詞句は，IP の指定部へ移動する．

これらの諸特徴は，生成文法においては，θ 規準 (θ-criterion)，格フィルター，構造保持仮説により説明される．まず，(27a) から見よう．この特徴は，θ 規準の帰結として説明される．θ 規準とは，意味役割とそれが付与される項との間の関係を規定する条件である．

(28)　　θ 規準
　　　　各項はただ 1 つの意味役割を持ち，各意味役割はただ 1 つの項に付与される．

この条件は，項と意味役割の間に，必ず一対一の対応関係が存在することを要求する．θ 規準により，1 つの項が 2 つ以上の意味役割が付与される

位置に現れることはできない．項は基底構造において意味役割が与えられる位置に生じるので，項が移動する場合，移動先は必ず意味役割が与えられない位置に限られる．したがって，項である名詞句は意味役割が与えられる位置から意味役割が与えられない位置に移動する．

次に，(27b)の特徴は，(7)の格フィルターにより説明される．格フィルターによると，音形を持つ名詞は格を必要とする．ある位置に現れた名詞がどの要素からも格を受けとれない場合，格フィルターに違反する．したがって，格付与される位置に義務的に移動しなければならない．また，ある場所に生じた名詞がその位置ですでに格を受けとっている場合，移動する必要がなくなるので，移動は阻止される．その結果，名詞は格付与されない位置から格付与される位置に義務的に移動する．

最後に，(27c)の特徴は，(30)の θ 規準と構造保持制約（structure-preserving constraint）によって説明される．構造保持制約とは，「ある範疇 C の要素が移動する場合，移動先はそれと同一の範疇 C により占められている位置に限られる」という仮説である．NP 移動の場合，その移動先は基底構造で名詞句が生成されうる位置でなければならない．文中において名詞句が基底生成される位置は，主語の位置と目的語の位置である．主語の位置は，受動文や繰り上げ構文の場合，意味役割が付与されていない．一方，目的語位置は必ず意味役割が付与されているので，(28)の θ 規準によると，目的語の位置には移動できない．したがって，NP の移動先は，意味役割が付与されていない IP の指定部に限られる．

このように，構造保持制約と θ 規準により，NP の移動先は IP の指定部に限られるが，どの IP 指定部でもよいわけではなく，最も近い位置にある IP の指定部でなければならない．次の文を見てみよう．

(29) 　*John$_i$ seems [$_{CP}$ that [$_{IP}$ it is told t_i that Mary had disappeared]]

この文では，John は埋め込みの that 節の受動分詞 told の補部位置から主節の主語位置に移動しているが，このような移動は非局所的繰り上げ（super-raising）と呼ばれる．John が移動する前の構造は，(30)である．

(30) 　__ seems [$_{CP}$ that [$_{IP}$ it is told John that Mary had disappeared]]

この構造において，John は told から対格を受けとることはできない．な

ぜなら，動詞 tell の持つ対格は，受動分詞により吸収されているからである．埋め込みの IP の指定部には仮主語の it が存在するため，John はその位置に移動できない．そうすると，格を受けとることができる位置は，主節の主語位置である．したがって，John は埋め込みの主語位置にある it を飛び越えて，主節の主語位置に移動するが，この移動は許されない．このような移動は，次の条件により排除される (Rizzi 1990; Chomsky and Lasnik 1993).

(31) 最短移動条件
　　　ある要素が移動する場合，元位置から最も近い当該の位置に移動しなければならない．

この条件によると，NP が移動する場合，元位置から最も近い IP の指定部に移動しなければならない．(30) において，John の元位置から最も近い IP の指定部は，埋め込みの主語位置である．したがって，John は，埋め込みの IP の指定部に移動しなければならない．しかしながら，埋め込みの主語位置は，すでに it により占められている．その結果，(30) における John は埋め込みの IP の指定部に移動できず，John の移動は (31) の条件に違反してしまう．このように，NP の移動先は，元位置から最も近い IP 指定部に限られる．

▶ 基本文献 ◀

- Baker, Johnson and Roberts (1989): Jaeggli (1986) のアイデアを発展させ，「受動形態素は項である」という仮説を提案した論文．
- Chomsky (1986b): 名詞句移動に課せられる条件である「最後の手段」や「可視性の条件」について論じている．
- Hornstein and Weinberg (1981): 再分析が適用する際に課せられる条件について分析している．
- Jaeggli (1986): 受動文の統語特性を，受動形態素と文法の一般原理との相互作用から説明した論文．

第7章　疑問詞移動

【実例】

"So what can you tell me about Galapalooza?" I said.
"Who is supposed to have harassed who?" she said.
"Brad Sterling is alleged to have harassed Jeanette Ronan, Penny Putnam, Olivia Hanson, and Marcia Albright."
"Busy man," Mattie said.
"You know Sterling?" I said.
"Yep."
"Think he'd have harassed these women?"
"Sure."
"Why do you think so?"　　　　　（Robert Parker, *Sudden Mischief*）

7.1　疑　問　文

　英語の疑問文には，Yes / No での答えを求める Yes-No 疑問文（Yes-No question），wh 疑問詞を用いて情報を求める wh 疑問文（wh-question）(1)，or を伴う選択疑問文（alternative question）(2) がある．

（1）　So *what* can you tell me about Galapalooza?
　　　　　　　　　　　　　　　（Robert Parker, *Sudden Mischief*）
（2）　Shall we argue about it here in public *or* talk it over in your parlour?　　　　　　　（Conan Doyle, *Silver Blaze*）

この章では，これらの疑問文の中で wh 疑問文の仕組みについて考察する．

7.2 Wh 移動

英語の wh 疑問文には，wh 句が文頭に生じるという特徴がある．たとえば，wh 疑問文 (3a) は，(3b) から wh 句が文頭に移動されることによって派生される (do の挿入については 7.3 参照)．

(3) a. what did [_IP_ he read ＿]
    b. [_IP_ he read what]

このような wh 句の移動を wh 移動 (*wh*-movement) と呼ぶ．

(4) wh 疑問文の wh 句は，文頭の位置に移動する．

wh 移動によると，wh 句は表面上は文頭の位置にあるが，基底構造では目的語の位置にある．したがって，wh 移動は，wh 句の表面上の(音声上の)位置と意味が決定される目的語の位置を結びつける操作であると言える．

7.3 Wh 移動仮説の妥当性

この節では，wh 移動を支持する事実について見よう．

第一に，一致 (agreement) に関する現象を見よう．英語では主語と動詞の間に一致現象が見られる．

(5) a. The boy *loves* Mary.
    b. These boys *love* Mary.

(5a) では，主語 the boy の持つ 3 人称・単数という素性に対応して動詞 love に屈折接辞 (inflectional affix) -s が結合している．(5b) においても，動詞 love は主語 these boys に呼応した形態となっている．同様の一致現象が wh 疑問文でも観察される．

(6) a. Which boy do you think [＿ *loves* Mary]?
    b. Which boys do you think [＿ *love* Mary]?

(6a) では，動詞 love が 3 人称単数の主語に対応している．この場合の 3 人称・単数という素性を担うのは文頭の which boy である．同様に，(6b) においても，動詞 love は文頭の which boys に呼応した形態となっている．wh 移動を仮定すれば，これらの wh 句は，基底の構造で埋め込み節内の主語の位置に導入されるので，主語と動詞の一致は，(5) と同様に説

明される.

　第二に，wh 移動を仮定することで，次の例の多義性を明示的に捉えることができる.

　（7）　Which student did the teacher promise that he would help?

この例の 2 通りの解釈は，次のような wh 移動の違いとして説明できる.

　（8）a.　[which student] did the teacher promise ＿ [that he would help]

　　　b.　[which student] did the teacher promise [that he would help ＿]

文頭の which student は，(8a) では主節の動詞 promise の目的語として解釈されるのに対して，(8b) では埋め込み節内の動詞 help の目的語として解釈される．これは，promise が補部として NP と CP をとるが，目的語 NP は随意的であるためである．(8a) では，目的語 NP が wh 移動されているのに対して，(8b) ではその目的語が存在せず，補文中の要素が wh 移動されている．その結果，(7) には多義性が生じる.

　第三に，指示関係に関わる現象について見よう．次の (9a) では，照応形 (anaphor) の himself は主語の John を先行詞 (antecedent) とする．これに対して，(9b) では，代名詞 he は先行する John と同一指示であるという解釈は不可能である.

　（9）a.　Which pictures of *himself* does *John* like?
　　　b.　Which picture of *John* does *he* like?

この解釈の相違は，wh 移動を仮定すると自然に説明できる．(9) の基底構造は (10) である.

　（10）a.　[$_{IP}$ John likes *which pictures of himself*]
　　　 b.　[$_{IP}$ He likes *which picture of John*]

himself は先行詞によって束縛されなければならないという条件（これを束縛原理 (A) (Binding Principle (A)) という）に従うが，(10a) ではこの条件が満たされている(⇨ 20 章)．これに対して，(10b) では代名詞 he は John を先行詞とすることはできない．これは John が構造上 he より下の位置にあるからである(⇨ 1 章)．したがって，(10) の段階で先行詞の解釈が決まり，その後 wh 移動が行なわれて (9) が派生されるとすると，(9)

の指示関係に関する相違が説明できる．

7.4 Wh 移動のメカニズム

ここまで，英語の wh 疑問文に wh 移動という操作が関与していることを見てきた．この節では，wh 疑問文の構造について検討する．wh 移動に関して，次の3つの点を明らかにしなければならない．

(a) wh 句の移動先はどこか．
(b) なぜ wh 句はその位置に移動されるのか．
(c) wh 移動が生じると，なぜ主語・助動詞の倒置が生じるのか．

wh 疑問文の構造を検討する前に，Yes-No 疑問文の構造について考えてみよう．Yes-No 疑問文 Did John eat it? は次のように派生される．

(11) a. [$_{CP}$ C [+Q] [$_{IP}$ John [$_{I'}$ [$_I$ Past] [$_{VP}$ eat it]]]]
   b. [$_{CP}$ [$_I$ Past]-C [+Q] [$_{IP}$ John [$_{I'}$ __ [$_{VP}$ eat it]]]]
   c. [$_{CP}$ [$_I$ *Did*]-C [+Q] [$_{IP}$ John [$_{I'}$ __ [$_{VP}$ eat it]]]]

(11a)で，CP の主要部 C が疑問の意味を表す [+Q] の素性を持つことにより，この文が疑問文であると指定されている．この [+Q] 素性によって，(11b)のように，INFL (= I) にある時制辞 Past が [+Q] 素性のある C に移動する．このようにして移動された時制辞は接辞であるので，これを支持する要素が必要である．そのため，英語では形式助動詞の do が挿入され（do 支持（*do*-support）と呼ぶ），(11c)の構造が得られる．

wh 疑問文の派生も，(11)の Yes-No 疑問文の場合と同様の操作が含まれる．What did John eat? の例を考えてみよう．do 挿入までの操作は(11)の場合と同様である．

(12) a. [$_{CP}$ C [+Q] [$_{IP}$ John [$_{I'}$ [$_I$ Past] [$_{VP}$ eat what]]]]
   b. [$_{CP}$ [$_I$ Past]-C [+Q] [$_{IP}$ John [$_{I'}$ __ [$_{VP}$ eat what]]]]
   c. [$_{CP}$ [$_I$ *did*]-C [+Q] [$_{IP}$ John [$_{I'}$ __ [$_{VP}$ eat what]]]]

wh 疑問詞は，その語彙特性として [+wh] という素性を持ち，それは何らかの形で照合（check）されなければならないと考えられている．そして，wh 疑問文の主要部 C が [+Q] 素性の他に [+wh] 素性を持ち，wh

句の [+wh] 素性を照合すると仮定しよう．そして，その照合は CP 指定部と C 主要部の間で行なわれると考えられている．そうすると，[+wh] 素性の照合は，wh 句が CP の指定部に移動することにより行なわれる．

(13) a.　[$_{CP}$ [$_I$ *did*]-C [+Q] [$_{IP}$ John [$_{I'}$ __ [$_{VP}$ eat what [+wh]]]]]
　　　　　[+wh]
　　b.　[$_{CP}$ what [+wh] [$_{C'}$ [$_I$ *did*]-C [+Q] [$_{IP}$ John [$_{I'}$ __ [$_{VP}$ eat __]]]]]
　　　　　　　　　　　　　　　[+wh]
　　　　　　　　　　　　　　　　　　　　　Agreement

(13b) では，CP の指定部にある what と CP の主要部 C が [+wh] 素性に関して合致することで，素性照合が行なわれている．このような関係を指定部・主要部の一致 (SPEC-head agreement) と呼ぶ．

次に埋め込み節での wh 移動の例について考えてみよう．この場合，主語と助動詞の倒置は起こらない．

(14) a.　I wonder what John ate.
　　b.　*I wonder what did John eat.

(13) の場合と同様に，(14) の埋め込み節でも，wh 句が補文の CP の指定部に移動して [+wh] 素性の照合が行なわれる．(14) の例では，疑問節は wonder の補部であり，wonder は，その語彙特性として疑問文を選択しなければならないとする情報を持っている．したがって，この場合，補文である CP の主要部 C は，動詞 wonder から疑問文の主要部としての [+Q] 素性の照合を受けていると考えられる．そうすると，[+Q] 素性を持つ主要部としてすでに保証されている C に，時制要素 (INFL) が移動して主語・助動詞倒置を引き起こす必要はなく，倒置は起こらない．このことを示すと，次のようになる．

(15)　[$_{IP}$ I [$_{I'}$ I [$_{VP}$ wonder [$_{CP}$ *what* [$_{C'}$ C [$_{IP}$ John [$_{I'}$ I [$_{VP}$ ate __]]]]]]]]]
　　　　　　　　　　　　　　　　[+wh] ↔ [+wh]
　　　　　　　　　　　　　　　　　　　　　→ [+Q]

7.5　Wh 移動に課される制約

wh 移動は常に自由に許されるというわけではなく，その適用にはさまざまな制約が課されている．この節では，どのような環境で wh 移動が阻

止されるのか，また長距離の wh 移動が許される場合，どのような経路で移動しているのかについて見ることにする．

wh 移動は wh 句をあまり遠くへ移動することはできない．次の例を見よう．

(16) a. *_Who_ do you believe [_NP_ the claim [_CP_ that [_IP_ Bill saw ___]]]?

b. *_What_ did [_IP_ [_NP_ your interest in ___] surprise John]?

c. *_For whom_ did [_IP_ you ask John [_CP_ what [_IP_ Bill bought ___]]]?

wh 要素の着地点とその元の位置は「比較的近く」でなくてはならない．「比較的近い」という概念は，次の下接の条件（subjacency condition）として規定される．

(17) 移動操作は 2 つ以上の境界節点（bounding node）を越えて要素を移動してはならない．

英語においては，IP と NP が境界節点となる．(16a–c) の例では，文頭の wh 句の移動はいずれも NP や IP を 2 つ越えているため，下接の条件に違反する．

ある領域から要素をその外に移動できない時，その領域を当該の操作に対する島（island）と言う．たとえば，(16c) では，wh 要素が導く間接疑問文が，その中からの要素の取り出しを禁じているので，wh 島（_wh-island_）の現象と呼ばれる．(16) にあげた例以外にも，さまざまな領域が島を形成することが知られている．次の例を見よう．

(18) a. *_Which book_ did John meet [a child [who read ___]]?
(関係節)

b. *_Who_ did [[that John met ___] surprise Mary]?（文主語）

c. *_To whom_ did [they leave [before speaking ___]]?（付加詞節）

(18a) は，関係節を含む名詞句から wh 句を外部に抜き出すことができないことを示す．((16a) や (18a) で wh 移動が禁じられることを複合名詞句制約（Complex NP Constraint）と呼ぶ）．(19b) で見るように，主語句からの抜き出しは許されないが，(18b) は文主語（sentential subject）の場

合でも，その中からの抜き出しができないことを示している(主語からの抜き出しを禁じる条件は主語条件（subject condition）と呼ばれる）．(18c)は，条件や時を示す副詞節などの付加詞（adjunct）からの要素の抜き出しができないことを示す例である(付加詞からの抜き出しを禁じる条件は付加詞条件（adjunct condition）と呼ばれる）．これらの例についても，次のような構造を持つと仮定すると，下接の条件の違反として説明することができる．

(19) a. *Which book did John meet [NP a child [IP who read __]]?
　　 b. *Who did [IP [CP that [IP John met __]] surprise Mary]?
　　 c. *To whom did [IP they leave [PP before [IP speaking __]]]?

wh 移動が，(19a) では NP と IP を越えて，(19b) では 2 つの IP を越えて，(19c) では 2 つの IP を越えて移動されており，それぞれ非文となっている．

次の例では，which book が動詞 read の目的語の位置から 2 つの IP を越えて文頭に移動しているように見える．

(20) a. Which book did Mary say that her brother read?
　　 b. Which book did [IP Mary say that [IP her brother read __]]?

そうすると，この派生は下接の条件に違反し，非文法的な文となるはずである．したがって，この派生は正しくないと考えなければならない．

そこで，移動は，(20b) のように 1 回の移動で文頭へ行なわれるのではなく，次のように CP の指定部を経由しながら適用されると考えてみよう．

(21)　[CP What do [IP you say [CP __ that [IP John thinks [CP __ [IP Bill should read __]]]]]]?

この移動によれば，それぞれの移動は IP を 1 つ越えるだけであるので，下接の条件に違反しない．また，wh 移動がこのような方法で適用されていることを支持する証拠が存在する．次の例を見よう．

(22) a. Which picture of himself does John think that [IP Mary likes __]?
　　 b. *John thinks that [IP Mary likes some picture of himself].

himself は，それを含む最小の IP の中に先行詞がなくてはならない．(22b) では，補文の IP 内に himself の先行詞になりうる要素が存在しない．先行詞になる可能性のある John は，主節の IP 内にあるため，himself はそれを含む最小の IP，すなわち埋め込み節内の IP に先行詞を持つことができない．したがって，(22b) は適切な解釈が与えられず，非文法的になっている．これを踏まえて (22a) を見よう．(22a) が文法的であるのは，wh 句が一度に文頭に移動するのではなく，(23) のように，wh 移動が CP ごとに局所的に適用されていると考えることで説明される．すなわち，wh 移動は，次のように，途中の埋め込み節の CP の指定部を経由して移動される．

(23) [CP [which picture of himself] [C' does [IP John [VP think [CP ([which picture of himself]) [C' that [IP Mary [VP likes ([which picture of himself])]]]]]]]]

そうすると，wh 句が埋め込み節の CP の指定部に入った段階では，John と himself はともに主節の IP 内にあり（ここでは himself を含む wh 句は埋め込み節の IP の外にあることに注意しよう），himself は先行詞として John を持つことができる．このように，wh 移動は局所的な操作であり，wh 句が長距離移動する場合には，連続循環的な適用（successive cyclic application）を受けていると考えられる．

7.6 元位置の Wh

ここまで，wh 移動の現象について考察してきたが，wh 句が移動しない場合があり，移動していない wh 句を元位置の wh 句（*wh-in-situ*）と呼ぶ．元位置の wh 句が生じる場合の 1 つは，相手のことばの中で，聞き漏らしたり意外に感じた部分を疑問詞にして聞き直す，問い返し疑問文（echo question）と呼ばれる例である．

(24) "How in the world did you deduce that?" I asked.
 "*Deduce what?*" said he, petulantly.
(Conan Doyle, *A Study in Scarlet*)

もう1つは，文の中にwh疑問詞が複数生じる多重wh疑問文（multiple *wh*-interrogative）の場合である．

(25) "*Who* is supposed to have harassed *who*?" she said.
"Brad Sterling is alleged to have harassed Jeanette Ronan, Penny Putnam, Olivia Hanson, and Marcia Albright."
（Robert Parker, *Sudden Mischief*）

上記の例に見られるように，文頭のwh句のみならず，元位置のwhoも答えを与えられている．この例は，セクシャル・ハラスメント事件を捜査中の私立探偵（文中のI）が，関係者の1人（she / Mattie）に事情を聞いている場面である．この状況では，私立探偵が話をしている相手は他の関係者のことは前提として知っており，上例の多重wh疑問文は，その前提の中の人物のうちで「誰が誰を」という組み合わせを問題としている発話である．このように，多重wh疑問文は，通例，ペア・リストの解釈（pair-list interpretation）が前提となっている状況で使われる．

次の多重wh疑問文（26）に対する答え方としては，（27a）のようにwhoのみに答える場合と，（27b）のようにwhoとwhich bookに答える場合がある．

(26) Who remembers where we bought which book?
(27) a. John and Martha remember where we bought which book.
  b. John remembers where we bought the physics book and Martha and Ted remember where we bought *The Wizard of Oz*.

この事実は，元位置のwh句which bookが，意味解釈に関わるレベルで，どのwh句と関係づけられるかという観点から捉えることができる．元位置にあるwh句は，CP指定部へ移動されているwh句と関連づけて解釈される．もしwhich bookが，（27a）のように，whereと関連づけられる（これを，意味部門でwhich bookをwhereと同じCP指定部に移動することによって表す）と，（28a）の構造が得られ，whoと関連づけられると，（28b）が得られる．

(28) a. [CP who remembers [CP [which book] [where] we bought ___]]
   b. [CP [which book] [who] remembers [CP where we bought ___]]

そして，主節の CP 指定部にある wh 句に対してのみ答えが与えられるので，(28a) に対する答えとして，(27a) が可能であり，(28b) に対する答えとして，(26b) が可能である．

この章では，英語の wh 疑問文について，wh 句は，IP 内に生成され，wh 移動により CP の指定部へ移動するという仮説を考察した．wh 移動は，CP の指定部・主要部の一致の要請を満たすために行なわれる．wh 疑問文の示すさまざまな特性は，wh 移動と一般的な諸原理の相互作用の結果として説明される．

▶基本文献◀

- Ross (1967)：さまざまな島の現象の分析を行なっている．
- Chomsky (1973)：下接の条件をはじめとする文法の一般的条件が提案されている．
- Chomsky (1977)：wh 移動がさまざまな構文の派生に関与していることを論じている．
- Rizzi (1996)：wh 移動を要請する wh 基準 (*wh*-criterion) を提案している．

第8章 関 係 節

【実例】
(a) Acting on his hunch, von Frisch took some ultraviolet photographs of flowers. To his delight, he saw patterns of spots and stripes that no human eye had ever seen before. Flowers that to us look white or yellow are in fact decorated with ultraviolet patterns, which often serve as runway markers to guide the bees to the nectaries. The assumption of apparent purpose had paid off once again: flowers, if they were well designed, would exploit the fact that bees can see ultraviolet wavelength.
 (R. Dawkins, *River out of Eden*)
(b) Yet, because what is really being maximized is DNA survival, nothing can stop the spread of DNA that has no beneficial effect other than making males beautiful to females. Beauty is not an absolute virtue in itself. But inevitably, if some genes do confer on males whatever qualities the females of the species happen to find desirable, those genes, willy-nilly, will survive. (R. Dawkins, op. cit.)

8.1 制限的関係節

関係節（relative clause）には，制限的関係節，自由関係節，非制限的関係節がある．まず制限的関係節から見よう．

8.1.1 制限的関係節の派生方法

制限的（restrictive）関係節は，名詞句を制限修飾する付加詞節である．
 (1) You need [$_{NP}$ a friend [$_{CP}$ who [$_{IP}$ you can trust ＿]]]

(1)では，名詞句の内部に関係節が埋め込まれている．そして，関係節の先頭には関係代名詞 who が現れており，trust の目的語は表面上は現れない．この事実を説明するため，who は基底構造で trust の目的語位置に導入され，そこから CP 指定部へ移動されるとする分析が提案されている．

  （2） [$_{NP}$ a friend$_i$ [$_{CP}$ who$_i$ [$_{IP}$ you can trust t_i]]]

who や which などの wh 関係詞は関係詞演算子（relative operator）と呼ばれる．(2)の構造で，who$_i$ は痕跡 t_i を束縛し，痕跡は変項（variable）と解釈される．その結果，CP 節は演算子・変項（operator-variable）構造を形成し，何かを叙述する付加詞と見なされる．さらに，a friend が who と同一の指標 i を与えられ，who$_i$ の先行詞であることが示される．このようにして，関係節は，先行詞について叙述する節として解釈される．

 一方，wh 関係詞の現れない関係節は，(3)に示すように，音形をもたない空演算子（null operator: Op）の移動によって形成される．この場合，(3a)のように Op が直後の主語位置から移動されている時には補文標識 that が必要とされ，それ以外の場合は that の生起は随意的である．(*e* は補文標識の位置が空であることを示す．)

  （3）a. You need [$_{NP}$ a friend$_i$ [$_{CP}$ Op$_i$ {that / *e} [$_{IP}$ t_i will trust you]]]
    b. You need [$_{NP}$ a friend$_i$ [$_{CP}$ Op$_i$ {that / e} [$_{IP}$ you can trust t_i]]]
    c. John will buy [$_{NP}$ the book$_i$ [$_{CP}$ Op$_i$ {that / e} [$_{IP}$ he thinks [$_{IP}$ t_i will interest his child]]]]

なお，補文標識 that と wh 関係詞が共起することはできない．

  （4） *[$_{NP}$ a friend$_i$ [$_{CP}$ who$_i$ that [$_{IP}$ you can trust t_i]]]

この現象は，二重詰め COMP（doubly-filled COMP）制約と呼ばれる．

 このように関係節を演算子の移動によって派生する分析に対し，関係節の中から先行詞そのものを移動して派生する分析もある．たとえば，that を用いる関係節(5)では，名詞句 picture が先行詞の位置に繰り上げられる．一方，wh 語を用いる関係節(6)では，関係節内から which picture が CP 指定部に移動され(6a)，さらにその wh 句から picture が繰り上げられて先行詞となる(6b)（Schachter 1973; Kayne 1994）．

第 8 章 関 係 節　73

（ 5 ）　the picture (that) Bill liked
　　　　[the [$_{NP}$ picture$_i$] [$_{CP}$ (that) [$_{IP}$ Bill liked t_i]]]

（ 6 ）　the picture which Bill liked
　　a.　[the [$_{CP}$ [which picture]$_i$ [$_{IP}$ Bill liked t_i]]]
　　b.　[the [$_{NP}$ picture$_j$] [$_{CP}$ [which t_j]$_i$ [$_{IP}$ Bill liked t_i]]]

　先行詞繰り上げ分析の根拠の 1 つとして，イディオム要素（idiom chunk）を先行詞とする関係節があげられる（cf. Schachter 1973）．
（ 7 ）a.　We made headway.
　　　b.　*{Headway / the headway} was satisfactory.
　　　c.　The headway that we made was satisfactory.
（7）の headway はイディオム make headway（進歩する）の一部であり，通例 make の目的語位置にしか生起できない．（7c）ではその制限に違反しているように見えるが，先行詞繰り上げ分析によれば，headway は基底構造で make の目的語であるので，適切に説明することができる．
（ 8 ）　[the [headway]$_i$ [$_{CP}$ that we made t_i] was satisfactory.

　これに対して，演算子移動による分析では，先行詞の headway が関係節内で make の目的語となることはないので，説明が困難である．
　先行詞繰り上げ分析のもう 1 つの根拠として，束縛現象（⇨ 20 章）に関わる事実をあげることができる（cf. Schachter 1973）．
（ 9 ）a.　The portrait of himself$_i$ that John$_i$ painted is extremely flattering.
　　　b.　*The opinion of him$_i$ that John$_i$ has is favorable.
　　　c.　*The portrait of John$_i$ that he$_i$ painted is extremely unflattering.
（10）a.　John$_i$ painted a portrait of himself$_i$.
　　　b.　*John$_i$ has an opinion of him$_i$.
　　　c.　*He$_i$ painted a portrait of John$_i$.
（9a）の照応形 himself，（9b）の代名詞 him，（9c）の指示表現 John の指示関係に関するふるまいは，それぞれ（10a），（10b），（10c）の場合と同一である．先行詞繰り上げ分析によれば，（9a）の [portrait of himself]，（9b）

の [opinion of him]，(9c) の [portrait of John] は，基底構造では関係節内の動詞の目的語位置にあるので，(10) と同じ現象が見られることを説明できる．

このように，関係節の派生に関しては，先行詞は表面上の位置に基底で導入され，wh 関係詞句あるいは空演算子 (Op) を移動する分析と，先行詞そのものを移動する分析が提案されている．

8.1.2　演算子移動と島の制約

関係節の先行詞と関係節内の空所は，wh 関係詞や空演算子 (先行詞繰り上げ分析では先行詞) の移動によって関係づけられる．これをさらに裏づける現象として，関係節の先行詞と空所の依存関係に，wh 疑問詞の移動の特徴 (⇨ 7 章) と同様の現象が見られる点をあげることができる．

まず，先行詞と空所の依存関係は，複数の節境界を越える長距離の依存関係が可能である．(以下，演算子移動分析に従って説明する．)

(11)　　He met [$_{NP}$ the woman [$_{CP}$ Op$_i$ [$_{IP}$ he thinks [$_{IP}$ I love t_i]]]]

しかし，空所が移動の島の中にあってはならない．

(12) a. ??I invited [$_{NP}$ the man [$_{CP}$ Op$_i$ that [$_{IP}$ I asked [$_{CP}$ whether she will meet t_i at the party]]]]　(wh 島条件)
 b. *[$_{NP}$ the woman [$_{CP}$ Op$_i$ (that) [$_{IP}$ Bill heard [$_{NP}$ the rumor [$_{CP}$ that [$_{IP}$ Tom married t_i]]]]]]　(複合名詞句制約)
 c. *This is [$_{NP}$ a book [$_{CP}$ which$_i$ [$_{IP}$ [$_{NP}$ reading t_i] will be fun]]]
　 (主語条件)

このような島の制約に従うのは，関係節形成に wh 疑問詞の移動と類似した演算子移動が関わっているからである．

8.1.3　関係節における随伴の現象

関係詞に随伴 (pied-pipe) して，一定の要素が CP 指定部へ移動する場合がある．(13) は reports を先行詞とする関係節である．(13a) では which だけが移動しているが，(13b–d) では which を含むより大きな名詞句が移動している．

(13) [NP reports
  a. [CP which$_i$ [IP the government prescribes [NP the height of the lettering on the covers of t_i]]]]
  b. [CP [NP the covers of which]$_i$ [IP the government prescribes [NP the height of the lettering on t_i]]]]
  c. [CP [NP the lettering on the covers of which]$_i$ [IP the government prescribes [NP the height of t_i]]]]
  d. [CP [NP the height of the lettering on the covers of which]$_i$ [IP the government prescribes t_i]]]

動詞句内の前置詞が随伴する場合，随伴が義務的である場合 (14)，随意的である場合 (15)，許されない場合 (16) がある．

(14) a. *[NP the manner [CP which$_i$ [IP Jack disappeared in t_i]]]
  b. [NP the manner [CP [PP in which]$_i$ [IP Jack disappeared t_i]]]
(15) a. [NP the bed [CP which$_i$ [IP Tom slept on t_i]]]
  b. [NP the bed [CP [PP on which]$_i$ [IP Tom slept t_i]]]
(16) a. [NP the only relatives [CP who$_i$ [IP I'd like to do away with t_i]]]
  b. *[NP the only relatives [CP [PP with whom]$_i$ [IP I'd like to do away t_i]]]

これらの相違は，動詞と前置詞句との意味的結びつきの強弱によるものと思われる．関係節と随伴については，Ross (1967) を参照．

8.1.4 不定詞関係節

これまで見た定形節の関係節に加えて，不定詞の関係節も存在する．まず，不定詞節の一般的構造を見ておこう．不定詞節の主語は，音形を持つ場合 (17) と，音形をもたない PRO 主語の場合 (18) がある．主語が音形を持つ場合，補文標識 for が義務的に生起し，主語に格を付与する．PRO 主語の場合には，for-to という音声連鎖は許されないので，補文標識は空 (e) でなければならない．

(17) [CP {for / *e} [IP Bill to work on the topic]]
(18) [CP {*for / e} [IP PRO to work on the topic]]

以上を仮定すると，可能な不定詞関係節は次の 5 通りにまとめられる．

(19) a. [NP [CP Op$_i$ for [IP NP to [VP ... t$_i$ ...]]]]
    b. [NP [CP Op$_i$ [C e] [IP PRO to [VP ... t$_i$ ...]]]]
    c. [NP [CP [PP P wh-phrase]$_i$ [C e] [IP PRO to [VP ... t$_i$ ...]]]]
    d. [NP [CP wh-phrase$_i$ [C e] [IP PRO to [VP ... t$_i$ ...]]]]
    e. [NP [CP [C e] [IP PRO to VP]]]

まず (19a) の具体例は (20) である．

(20) [a topic [CP Op$_i$ for [IP Bill to work on t$_i$]]]

これに対して，(21) は二重詰め COMP 制約 (⇨ 8.1.1 (4)) により，wh 関係詞と補文標識 for が共起することは許されないので，非文法的である．

(21) a. *[a topic [CP which$_i$ for [IP Bill to work on t$_i$]]]
    b. *[a topic [CP [PP on which]$_i$ for [IP Bill to work t$_i$]]]

次に，(19b) の具体例は (22a)，(19c) の具体例は (22b) である．

(22) a. [a topic [CP Op$_i$ [e] [IP PRO to work on t$_i$]]]
    b. [a topic [CP [PP on which]$_i$ [e] [IP PRO to work t$_i$]]]

関係詞が移動する場合，(22b) のように前置詞を伴うもののみが許され，(19d) のように関係詞のみが移動することはできない．

(23) *[a topic [CP which$_i$ [e] [IP PRO to work on t$_i$]]]

(23) の形式がなぜ不可能であるかは，今後の課題である．

最後に，(19e) の具体例は (24) である．

(24) [a man$_i$ [CP [e] [IP PRO$_i$ to work on this topic]]]

先行詞が不定詞関係節の主語に対応する場合，PRO 主語と同一の指標が付与され，不定詞節が先行詞を叙述する解釈が与えられる．不定詞節の主語の関係節化としては，以下の構造は許されない．

(25) a. *[a man [CP who$_i$ for [IP t$_i$ to work on the topic]]]
    b. *[a man [CP Op$_i$ for [IP t$_i$ to work on the topic]]]
(26) a. *[a man [CP who$_i$ [e] [IP t$_i$ to work on the topic]]]
    b. *[a man [CP Op$_i$ [e] [IP t$_i$ to work on the topic]]]

(25a, b) が許されないのは，上述のように for-to の連鎖が許されないためである．(26a, b) が許されないのは，疑問詞や関係詞などの演算子に束縛される変項と解釈される痕跡は，主格や対格が付与される位置に限られるが，不定詞の主語位置には主格や対格が付与されないためである．不定

詞関係節については，Kayne (1994), Bhatt (1999) を参照.

8.1.5 関係副詞

先行詞と関係づけられる要素が，時や場所などの副詞的な要素である関係節には，(27) のように when / where などの関係副詞の移動によって形成される場合と，(28) のように空演算子 Op の移動によって形成される場合がある．また，空演算子の移動による場合には，(28c, d) のように不定詞の関係副詞節もある．

(27) a. There comes [a time [$_{CP}$ when$_i$ [$_{IP}$ nothing more can be done t_i]]].
   b. I'm at the stage now [$_{CP}$ where$_i$ [$_{IP}$ I'm ready to have a go t_i]].
(28) a. [Every day [$_{CP}$ Op$_i$ that [$_{IP}$ the weather was fine t_i]]], ...
   b. She had fallen into a deep and dreamless sleep, [the first time in a fortnight [$_{CP}$ Op$_i$ [$_{IP}$ she had slept so well t_i]]], when Quinn nudged her awake.
   c. The world has neither the scientists nor [the time [$_{CP}$ Op$_i$ [$_{IP}$ PRO to identify the yet uncounted t_i]]].
   d. Twenty years would be [a safer period [$_{CP}$ Op$_i$ [$_{IP}$ PRO to assume run-out in all but ten producing nations t_i]]].

ただし，空演算詞 Op が用いられる場合，先行詞は day / place / way など一定の名詞に限られる (cf. Larson 1985, 1987).

(29) a. [the {day / month / year / *occasion / *vacation} [$_{CP}$ Op$_i$ {that / [e]} [$_{IP}$ you traveled to France t_i]]]
   b. [the {place / *location / *city} [$_{CP}$ Op$_i$ {that / [e]} [$_{IP}$ you live t_i]]]
   c. [the {way / *manner / *fashion} [$_{CP}$ Op$_i$ {that / [e]} [$_{IP}$ you talk t_i]]]

8.2　自由関係節

関係節には，関係詞が先行詞を兼ねているように見えるものがあり，自由関係節 (free relative) と呼ばれる．自由関係節には，what / when / how (*which は通例許されない) などの wh 句に導かれる型と whoever / whatever / whenever / however などの wh-ever 句に導かれる型がある．便宜上，前者を wh 型，後者を wh-ever 型と呼ぶ．（30a）は wh 型の，（30b）は wh-ever 型の自由関係節である．

(30) a.　I'll buy [$_{NP}$ what$_i$ [$_{IP}$ you want me to buy t_i]].
　　 b.　I'll buy [$_{NP}$ whatever$_i$ [you want me to buy t_i]].

表面的には，wh 型の自由関係節は間接疑問文と同じ形式をしているので，（31）のような場合，間接疑問文と自由関係節の両方に解釈できる．

(31)　John saw [what$_i$ Mary was holding t_i in her hand].

Mary が手にしている物が何であるかわかったという解釈では間接疑問文，Mary が手にしている物が見えたという解釈では自由関係節である．

自由関係節の内部構造を見ると，関係節全体の範疇と節の先頭の関係詞の範疇が一致している．

(32) a.　They ate [$_{NP}$ [$_{NP}$ what(ever)] they payed for t_i].
　　 b.　*They ate [$_{PP}$ [$_{PP}$ for what(ever)] they payed t_i].
　　 c.　I will put my books [$_{PP}$ [$_{PP}$ wherever] you put yours t_i].

（32a, b）で，動詞 ate は NP の目的語を必要とする．（32a）では，節の先頭の要素は NP の what(ever) で，関係節全体も NP であるので適格であるが，（32b）では，PP の for what(ever) が節の先頭にあり，関係節全体も PP となるので，不適格である．（32c）の put は，NP の目的語と場所を表す PP を要求するが，PP の wherever が先頭にあり，関係節全体が PP となるので適格である．

この事実は，自由関係節で先頭にある関係詞は，先行詞の位置にあり，それが関係節の主要部として関係節全体の範疇を決定していると考えることにより捉えることができる．

(33)　I ate [$_{NP}$ what(ever)$_i$ [$_{CP}$ (Op$_i$) [$_{IP}$ they payed for t_i]]].

この構造で，(i) 関係詞が基底で先行詞の位置に導入され，関係節内で Op が移動するのか，あるいは，(ii) 先行詞繰り上げ分析により，関係詞が繰り上げられて先行詞となるのか，いずれが正しいかは今後の課題である．

8.3 非制限的関係節

ここでは,制限的関係節(restrictive relative: RR)と対比しながら,非制限的関係節(nonrestrictive relative: NR)の特性を見よう(cf. Safir 1986; McCawley 1988).

第一に,RR の先行詞が名詞句に限られるのに対し,NR は,名詞句・固有名詞・形容詞句・動詞句・節などを先行詞とすることができる.

(34) a. [$_{NP}$ Mary]$_i$, who$_i$ John asked t_i for help, thinks John is an idiot.
 b. I am 27 years old and would appreciate it if people treated me like [$_{NP}$ an intelligent adult]$_i$, which$_i$ I am t_i.
 c. If I were [$_{AP}$ superstitious]$_i$, which$_i$ I'm not t_i, I should say it wasn't chance at all.
 d. John [$_{VP}$ looks like Richard Nixon]$_i$, which$_i$ my uncle does t_i too.
 e. The prisoner was remanded [$_{PP}$ for a week]$_j$, [at the end of [which period]$_j$]$_i$ it was expected that further evidence would be forthcoming t_i.
 f. [$_{CP}$ John was late]$_i$, which$_i$ t_i was unfortunate.
 g. It says in this book [$_{CP}$ that George Washington was gay]$_i$, which$_i$ I think t_i is a lie.

第二に,定形節の RR では wh 関係詞に代えて補文標識の that / [e] を用いることができるが,NR では,常に who や which などの wh 演算子が用いられる.

第三に,RR には不定詞節の場合があるのに対し,NR は必ず定形節でなければならない.

(35) a. This is Fred Horner, [[to whom]$_i$ you should send your receipts t_i].
 b. *This is Fred Horner, [[to whom]$_i$ to send your receipts t_i].
 c. I'll introduce you to a person [[to whom]$_i$ to send your receipts t_i].

第四に,次の(36a)では,one は角括弧で示した部分を指している.この事実は,先行詞と RR が一体となって構成素を形成していることを示している.一方,(36b)では,one は a violin のみを指しており,先行詞

とNRは単一の構成素を形成していないことを示している．

(36) a. Tom has [a violin which once belonged to Heifetz], and Jane has one too.
  b. Tom has [a violin], which once belonged to Heifetz, and Jane has one too.

第五に，否定の作用域を見ると，主節の否定辞の作用はRR内には及ぶがNR内には及ばない．このため，(37a)のRRには否定極性表現 any drinksが生起できるが，(37b)のNRには生起できない(⇨ 21章)．

(37) a. I didn't see a man who had had any drinks.
  b. I didn't see a man, who had had some / *any drinks.

第六に，主節の要素とNR内の要素の間には束縛関係が成立しない．(38a)では，主節のevery ChristianがRR内のhimを束縛する解釈が可能であるのに対し，(38b)では，NR内のhimをそのように解釈することはできない(⇨ 24章)．

(38) a. [Every Christian]ᵢ forgives a man who harms himᵢ.
  b. *[Every Christian]ᵢ forgives John, who harms himᵢ.

第五と第六の特徴から，NRは，主節のnotやevery Christianに構成素統御されない，構造上高い位置にあると考えられる．

最後に，NR内に付加疑問文が生じるが，付加疑問文は，通例，主節にのみ生じるので，これもNRが独立文に近い性質を持つことを示している．

(39) a. Marcia, who you wanted to meet, didn't you?, has just arrived.
  b. *The violin on which Heifetz recorded the Elgar concerto, didn't he?, has been donated to the Smithsonian Institution.

以上のことから，NRは主節からの独立性が高いことがわかる．

▶ 基本文献 ◀

・Larson (1985): wh語とthatに導かれる関係副詞節を格理論により説明している．
・長原 (1990): 関係節に関する事実を網羅的に整理して説明している．
・Safir (1986): 非制限的関係節のさまざまな特性を説明している．

第 9 章　There 構文

【実例】

(a)　There's a new gold rush in California's Sierra Nevada foothills — a rush to build homes. Tens of thousands of new residents have been approved for the area recently, and every day heavy machines carve out another future front yard. But the building boom that is transforming the once rural western part of El Dorado County into a suburb of Sacramento has also unearthed a health hazard: asbestos. Although government agencies say the area is safe, citizens and environmental experts argue that the agencies may be vastly underestimating the risk.

(*Scientific American*, February 2000)

(b)　There came a sunny day when the loose snow was rolling like drifts of smoke across the frozen white prairie. Pa came hurrying into the house. "There's a herd of antelope west of town!" he said, as he took his shotgun down from its hooks and filled his pockets with cartridges.

(Laura Ingalls Wilder, *The Long Winter*)

9.1　There 構文の分類と特徴

There 構文は，用いられる主動詞の種類に応じて 3 タイプに分類できる．

（1）　be 動詞を用いた there 構文
  a.　There is a Santa Claus.
  b.　There is a fly in the mustard.
  c.　There is a gold key missing.
  d.　There is a lot going on.
  e.　In Duffy's Bar, there was a man shot by the police.

（2） 一般動詞を用いた there 構文
    a. There arose many trivial objections during the meeting.（動詞句内 there 構文）
    b. Suddenly there ran out of the bushes a grizzly bear.（動詞句外 there 構文，あるいは，提示の there 構文）

（3） リストの there 構文
    A: What's left in the back room?
    B: There's the bullet cartridge, the extension cord, and several old 45's.

（1a）は there-is-NP 型，（1b）は there-is-NP-PP 型，（1c）は there-is-NP-AP 型，（1d, e）は there-is-NP-VP 型である．（2a）では意味上の主語の many trivial objections が主動詞の直後の位置を占めているのに対して，（2b）の意味上の主語 a grizzly bear は文末に生じている．（1）の there 構文は，一般に，存在の（existential）there 構文と呼ばれる．これに対して，（2a）は動詞句内（inside verbal）there 構文，あるいは能格（ergative）there 構文と呼ばれ，（2b）は動詞句外（outside verbal）there 構文，あるいは提示の（presentational）there 構文と呼ばれる．（3B）は，該当するものを一覧表のように述べあげる働きを持ち，リスト（list）の there 構文と呼ばれる．この構文については，ここでは論じない．

（1）と（2）にあげた there 構文に関しては，以下の特徴がある．

（4）a. be 動詞の補部が表す意味関係：（1b–e）で be 動詞の直後の NP とそれに後続する句（PP / AP / VP）の間に主述関係（predication）が成立する．
    b. 述部の意味的制限：（1b–e）で NP の述部である PP / AP / VP は一時的状態を表す．
    c. 意味上の主語の制限：存在の there 構文の意味上の主語は一般に不定名詞句に限られる．
    d. 動詞句内 there 構文の特徴：動詞句内 there 構文の意味上の主語は，主動詞の直後に生じ，一般に不定名詞句に限られる．動詞は，「存在」・「出現」の意味を持つ自動詞に限られる．
    e. 動詞句外 there 構文の特徴：動詞句外 there 構文の意味上の主語は，文末に生じ，定名詞句も許される．動詞は，「存在」・

「出現」の意味を表す自動詞に限定されない．
これらの特徴について，以下の各節でより詳しく見よう．

9.2 存在の There 構文
9.2.1 存在の There 構文の内部構造

(1b–e) にあげた there 構文では，NP とそれに後続する PP / AP / VP の間に主述関係が成立し，統語構造上，小節 (small clause: SC) を形成している．小節とは定形動詞を欠いているが，文と同等の内容を表す句である (⇨ 16 章)．

(5) a. There is [$_{SC}$ [$_{NP}$ a small dog] [$_{PP}$ in that room]].
  b. There were [$_{SC}$ [$_{NP}$ three kids] [$_{AP}$ naked]].
  c. There are [$_{SC}$ [$_{NP}$ some paintings] [$_{VP}$ hanging on the wall]].
  d. There's just been [$_{SC}$ [$_{NP}$ a frog] [$_{VP}$ discovered in the toilet]].

この構造は，叙述的用法 (predicational) の be 動詞が，主語を持たず，補部として主述内容 (命題) の項をとることによる．

(6) [$_{IP}$ [e] I [$_{VP}$ be XP]] (ここで XP は主述内容の句)

(6) の XP の位置に小節が生じると，次のような構造が得られる．

(7) a. [$_{IP}$ [e] I [$_{VP}$ be [$_{SC}$ [$_{NP}$ a small dog] [$_{PP}$ in that room]]]]
  b. [$_{IP}$ [e] I [$_{VP}$ be [$_{SC}$ [$_{NP}$ three kids] [$_{AP}$ naked]]]]
  c. [$_{IP}$ [e] I [$_{VP}$ be [$_{SC}$ [$_{NP}$ some paintings] [$_{VP}$ hanging on the wall]]]]
  d. [$_{IP}$ [e] I [$_{VP}$ be [$_{SC}$ [$_{NP}$ a frog] [$_{VP}$ discovered t in the toilet]]]]

((7d) では，a frog が目的語位置から，小節の主語位置へ移動している．)

英語では，主語が必ず必要であるため，(7a–d) の空の主語位置は何らかの要素によって埋められなければならない．これには，(i) 虚辞 (expletive) の there 挿入か，(ii) 小節の主語 NP の繰り上げがある．there の挿入では，(7a–d) の主語位置 ([e]) に there が挿入されて，(5a–d) の there 構文が形成される．

一方，小節の主語 NP を繰り上げると，(8a–d) の構文が得られる．

(8) a. [$_{IP}$ [$_{NP}$ a small dog] I [$_{VP}$ be [$_{SC}$ t [$_{PP}$ in that room]]]]
  b. [$_{IP}$ [$_{NP}$ three kids] I [$_{VP}$ be [$_{SC}$ t [$_{AP}$ naked]]]]

c. [$_{IP}$ [$_{NP}$ some paintings] I [$_{VP}$ be [$_{SC}$ t [$_{VP}$ hanging on the wall]]]]
d. [$_{IP}$ [$_{NP}$ a frog] I [$_{VP}$ be [$_{SC}$ t [$_{VP}$ discovered t in the toilet]]]]

このように，(7)の基底構造に there を挿入すると(5)の there 構文が形成され，小節の主語を繰り上げると(8)の be 動詞構文が形成される．

次に，(1a)にあげた there be NP 型の there 構文の構造を考えよう．この構文で用いられる be 動詞も，元来，主語を持たず，補部としては NP をとる．(このような動詞を非対格 (unaccusative) 動詞と呼ぶ(⇨ 5 章).) したがって，下記の(9a) (=(1a))は，(9b)の空の主語位置に there を挿入して派生される．

(9) a. There is a Santa Claus. (= (1a))
   b. [$_{IP}$ [e] Infl [$_{VP}$ is [$_{NP}$ a Santa Claus]]]

この型の there 構文は，「NP で表される人・物が存在する」という意味を表し，動詞 exist を用いた動詞句内 there 構文と同じ解釈を持つ．

(10) There exists a Santa Claus.

ここで，小節構造を示す証拠を統語論と意味論の面から見てみよう．まず，(11a)を見ると，be 動詞に後続する要素は，interested in this problem が many people を修飾して複合名詞句を形成する(11b)と，many people の述語となって小節を形成する(11c)の 2 通りの可能性がある．

(11) a. There are many people interested in this problem.
   b. There are [$_{NP}$ many people interested in this problem].
   c. There are [$_{SC}$ [$_{NP}$ many people] [$_{AP}$ interested in this problem]].

(11a)が小節構造(11c)も持つ根拠として，(12)をあげることができる．

(12) a problem which$_i$ there are [$_\alpha$ many people interested in t_i]

(Milsark 1979: 71)

(12)では，(11a)の this problem に対応する関係代名詞 which が，α から抜き出されている．α が複合名詞句である場合，複合名詞句制約により内部からの抜き出しが禁じられるので，(12)の α は複合名詞句ではなく小節である．

次に，意味的な面からの証拠として，(13)における α の解釈を見よう．

(13) While you watch, there will be [$_\alpha$ a live pig roasted].

(Milsark 1979: 84)

α が複合名詞句であれば，過去分詞の roasted が live pig を後置修飾することになるため，「こんがり焼けた，生きているブタ」という意味になるが，一般に，火で焼かれた（roasted）ものは生きていないので，生存を意味する live の意味と矛盾する．これに対して，α が小節であれば，「生きているブタが，こんがり焼けた」という意味になり，生から死への状態の変化を表すので，意味的矛盾が生ずることはない．実際に，(13) は意味的矛盾を含まない文であり，α が小節であることを示している．

9.2.2 一致と格：LF 移動分析

本節では，存在の there 構文における一致と格の特徴を考察しよう．まず，there は IP の指定部にあるので，統語上，主語としてふるまう．たとえば，(14) の文末の付加疑問に there が出現するのはこのためである．

(14) There is someone in the room, isn't there?
(15) a. There is / *are a dog in the garden.
b. There *is / are dogs in the garden.

ところが，(15) で主語・動詞の一致現象を見ると，意味上の主語 NP が単数か複数かによって be 動詞の形態が決定されている点が問題となる．

また，(14)，(15) の意味上の主語 NP の格付与も問題となる．一般に，NP は格を付与されなければならないが，(14)，(15) で NP の直前にある be 動詞は，自動詞であり，格を付与できないと考えられている．

これらの点を明らかにするために，(16a) の空の主語位置を埋める操作として，someone を繰り上げた (16b) と，there を挿入した (16c) を比べてみよう．

(16) a. [$_{IP}$ [e] [$_{I'}$ I [$_{VP}$ is [$_{SC}$ someone in the room]]]]
b. [$_{IP}$ someone [$_{I'}$ I [$_{VP}$ is [$_{SC}$ t in the room]]]]
c. [$_{IP}$ there [$_{I'}$ I [$_{VP}$ is [$_{SC}$ someone in the room]]]]

(16b) では，someone の移動によって，(i) 主語位置が埋められ，(ii) someone が INFL (= I) から主格を付与され，(ii) someone と動詞が一致する．これに対して，(16c) では，(i) there によって主語位置が埋めら

れるが，その結果，someone が主語位置へ移動できず，(ii) someone と動詞の一致と，(iii) someone への格の付与が，行なわれないことになってしまう．

そこで，(16c) の (ii) と (iii) の操作は，LF 部門で，someone が移動して there に付加することによって行なわれると考えよう．この移動によって (16c) から (17) の構造が得られ，someone は構造上の主語位置にあるので，(ii) INFL から主格を付与され，(iii) 動詞と一致する．

(17)　 [$_{IP}$ [someone [there]] [$_{I'}$ I [$_{VP}$ is [$_{SC}$ t in the room]]]]

この分析では，be 動詞構文 (16b) と there 構文 (16c) の相違は，someone が，前者では統語部門で主語位置へ移動されるのに対して，後者では LF 部門で主語位置に移動されるという相違によって捉えられる．

9.2.3　述部の意味的制限

存在の there 構文の小節の述部には一定の制限がある．

(18) a.　There is [$_{SC}$ [$_{NP}$ a man] [$_{AP}$ sick / *tall]].
　　 b.　There were [$_{SC}$ [$_{NP}$ three kids] [$_{AP}$ naked / *intelligent]].
　　 c.　There were [$_{SC}$ [$_{NP}$ quite a few nonmembers] [$_{AP}$ drunk / *talkative]].
　　 d.　There is [$_{SC}$ [$_{NP}$ a pitiful woman] [$_{AP}$ undressed / *careless]].

(18) に見られる対比は，意味的に説明できる．許容されない形容詞はすべて永続的な性質を表し，許容される形容詞はすべて一時的状態を表している．前者の意味特徴を持つ述語を個体レベル（individual-level）述語，後者をステージレベル（stage-level）述語と呼ぶ（⇨ 4 章）．there 構文の小節の述部にはステージレベル述語が生じる．ただし，名詞の場合には，個体レベルであっても，ステージレベルであっても，常に there 構文の述部には生じない．

(19) a.　Bob is a drunk.（個体レベル）
　　 b.　*There was [$_{SC}$ [$_{NP}$ an old man] [$_{NP}$ a drunk]].
(20) a.　John was a nuisance last night.（ステージレベル）
　　 b.　*There were [$_{SC}$ [$_{NP}$ two men] [$_{NP}$ real nuisances]] last night.

9.2.4 意味上の主語の制限

there 構文の意味上の主語は，一般に，(21a) のような不定 (indefinite) 名詞句でなければならず，(21b) のように定 (definite) 名詞句であってはならない．

(21) a. There is a dog in the room.
　　 b. *There is the dog in the room.

この制限を定性制限 (definiteness restriction) と呼ぶ．定表現には，決定詞 the を伴う名詞句のほかに，this / that 等の指示形容詞や所有格表現を伴う名詞句，固有名詞，人称代名詞，指示代名詞がある．

(22) a. *There are those dogs in the room.
　　 b. *There is John's dog in the room.
　　 c. *There is John / he / him / that in the room.

一方，不定表現には，不定冠詞 a や数詞を伴うものや，裸複数形 (bare plural) の名詞句がある．

(23)　There are (two) dogs in the room.

定性制限は意味的なものであり，the を伴う名詞句であっても，それが意味上不定のものを表す場合には，there 構文は適格である．

(24) a. In England there was never the problem that there was in America.
　　 b. There was never the same / equivalent problem in America.
　　 c. There's the strangest bird in that cage.
　　　　　　　　　　　　　　　　　　(Rando and Napoli 1978: 301)

これらの例で the が現れるのは，関係節，same / equivalent，最上級の文法的・語彙的特性によるのであって，これらの the + N は特定のものを指しているのではない．関係節によって修飾を受ける名詞が the を伴うか a を伴うかは，一般に，関係節が表す事柄の中で，その名詞要素が指すものが既知のものとして扱われているか否かによる．(24a) の関係節は「アメリカが問題を抱えていた」ことを述べており，この問題がどんなものかは既知のものと考えられるので，problem に the が付けられる．(24b) で the が現れるのは，same / equivalent の語彙特性による．また，(24c) の the strangest は，真の最上級表現ではなく，strange を強調する用法であ

り，その意味は a very strange とほぼ同じである．そのため，(25) のような発話も可能となる．

(25) There's the strangest bird in the cage. And there's an even stranger one in the back room.(Rando and Napoli 1978: 301)

定性制限には，普遍数量詞も含まれる．普遍数量詞はその集合が定まっているという意味で定表現と同じである．(26) の every / each / both / all は普遍 (universal) 数量詞，(27) の many / some / no および数詞は存在 (existential) 数量詞である (⇨ 24 章)．

(26) a. *There is every / each dog in the room.
  b. *There are both / all dogs in the room.
(27) There are many / some / no dogs in the room.

数量詞 any は，普遍数量詞としての意味と存在数量詞としての意味があるが，there 構文で容認されるのは後者の場合のみである．

(28) a. *There is anything John would do for you.（普遍数量詞）
  b. Is there anything John would do for you?（存在数量詞）
  c. There isn't anything here.（存在数量詞）

なお，most は普遍数量詞ではないが，there 構文に生じない．

(29) *There are most dogs in the room.

以上をまとめると，次のように 2 つのグループに分類される．

(30) a. 許容されない要素：定表現，普遍数量詞，most
  b. 許容される要素：不定表現，存在数量詞

9.3 動詞句内 There 構文の特徴

(31) のような動詞句内 there 構文には，(32a–c) の特徴がある．

(31) There arose many trivial objections during the meeting. (= (2a))
(32) a. 動詞は「存在」あるいは「出現」を表す自動詞に限られる．
  b. 意味上の主語は動詞の直後に生じる．
  c. 意味上の主語には定性制限が働く．

まず，動詞の特徴 (32a) から見よう．自動詞は非能格 (unergative) と非対格 (unaccusative) に分類される．非能格自動詞は，その主語が動作主である点に特徴があり，walk や run などが該当する．これに対して，

非対格自動詞は，その主語が動作主ではなく，arise, begin, exist, fall, happen, sink などがその例である．動詞句内 there 構文で使用できる動詞は，非対格自動詞の中でも，「存在」あるいは「出現」を表すものに限られる．

(33) a. There appeared / *disappeared a tall dark stranger.
   b. There arose / *fell a great civilization.
   c. There began / *ended a riot.
   d. There rose a green monster from the lagoon / *sank a green monster into the lagoon.

非対格自動詞は，元来，主語を持たず，目的語として NP をとる特徴を持っている．たとえば，(33a) の基底構造は (34) となる．

(34) [IP ___ [I' I [VP appeared [NP a tall dark stranger]]]]

主語位置が空であるので，そこに there を挿入すると，動詞句内 there 構文が派生される．したがって，意味上の主語が動詞の直後に生じるのは，それが非対格自動詞の目的語だからであり，(32b) の特徴が説明される．

なお，(34) で there 挿入の代わりに，目的語の NP を移動すると (35) のような通常の自動詞文が形成される．

(35) A tall dark stranger appeared.

次に，特徴 (32c) を見ると，動詞句内 there 構文にも定性制限が働く．

(36) a. There arose a / *the terrible storm.
   b. There developed several / *John's objections.
   c. There hung a / *the coat on the wall.

この事実には，存在の there 構文の場合と同様の説明が当てはまる．

9.4 動詞句外 There 構文の特徴

(37) のような動詞句外 there 構文には，(38a–c) の特徴がある．

(37) Suddenly there ran out of the bushes a grizzly bear. (= (2b))
(38) a. 動詞は「存在」・「出現」を表す自動詞に限定されない．
   b. 意味上の主語は文末に生じる．
   c. 意味上の主語には定性制限が働かない．

まず，(38a) の特徴から見よう．(37) で用いられている非能格動詞 run は，本来，行為 (activity) を表す動詞であって，存在や出現を表す動詞で

はないが，動詞句外 there 構文で使用することができる．さらに，この構文では，(39)に示すように，他動詞も使用できる．

(39)　There entered the room a tall dark stranger.

(37)の非能格動詞と(39)の他動詞は，非対格動詞や be / seem などの繰り上げ動詞と異なり，基底構造において最初から主語を持っている．したがって，(37)と(39)の基底構造は，それぞれ，(40a, b)となる．

(40) a.　[IP [NP a grizzly bear] [I' I [VP ran out of the bushes]]]
　　　b.　[IP [NP a tall dark stranger] [I' I [VP enter the room]]]

そして，主語 NP が右方に移動し，VP に付加される．空になった主語位置へ there を挿入すると，there 構文 (41a, b) が派生される．

(41) a.　[IP there [I' I [VP [VP ran out of the bushes] [NP a grizzly bear]]]]
　　　b.　[IP there [I' I [VP [VP entered the room] [NP a tall dark stranger]]]]

このように，右方移動の結果，意味上の主語は文末に生じる．

動詞句外 there 構文は，談話の中に新しい要素を導入する提示 (presentation) の機能を持っている．意味上の主語は，この新しく導入される要素にあたり，文の焦点として文末に生じる．

▶基本文献◀

・Belletti (1988): 部分格に基づく定性制限の説明を提案している．
・Chomsky (1986b): there 構文における LF 移動分析を提案している．
・Milsark (1974): there 構文の意味解釈についての最もよい論文．
・Stowell (1978): 存在の there 構文を小節に基づいて分析している．

第 10 章　分裂文と Be 動詞構文

【実例】

(a)　Her mother leaned forward. "You're my daughter, and I love you more deeply than you will ever know. For many years, <u>it was you, before anyone, who gave my life its meaning</u>."
　　　　　　　　　　（Richard Norton Patterson, *Eyes of a Child*）

(b)　They took the elevator to the third floor, stood in the green tile hall outside the courtroom. Ignoring Terri, Richie fixed Flaherty with a gaze of profound seriousness. "I just wanted to avoid any undue emotion. <u>What I was hoping, Janet, is that you might help mediate between Terri and me</u>. We don't seem to be talking too well."
　　　　　　　　　　（Richard Norton Patterson, op. cit.）

10.1　分裂文と擬似分裂文

　文中のある要素を強調するために，It is XP that / wh ... 型の構造に文を分割した文を分裂文（cleft sentence）と呼ぶ．たとえば，(1) に対応する (2) の文は，your notes を強調する分裂文である．

　（1）　John wants to look at your notes.
　（2）　It's your notes that / which John wants to look at.

また，(3) のように，Wh ... is XP 型の構造に分割した文を擬似分裂文（pseudo-cleft sentence）と呼ぶ．

　（3）　What John wants to look at is your notes.

いずれの構文でも，be 動詞の直後の要素（your notes）が強調され，この要素を焦点（focus）と呼ぶ．以下，この 2 つの構文の特徴を見ていこう．

10.2 分裂文

最初に，分裂文について，次の3つの特徴を見ることにしよう．

(4) a. 分裂文の機能
　　b. 焦点要素の統語上の特徴
　　c. 分裂文の派生方法

10.2.1 分裂文の機能

分裂文は，焦点要素と後続する that / wh 節内の要素のそれぞれが，談話の中で新情報を担うか，旧情報を担うかに応じて3種類に分類できる．

第一の種類の分裂文では，焦点の要素が新情報を担い，that 節内の要素が旧情報を担う．たとえば，次の談話を見よう．

(5)　A:　You should ignore his dishonesty.
　　　B:　No, it is his callousness that I shall ignore.

B の分裂文の中の I shall ignore は旧情報であり，焦点の callousness は，A が提示した dishonesty を否定する形で，新たに導入された新情報である．音調上は，焦点要素の強勢が強く，that 節内の要素の強勢は弱い．そのため，焦点要素は対比的な意味合いが強い．このタイプの分裂文は先行する文と対比的に用いられるので，談話の冒頭部では使用できない．

第二の種類の分裂文は，焦点の要素が旧情報を担い，that 節内の要素が新情報を担う．たとえば，次の談話を見よう．

(6)　A:　You should criticize his callousness.
　　　B:　No, it is his callousness that I shall ignore.

B の分裂文では，焦点の his callousness は旧情報であり，that 節内の ignore が新情報である．音調上は，ignore に強勢が置かれ，his callousness に置かれる強勢は弱い．この種類の分裂文は，先行文脈とのつながりを滑らかにする機能を持つため，談話の冒頭部で使用することができない．

第三の種類の分裂文は，焦点の要素と that 節内の要素の両方が新情報を担う．次の例では，焦点の要素（just about 50 years ago）も that 節内の要素（Henry Ford gave us the weekend）も新情報である．

(7)　It was just about 50 years ago that Henry Ford gave us the

weekend. On September 25, 1926, in a somewhat shocking move for that time, he decided to establish a 40-hour work week, ...
(Prince 1978: 898)

したがって，先行文脈との結びつきが必要なく，談話の冒頭部で使用できる．音調上は，焦点の要素も that 節内の要素も通常の強勢を受ける．

10.2.2　焦点要素の統語上の特徴

分裂文の焦点に生じる要素には，統語上の制限が課せられる．たとえば，(8)–(9)のように，NP と PP は焦点の位置に生じるが，(10),(11)のように，AP と VP は焦点の位置に生じない．

(8) a.　It was [$_{NP}$ John] that wore a white suit at the dance last night.
　　b.　It was [$_{NP}$ a white suit] that John wore at the dance last night.
　　c.　It was [$_{NP}$ the dance] that John wore a white suit at last night.
(9) a.　It was [$_{PP}$ at the dance] that John wore a white suit last night.
　　b.　It's [$_{PP}$ to Cleveland] that John drove the truck.
　　c.　It was [$_{PP}$ for a good reason] that I stopped you.
(10)　　*It's [$_{AP}$ very tall] that you are.
(11)　　*It's [$_{VP}$ answer the question] that Mary did.

この制限は (12) のようにまとめることができる．

(12)　分裂文の焦点に生じる要素は，範疇素性（categorial feature）として [−V] を持つ．

範疇 N, P, A, V は，(13) に示すように，2 つの範疇素性の組み合わせから成る．N と P は [−V] 素性を持ち，A と V はこれを持たない．

(13)

	[−V]	[+V]
[+N]	N	A
[−N]	P	V

(12) は，分裂文の焦点には名詞句と前置詞句しか生じない事実を捉えている．この制限により，節も焦点の位置に生じることができない．これは，C を主要部とする節 (CP) が [−V] 素性を持たないからである．

(14) a.　*It's [$_{CP}$ that the world is round] that I believe.
　　 b.　*It was [$_{CP}$ for John to go] that I wanted.

次に，一見すると (12) に対する反例と思われる例を見よう．

(15) a. It was [very carefully] that Marge handled the sulfuric acid.
b. It was [because he was tired] that John yelled at you.

(15a) の副詞句 very carefully と (15b) の従属節 because he was tired は，NP でも PP でもなく [−V] 素性を持たないように思われるが，焦点の位置に生じている．これは，これらの要素が PP に類似していることによる．まず，carefully は with care という PP と，また，because 節は (9c) の for a good reason という PP と，意味・機能上同一である．したがって，これらの要素も，統語上は PP と同様に [−V] 素性を持ち，分裂文の焦点の位置に生じることができる．

最後に，(16) について考えよう．この文では，a genius が NP であり，(12) の制限を満たしているにもかかわらず，非文となっている．

(16) *It's [$_{NP}$ a genius] that he is.

これは，a genius が述部として機能している点に原因がある．述部として機能している要素は，一般に，たとえ [−V] 素性の制限を満たしていても，分裂文の焦点に生じることができない．

以上のように，分裂文の焦点に生じる要素には，原則として，[−V] の範疇素性を持った要素(すなわち，NP, PP, 副詞句, 副詞節)に限られる．

10.2.3 分裂文の派生方法

分裂文では，焦点に後続する節の中に必ず空所が含まれている．次の例文では，[e] で表記した位置が空所である．

(17) It was this book that I asked Bill to read [e].

この空所は，この構文に移動が関わっていることを示している．その根拠として，次の例文を見よう．

(18) a. *It is this book that I accept the argument that John should read [e].
b. *It is this book that I wonder who read [e].

(Chomsky 1977: 95)

移動は，一般に，複合名詞句制約 (complex NP constraint) や wh 島条件

(*wh*-island condition) に従う．したがって，(18a, b) の空所が，何らかの要素の移動により生じた結果であるとすると，これらの文の非文法性は，その移動がこれらの条件に違反した結果として説明できる(⇨ 7 章)．

では，これらの空所が移動の結果によるとすると，どのような要素が移動しているのであろうか．移動している要素は，(a) 関係詞，(b) 空演算子 (null operator)，(c) 焦点の要素そのものの 3 つの可能性がある．移動先は CP の指定部の位置と考えられているため，各々の分析による分裂文の構造は，それぞれ，(19a–c) のようになる．(*wh*, Op, XP は，それぞれ，関係詞，空演算子，焦点の要素を表している．)

(19) a. It is XP [$_{CP}$ *wh* [$_{C'}$ that [$_{IP}$ ... t_{wh} ...]]]
　　 b. It is XP [$_{CP}$ Op [$_{C'}$ that [$_{IP}$ ... t_{Op} ...]]]
　　 c. It is [$_{CP}$ XP [$_{C'}$ that [$_{IP}$ ... t_{XP} ...]]]

(19a, b) の分析と (19c) の分析では，焦点の XP が占める場所が異なる．なお，(19a, b) の *wh* と Op の範疇は，焦点 (XP) の範疇と同一でなければならない．

いずれの分析が正しいかについては，現在のところ，統一的見解がない．(19a, b) の分析では，焦点に後続する節が that で始まる分裂文 (20a) と，wh 句で始まる分裂文 (20b) とを並行的に分析できる利点がある．

(20) a. It was John that I saw.
　　 b. It was John who I saw.

(19a) の関係詞に基づく分析では，この 2 つの文の違いは，(21) の構造において，削除を受ける要素が who か that かの違いによる．

(21) 　It was John [$_{CP}$ who [$_{C'}$ [$_C$ that] [$_{IP}$ I saw t]]]

一方，(19b) の空演算子に基づく分析では，(20a) は，(22a) に示すように，空演算子が移動して形成される．(20b) は，(22b) に示すように，(21) と同様 who そのものが移動して形成される．

(22) a. It was John [$_{CP}$ Op [$_{C'}$ [$_C$ that] [$_{IP}$ I saw t_{Op}]]] (→ (20a))
　　 b. It was John [$_{CP}$ who [$_{C'}$ [$_C$ ~~that~~] [$_{IP}$ I saw t_{who}]]] (→ (20b))

また，(19c) の XP の移動分析では，that を用いる (20a) の構造は (23a) となり，who を用いる (20b) の構造は概略 (23b) となり，両者は異なる

内部構造を持つことになる．
 (23) a. It was [$_{CP}$ John [$_{C'}$ [$_C$ that] [$_{IP}$ I saw t_{John}]]]
   b. It was John [$_{CP}$ who [$_{C'}$ [$_C$ ~~that~~] [$_{IP}$ I saw t_{who}]]]

(19c) の焦点要素そのものを移動する分析は，関係詞や空演算子に基づく分析では説明しにくい (24a) の分裂文を簡潔に説明することができる．(19c) の分析によると，(24a) で焦点となっている PP (to John) は，(24b) に示すように，gave の補部の位置から CP の指定部へ移動している．

 (24) a. It is to John that I gave the book.
   b. It is [$_{CP}$ [$_{PP}$ to John] [$_{C'}$ [$_C$ that] [$_{IP}$ I gave the book t_{PP}]]]

これに対して，関係詞に基づく分析 (19a) と空演算子に基づく分析 (19b) では，それぞれ，(25a) と (25b) の構造が与えられる．

 (25) a. It is [$_{PP}$ to John] [$_{CP}$ ~~to whom~~ [$_{C'}$ [$_C$ that] [$_{IP}$ I gave the book t_{PP}]]]
   b. It is [$_{PP}$ to John] [$_{CP}$ Op [$_{C'}$ [$_C$ that] [$_{IP}$ I gave the book t_{PP}]]]

(25a) では，to whom を削除する必要がある．一般に，who の削除は許されるが，to whom の削除は許されない．したがって，(19a) の分析では (24a) の文を正しく扱えない．なお，(25a) において，to whom ではなく that を削除しても，非文である (26) の文が派生されてしまう．

 (26) *It is [$_{PP}$ to John] [$_{CP}$ to whom [$_{C'}$ ~~that~~ [$_{IP}$ I gave the book t_{PP}]]]

また，(19b) の分析による (25b) の構造では，空演算子の範疇が PP でなければならないが，PP の空演算子が存在することを支持する独立した証拠は今のところない．たとえば，寄生空所 (parasitic gap) は，空演算子の移動により残される痕跡と考えられているが，(27a) と (27b) の対比を説明するには，PP の寄生空所が存在しないと考えるのが妥当である．したがって，(25b) で PP の空演算子を仮定するのは問題である．

 (27) a. [$_{NP}$ Which articles] did John file t_{NP} without reading e_{NP}?
   b. *a man [$_{PP}$ to whom] we sent a letter t_{PP} after giving some money e_{PP}

このように，(19b) の分析によって (24a) を説明することはできない．以上の点を考慮すると，(24a) のような例に対しては，焦点要素そのものが

移動すると考える（19c）のXP移動分析が最も有力と思われる．

10.3 擬似分裂文

擬似分裂文は，一般に，*Wh* ... is XP 型の構造をしており，XP が焦点である．本節では，この構文が持つ次の4つの特性を順に見よう．

(28) a. 擬似分裂文の機能
b. 擬似分裂文の焦点要素の特徴
c. 擬似分裂文の派生方法
d. 擬似分裂文の解釈

10.3.1 擬似分裂文の機能

分裂文と同様に，擬似分裂文も，wh 節内の要素と焦点要素のそれぞれが，新情報を担うか旧情報を担うかに応じて3種類に分類できる．

第一の種類の擬似分裂文では，主語の wh 節内の要素が旧情報を担い，焦点の要素が新情報を担う．たとえば，次の談話を見よう．

(29) A: What do you need?
B: What I need is a sheet of paper and a pencil.

(29B) では，what I need が旧情報であり，焦点の a sheet of paper and a pencil が新情報である．音調上は，焦点要素が強勢を持ち，wh 節内の要素の強勢は弱い．そのため，焦点要素は対比的な意味合いが強くなるので，このタイプの擬似分裂文は談話の冒頭部では使用できない．

第二の種類の擬似分裂文は，wh 節内の要素が新情報を担い，焦点要素が旧情報を担う．次の談話における（30B）の擬似分裂文を見よう．

(30) A: Why do you like Paris so much?
B: Because that's where I met my future wife.
　　　　　　　　　　　　　　　　　（Declerck 1984: 266）

ここでは，焦点の NP（that）が，先行する（30A）の発話内の Paris を受ける旧情報であり，where で始まる wh 節内の I met my future wife が新情報である．音調上は，焦点要素（that）の強勢が弱く，wh 節内の新情報を担う要素の強勢が強い．この種類の分裂文は，先行文脈とのつながりを滑らかにする機能を持つので，談話の冒頭部で使用することができない．

なお，この種類の擬似分裂文は，(30B) の例で示されるように，NP is wh 節という倒置した形で使用される．これは，擬似分裂文が X is Y という be 動詞構文であることに原因がある．be 動詞構文では，一般に，X ではなく Y の側に新情報が配置される傾向がある．このため，擬似分裂文においても，新情報が，焦点要素（XP）ではなく，wh 節内の要素に配置される場合には，この wh 節を be 動詞の後に置き，旧情報を担う XP を be 動詞の主語位置に置いて，XP is wh ... という倒置形にする必要がある．したがって，上記 (30A) の疑問文に対して，(31B) のような通常の語順の擬似分裂文で応答すると，おかしな印象を与えてしまう．

(31) B: *Because where I met my future wife is that. (ibid.)

第三の種類の擬似分裂文は，wh 節内の要素と焦点の要素がともに新情報を担う．たとえば，(32) では，主語の wh 節内の情報も，be 動詞の直後の焦点の位置を占める wh 節内の情報も，新情報でありうる．

(32) My dear friends, what we have always wanted to know, but what the government has never wanted to tell us, is what exactly happens at secret conferences like the one you have been reading about in the papers this week. (Declerck 1984: 257)

したがって，先行文脈との結びつきが必要とされず，談話の冒頭部で使用してもよい．音調上は，wh 節内の要素も焦点要素も通常の強勢を受ける．

10.3.2 擬似分裂文の焦点要素の特徴

分裂文の焦点に生じる要素は，原則として，[−V] の範疇素性を持つ (⇨ 10.2.2) が，擬似分裂文にはこの制限がない．したがって，AP や VP などの述語や節（CP）などが焦点の位置に生じることができる．

(33) What John is is [$_{AP}$ enviable].
(34) What he would have been by now is [$_{NP}$ a millionaire].
(35) What he has done is [$_{VP}$ spoil the whole thing].
(36) a. What Fred told us is [$_{CP}$ that he wants to quit school].
   b. What Alice intends is [$_{CP}$ to submit her manuscript to *Fortune*].

10.3.3 擬似分裂文の派生方法

擬似分裂文の wh 節では，wh 句移動が起こる．たとえば，(37a, b) の what は，動詞 (bought と wearing) の目的語の位置から移動している．

(37) a. [What John bought *t*] was a car.
  b. *[What I believe [$_{NP}$ the claim that he was wearing *t*]] is this hat.

(37b) が非文であるのは，移動が複合名詞句制約に違反するためである．

この wh 移動で形成された wh 節は，自由関係節 (free relative) であり (⇨ 8 章)．その範疇は，移動した wh 句の範疇と同一のものでなければならない．たとえば，(38) では，what が NP のため，wh 節全体の範疇も NP である．自由関係節のこの特徴は，(38a) に示す構造 IP の内部から what が移動し，IP と結合すると，IP の範疇ではなく，(38b) に示すように，what の範疇が全体の範疇を決定することによって，全体が NP になるものと考えられる．

(38) a. [$_{IP}$ John bought [$_{NP}$ what]]
  b. [$_{NP}$ [$_{NP}$ what] [$_{IP}$ John bought *t*$_{NP}$]]

10.3.4 擬似分裂文の解釈

擬似分裂文には，次例のように，2 通りの解釈が許されるものがある．

(39) a. What John was doing was annoying the children.
  b. What John became was irritable.

(39a) は，(i)「John が行なっていた行為は子供たちをいらだたせることだった」という解釈と，(ii)「John が行なっていた行為は子供たちをいらだたせていた」という解釈がある．また，(39b) は，(i)「John がなったのは怒りっぽい性格だ」という解釈と，(ii)「John がなったもの (たとえば，John が演じた役柄) はその性格が怒りっぽかった」という解釈がある．

この多義性は，擬似分裂文が，be 動詞構文であることに起因している．XP is YP 型の be 動詞構文では，(i) XP に意味上明示されていない部分があり，それを YP が補完する用法と，(ii) YP が，XP が指すものの性質や状態を表す用法がある．たとえば，(40a) の YP は，the plan の具体的内容を補完しており，(40b) の YP は，the plan の性質を表している．

(40) a.　[$_{XP}$ The plan] is [$_{YP}$ for John to leave].（指定文）
　　　b.　[$_{XP}$ The plan] is [$_{YP}$ disastrous].（叙述文）

(40a, b) の構文は，それぞれ，指定 (specificational) 文，叙述 (predicational) 文と呼ばれ，その解釈は，指定的解釈，叙述的解釈と呼ばれる．

(39a, b) に戻ると，(i) の解釈では，主語の wh 節に欠けている情報が，annoying the children によって補完されており，指定的解釈である．これに対して，(ii) の解釈では，主語の wh 節が指し示すもの (= John の行為あるいは役柄) の性質を irritable が表しており，叙述的解釈である．

この多義性は必ずしも常に可能なわけではなく，(41a, b) では，いずれか一方の解釈のみが可能である．

(41) a.　What John is is proud.（指定的解釈）
　　　b.　What John is is worthwhile.（叙述的解釈）
　　　　　　　　　　　　　　　　　　(Higgins 1979: 8)

まず，指定的解釈を見よう．(41a) は，John が持っている性質を，それが「誇り高い性格」であると特定しており，指定的解釈を持っている．これに対して，(41b) で指定的解釈が許されるとすると，その解釈は，John の性質について，「やりがいのあるもの」と特定することになり，意味的に逸脱している．したがって，(41b) では指定的解釈が不可能である．

▶基本文献◀

・Akmajian (1970): 分裂文の統語的派生を中心に分析を行なっている．
・Higgins (1973): 擬似分裂文を中心に be 動詞構文の解釈を詳細に分析．
・Declerck (1984): 分裂文・擬似分裂文の談話上の機能を詳細に分析．

第11章　話題化構文と右方移動構文

【実例】
(a) I wouldn't mind so much but I left all my belongings in that place, in the back room there. Every lousy blasted bit of all my bleeding belongings I left down there now.　　　　　（Harold Pinter, *The Caretaker*）
(b) More than a dozen books have been published in Japanese about the American wunderkind, and among some movers and shakers you can hardly discuss Japan's future without talking about the "Japanese Bill Gates."　　　　　（*Newsweek*, September 9, 1996）

11.1　話題化構文

　話題化構文（topicalization）は、談話で話題になっている要素を文頭に置き、それに対するコメント（評言）を述べる構文である。
　（1）　My sister I am proud of.
したがって、話題となりうる要素は、先行する文脈の中で既に登場している旧情報の要素でなければならず、初めて談話に導入される新情報の要素を話題化すると不自然になる。
　（2）　A:　Why are you laughing?
　　　　B:　#*Stardust Memories* I saw yesterday. It was very funny.
　　　　　　　　　　　　　　　　（Prince 1981: 251–252）
　話題化は、移動操作一般に見られる特徴、すなわち、(i) 主語条件に従い (3a)、(ii) 付加詞の島効果を示し (3b)、(iii) 複合名詞句制約に従う (3c) ので、移動操作であると言える。
　（3）a.　*Of potatoes$_i$, a pound t_i costs $1.90.

b. ??John$_i$, Mary left for London after she visited t_i.
c. *[That the baby had been poisoned]$_i$, the police arrested the doctor who had refused to admit t_i shortly after getting the nurse to confess.

さらに，話題化は，次のように wh 移動が持つ特性と同じ特性を持つので，wh 移動と同様の移動であると考えられる．(i) 埋め込み文からの移動が可能であり (4)，(ii) wh 島効果に関して主語と目的語の非対称性を示し (5)，(iii) 島を形成し (6)，(iv) that-t 効果を示す (7)（ただし (5a) と (7) に関しては，一般的に，主語は話題化が不可能であると言われている．また (5b) の文法性はインフォーマントによるものである）．

(4) a. This book$_i$ I asked Bill to get his students to read t_i.
b. This book, I think you should read. (Culicover 1996: 452)
(5) a. *John$_i$, I wonder how well t_i understands this book.
b. ?This book$_i$, I wonder how well John understands t_i.
(Chomsky 1981: 159)
(6) a. *Which dishes$_i$ are [on the table$_j$ you going to put t_i t_j]?
b. *Lee forgot which dishes$_i$ [on the table$_j$, you are going to put t_i t_j]. (Culicover 1991b: 47–48)
(7) a. A picture of Leonard$_i$ PABBS I expect t_i will be hung on THIS wall.（大文字は強勢を示す）
b. *A picture of Leonard$_i$ PABBS I expect that t_i will be hung on THIS wall. (Bresnan 1991: 54–55)

話題化が wh 移動と類似の移動であるとすると，話題化要素の移動先が問題となる．wh 句は CP の指定部へ移動されるが，話題化要素はそれとは異なる位置に移動される．次の対比を見てみよう．

(8) a. I don't think [$_{CP}$ that this book$_i$ [$_{IP}$ you should read t_i]].
b. *I don't think this book$_i$ [$_{CP}$ that [$_{IP}$ you should read t_i]].
(Zhang 1991: 361)

この対比は，話題化は CP 指定部への移動ではなく，IP より高く C より低い位置への移動であることを示している．このような事実に基づき，IP と CP の間には TopP (topic phrase) があり，話題化要素はこの TopP の指定部に移動していると考えられる（Müller and Sternefeld 1993; 中村

（9） I don't think [$_{CP}$ [$_{C'}$ that [$_{TopP}$ this book$_i$ [$_{Top'}$ Top [$_{IP}$ you should read t_i]]]]]

これまで話題化と呼んできた統語操作は，厳密には話題話題化（topic topicalization）であり，旧情報である話題を文頭に置くことによって，主として，先行文との談話のつながりをよくする機能を持っている．これに対して，話題化には焦点話題化（focus-topicalization）もあり，この場合，話題化される要素には強勢（stress）が置かれ，文頭に前置された要素は新情報と解釈される．たとえば，次の文は，Who are you proud of? という疑問文の答えとして適切であり，文頭の要素が強調されている．

（10） My SISTER I am proud of.（大文字は強勢を示す）

11.2 転位構文

転位構文には，左方転位構文と右方転位構文の2つがある．

11.2.1 左方転位構文

前節で次のような話題化構文について考察した．

（11） My sister$_i$ I am proud of t_i. (= (1))

(11) では文末に話題化要素の痕跡 t がある．この痕跡を，移動された my sister に対応する代名詞で置き換えると，(12) が得られる．

（12） My sister I am proud of her.

(12) のような文を左方転位（left dislocation）構文と呼ぶ．

左方転位構文と話題化構文には，いくつかの共通点が見られる．たとえば，話題化と左方転位は，どちらも1つの節に2度適用できない．

（13） *John, Mary, he likes her. （Lasnik and Saito 1992: 79）
　　　（cf. ??On the table$_j$, this book$_i$, John put t_i t_j.
　　　　　　　　　　　　　　　　　　　（Lasnik and Saito 1992: 86）

また，どちらの要素も定名詞句でなければならない（Löscher 1992: 124）．

（14） *A window it's still open. (cf. The window it's still open.)

しかし，左方転位と話題化には次のような相違点がある．まず第一に，

話題化要素は旧情報を，左方転位要素は新情報を担う（Rodman 1974）．
- (15) What can you tell me about John?
    - a. John, Mary kissed.
    - a′. *John, Mary kissed him.
    - b. *Nothing. But Bill, Mary kissed.
    - b′. Nothing. But Bill, Mary kissed him.

(15)では，John は話題であるので旧情報である．(15a)では，その John が話題化されているので適格である．これに対して，(15a′)の him が不可能であるのは，左方転位構文が旧情報には適用できないためである．また，(15b)では，話題化により新情報 Bill が導入されているので不適格であるが，(15b′)では，左方移動により新情報 Bill が導入されているので適格である．

第二に，話題化要素は疑問詞と共起できず，左方転位要素は共起できる．
- (16) a. *Rosa, when did you last see?
    - b. Rosa, when did you last see her? (Reinhart 1976)

第三に，左方転位要素と話題化要素は，生起する位置が異なる．
- (17) a. (As for) Rosa, my next book I will dedicate to her.
    - b. *My next book, Rosa, I will dedicate to her.

(Reinhart 1983)

(17a)では，左方転位要素が話題化要素に先行していて文法的である．一方，(17b)では，話題化要素が左方転位要素に先行していて非文法的である．これは，両要素は互いに異なる位置を占め，左方転位要素が話題化要素よりも構造上高い位置を占めていることを示している．

最後に，左方転位は，話題化と異なり，(i) 複合名詞句制約 (18a)，(ii) 文主語制約 (18b)，(iii) 左枝分かれ条件 (18c)，(iv) 等位構造制約 (18d) などの移動に課せられる条件に従わないので，移動規則によって派生されるのではなく，基底で生成される構造であると考えられる．

- (18) a. My father$_i$ the man he$_i$ works with in Boston is going to tell the police that...
    - b. My father$_i$, that he$_i$ lived here all his life is well-known to the cops.

c. My wife$_i$, somebody stole her$_i$ handbag last night.
　　d. My father$_i$, I hardly ever see him$_i$ and my mother when they are not glaring at each other.　　　　　　（Ross 1967）

まとめると，話題化構文は旧情報を文頭に置くのに対して，左方転位構文は新情報を文頭に置く構文である．すなわち，話題化構文は文の話題を設定するのに対して，左方転位構文は談話に話題を導入する構文である．

11.2.2　右方転位構文

左方転位構文とは逆に，文末(つまり右方)に転位された要素があり，対応する代名詞が左側にあるのが，右方転位 (right dislocation) 構文である．
(19) a. It$_i$ isn't normal, this kind of thing$_i$.
　　b. It$_i$'s getting on my nerves, this business$_i$.

右方転位構文の特性を見よう．第一に，左方転位同様，右方転位される要素は定名詞句に限られる（Langendonck 1980: 1087; Löscher 1992: 124）．
(20) a. *It's still open, a window.
　　b. *Does he really always have to study, a certain student?

第二に，左方転位と同様，右方転位要素はその位置に基底で生成され，移動によって生成されているのではない．したがって，右方転位は，移動に課せられる等位構造制約や左枝分かれ条件に従わない．
(21) a. I saw Mary and him$_i$ downtown yesterday, [your friend from Keokuk]$_i$.
　　b. I noticed his$_i$ car in the driveway last night, [your friend from Keokuk]$_i$.　　　　　　（Ross 1986: 260）

第三に，右方転位は上方制限に従う．上方制限とは，その要素が含まれている最小の文の外へ要素を移動できないことを言う．つまり，ある要素を，節を越えて右方に移動してはならない．この特性は左方移動規則や左方転位に上限がないのと対照的である．
(22) a. [That they$_i$ spoke to the janitor about that robbery yesterday, the cops$_i$] is terrible.
　　b. ?*[That they$_i$ spoke to the janitor about that robbery yesterday]

is terrible, the cops$_i$. (Ross 1986: 258)

(22a)では右方転位が同一の that 節内で行なわれている．これに対して，(22b)では転位が that 節の外に行なわれているので，不適格である．

　第四に，右方転位は，名詞句が重く，それを強調したいときによく適用される（次の例では，代名詞 her に強勢が置かれていることに注意）．

(23) I told HER$_i$ to leave instantly, [the woman that did an obscene imitation of me on the Merv Griffith show]$_i$.

第五に，右方転位は構文の知覚を容易にするために適用される場合がある．たとえば，次の例では，(24b)の右方転位文の方が，(24a)より知覚しやすい．

(24) a. We elected [the most outrageously stupid and dishonest man in the world] president.
　　 b. We elected him$_i$ president, [the most outrageously stupid and dishonest man in the world]$_i$.

以上，右方転位構文の派生と特徴について述べた．

11.3　重名詞句移動

　本節では，重名詞句移動（heavy NP shift）について考察する．重名詞句移動とは，「重い」名詞句を文末に移動する操作である．たとえば，(25a)の重い名詞句 a book about linguistics を文末に移動させ，(25b)を派生する．

(25) a. John gave a book about linguistics to Mary.
　　 b. John gave t_i to Mary a book about linguistics$_i$.

上の例の名詞句 a book about linguistics は，a book に較べると「重い」．しかし，「重さ」を計る基準は統語的な要因だけではない．たとえば，(26a)の the word *linguistics* は 3 語から成り，重名詞句移動はできないが，同じ 3 語でも，(26b)の the word *pneumonoultramicroscopicsilicovolcanoconiosis* は重名詞句移動の適用を受けられる．(26b)の 45 文字から成る単語は，英語の中で最も長い単語で「珪性肺塵症（炭鉱労働者の職業病）」を意味する．

(26) a. *I found in the dictionary the word linguistics.

b. I found in the dictionary the word *pneumonoultramicroscopicsilicovolcanoconiosis*.

また，たとえ名詞句が「軽く」ても，それを音韻的に際立たせると，重名詞句移動の適用が可能となる（Culicover 1997: 210）．

(27) I gave to John, a BOOK, and I gave to Susan, a MAGAZINE.

重名詞句移動は重い名詞句を文末に移動させる統語操作であるが，どの位置に移動されているのであろうか．次の例を見てみよう．

(28) a. John gave to Mary a picture of Lyndon Johnson, and Bill did too. （Rochemont and Culicover 1990: 120）
b. *John bought for Mary a picture of her father, and Sally did every book she could find.
（Rochemont and Culicover 1990: 118）

(29) a. I have expected that he will confess to me all his faults, and confess to me all his faults he will.
b. *I have expected that he will confess to me all his faults, and confess to me he will all his faults. （Nakajima 1989: 328）

上の例は，重い名詞句が VP 削除と VP 前置の対象になることを示している．したがって，文末に移動された重い名詞句は VP の領域内（VP 付加位置）にあると考えられる．

次に，重名詞句移動の統語的特性を見よう．第一に，上方制限に従う．

(30) *[$_{CP}$ That he has sent t_i to his mother] is obvious [every letter he has ever received]$_i$. （Emonds 1976）

(31) *She introduced the man [who invented t_i] to her brother [the first perpetual motion device]$_i$. （Sportiche 1983: 116）

第二に，不定詞節の主語は重名詞句移動の適用が受けられない．（左方移動の wh 移動にはこのような制限はない．）

(32) *They'd want t_i to win [any candidate who would take the trouble to run in every primary]$_i$. （Chomsky 1981: 70）

第三に，重名詞句移動は前置詞を残留する形では適用できない．（wh 移動では前置詞残留は可能．）

(33) *I put it [$_{PP}$ on t_i] yesterday [every table in the living room]$_i$.
（Koster 1987: 279）

第四に，文末に移動された重い名詞句は要素の摘出に対する島を形成する．

(34) *What kind of frogs_i did John send to Horace [an expensive book about t_i]?

第五に，定形節の主語は重名詞句移動の適用を受けられない．（wh 移動では可能．）

(35) *Jim believed (that) t_i were tortured by Brazilians [the priests who are going to speak today]_i.　（Nishikawa 1990: 17）

最後に，二重目的語構文の間接目的語は重名詞句移動の適用を受けない．

(36) *Ralph gave t_i a book [a girl he knows]_i.
　　　　　　　　　　　　　　　　　　（Whitney 1982: 395）

このような統語的特徴の説明は今後の課題である（⇨ 12.6）．

11.4　外　　置
11.4.1　名詞句からの外置

前節では，右方向への移動操作の重名詞句移動を見たが，右方移動には，重名詞句移動の他に，名詞句からの外置（extraposition from NP）がある．

(37) a.　A man came in with blue eyes.
　　 b.　A book appeared which John wrote.
　　 c.　Many reviews have been published which criticize John's book.

(37a) の文末にある with 前置詞句と (37b, c) の which 関係節は，いずれも，主語 NP を修飾している．したがって，これらの修飾表現は，基底では主語 NP の直後にあり，その位置から文末に移動していると考えられる．(37a) を例にとると，その派生は次のようになる．

(38) a.　[_IP [_IP [_NP a man [_PP with blue eyes]] [_I' [_VP came in]]]]
　　 b.　[_IP [_IP [_NP a man t_PP] [_I' [_VP came in]]] [_PP with blue eyes]]

(37a, b) では，いずれも，自動詞の主語 NP から外置が行なわれている．一方 (37c) では，受け身文の主語から外置が行なわれている．これに対し，他動詞構文では，目的語からの外置は許されるが，主語からの外置は許されない．

(39) a.　John drove [a car with a sunroof] in New York.
　　 b.　John drove a car in New York with a sunroof.

(40) a. A book by Charles delighted Mary.
   b. *A book delighted Mary by Charles. (Guéron 1980: 663)

すべての自動詞が外置を許容するわけではない．外置が可能なのは，(38a, b) のように「出現」や「存在」を表す自動詞に限られる．つまり，主語からの外置が許されるのは，自動詞が非対格動詞の時のみである．

また，名詞句からの外置は，重名詞句移動同様，上方制限に従う．

(41) *The fact that a critical review t_i has just appeared is very worrying [of his latest book]$_i$.
(cf. The fact that a critical review t_i has just appeared [of his latest book]$_i$ is very worrying.) (Radford 1981: 227)

上記の外置の特性の分析は，当該の統語操作が右方移動であるという仮定の下で行なわれている．しかし，Rochemont and Culicover (1990) は，名詞句からの外置に移動は関与せず，文末にある要素は基底でその位置に生成され，修飾関係は解釈規則によって捉えられると主張している．

11.4.2 it 外置

次に，節の外置を見よう．主語や目的語の that 節や for-to 節が外置されると，その元の位置に it が挿入される．これを it 外置 (it extraposition) と呼ぶ．

(42) a. It surprised me that the doctor came at all.
   b. It would surprise us for John to come on time.

(42a) は (43) から派生されると考えられている．

(43) That the doctor came at all surprised me.

(43) の主語位置 (IP 指定部) にある that 節は，it 外置により，VP 付加位置に移動している．(44) の痕跡 t の位置に it が挿入されて，(42a) が得られる．

(44) [$_{IP}$ t_i [$_{I'}$ I [$_{VP}$ [$_{VP}$ surprised me] [$_{CP}$ that the doctor came at all]$_i$]]]

(44) に示すように it 外置の適用を受けた節が VP 付加位置に生起していることは，次の VP 前置において，VP とともに移動することから明らかである．

(45) I warned you that it would upset Rosa that you smoke, and [$_{VP}$ upset her that you smoked] it certainly did. (Reinhart 1980)

it 外置の結果，IP 指定部は空になり，そこに虚辞の it が挿入されている．

次の文は，一見 it 外置規則によって派生されたように見えるが，実はそうではない．

(46) a. It seems that Mary tells a lie.
　　 b. It appears that Mary has not read *Ulysses* yet.

(46a, b) が it 外置によって派生されるなら，基底構造は (47a, b) の構造である．

(47) a. *That Mary tells a lie seems.
　　 b. *That Mary has not read *Ulysses* yet appears.

(47a, b) は非文であるので，(46a, b) が (47a, b) から派生されたと考えることはできない．(46a, b) の that 節は，基底で動詞の補部の位置に生成されていると考えなければならない．

▶ 基本文献 ◀

・Rochemont and Culicover (1990): 従来「文体規則」として扱われてきた現象を統語現象として捉えようと試みている．
・Lasnik and Saito (1992): 話題化をはじめとした，IP より上で起きている統語操作をどのように扱うかを論じている．
・高見 (1995): 右方移動現象を機能文法の角度から見た好書．

第12章　省略現象

【実例】
(a)　My first wife and I were out of sync when it came to children. When I wanted them, she didn't, and vice versa. Perhaps that should have told us something, though even now, I'm not sure quite what. In any case, the marriage was over before I knew it — literally — and once we were separated, people kept saying wasn't it fortunate there hadn't been any children.　　　　　　　　　　（Carey Winfrey, *Fatherhood Postponed*）
(b)　He put an arm around her then, and held her for a long time, and that night when they went to bed, he didn't say anything to her, or she to him, he just held her.　　　　　　　　　　（Danielle Steel, *The Gift*）

12.1　削除とイントネーション

　省略は，照応表現の一種であり，同一の言語表現をくり返し用いる代わりに，音形を持たない形で表現したものである．たとえば，(1a) で，wouldの後には，発音されない何らかの要素が欠落していると感じられる．この欠落が省略である．(1b)の角括弧部分を低い平坦な (low-flat) イントネーションで発音すると，(1a)とほぼ同様の効果を持つ．つまり，低い平坦なイントネーションの極端な場合を省略現象と考えると，(1b)の角括弧の部分を削除して (1a) が派生される（Chomsky and Lasnik 1993）．

（1）a.　(She'd been alone for ten years, ever since the kids were two and four, and she'd moved around a bit, but) she liked it here and she thought Maribeth would too.
　　　　　　　　　　　　　　（Danielle Steel, *The Gift*）

b. she liked it here and she thought Maribeth would [like it here] too.

しかし，省略は，同一の表現がくり返される時に常に許される節約現象ではなく，一定の文法情報に基づく条件が存在することを以下で見ることにする．

12.2　動詞句省略

　VP省略（VP ellipsis）は，複数のVPが生じる場合に同一性（identity）の条件のもとでVPをゼロ形態で表現するもので，等位節（2a），従属節（2b），対話文（2c）などに見られる．この規則が適用されるには，省略されたVPと同一のVPが文脈に現れていなければならない．

（2）a.　John rarely eats nattoo but Chris often does [$_{VP}$ eat nattoo].
　　b.　Because John might [$_{VP}$ eat nattoo], Chris will eat nattoo.
　　c.　Did Chris eat nattoo? — Yes, he did [$_{VP}$ eat nattoo].

VP省略に関して，次の二点を明らかにしなければならない．

（3）a.　VP省略が許される条件は何か．
　　b.　VP省略は，2つのVPが同一の場合に生じるが，同一性の基準は何か．

まず（3a）を考える手がかりとして，（2a, b）と（4）の相違を生み出している理由を考えてみよう．

（4）a.　*John rarely eats nattoo but Chris often [$_{VP}$ eats natto].
　　b.　*Because John [$_I$ might] [$_{VP}$ eat natto], Chris will eat nattoo.

（4a）では，先行文内と同一のVP（eats nattoo）があるにもかかわらず，省略ができない．（2a, b）と（4）を対比して見ると，VP省略が許されるのは，（4）のように同一のVPがあるだけでは不十分で，（2）のようにVPの左側のINFL内に，法助動詞や，助動詞doなどの要素が残っている場合であることがわかる．これを考慮に入れて，次の文を考えてみよう．

（5）a.　*Before Wayne started [$_{VP}$ reading Syntactic Structures], Carol finished reading *Syntactic Structures*.
　　b.　Before Wayne did [$_{VP}$ start reading Syntactic Structures], Carol finished reading *Syntactic Structures*.

(5a) は，started の VP 補部が省略ができないことを示しているのに対して，助動詞 did がある (5b) では，VP 省略が許される．このことから，VP 省略が許されるのは，(6) のように，INFL (= I) が空でない場合であると言える．

(6) [_IP NP [_I' [_I modal / do] [_VP Δ]]] (Δ = 省略部分)

ここまでは，定形節 (finite clause) の例であったが，次に不定詞の場合を見よう．

(7) a. John wasn't sure he'd get in shape, but he tried to [_VP get in shape].
b. I don't know if John wants to read this chapter, but I think I can persuade him to [_VP read this chapter].

(8) a. *John believed Mary to know French but Peter believed Jane to [_VP know French]. (Bošković 1997)
b. *John considered Mary to be smart and Bill considered Lucy to [_VP be smart]. (Martin 1992)

これらは代不定詞 (pro-infinitive) と呼ばれているもので，(7) のようなコントロール動詞 (control verb) の場合は，VP 省略が可能である．これに対して，(8) の例外的格標示 (ECM) 構文では，VP 省略が許されない．

12.3 同一性の問題

VP 省略が適用されるためには，省略される VP とその先行詞の VP が「同一」でなければならない．しかし，この「同一」とはどういうことであろうか．まず，動詞の形態的同一性について考えてみよう．これは，一見単純に見えるが，そうでもない．

(9) a. John *ate*, and Mary will [eat] too.
b. John *eats* every afternoon, and Mary should [eat] too.
(10) a. *John was confused with ellipsis and Mary will [be confused with ellipsis] too.
b. John will be confused with ellipsis and Mary will [be confused with ellipsis] too.

主動詞の場合は，(9) が示すように時制を無視したゆるい同一性 (sloppy

identity）が働いている．すなわち，省略形は原形の eat であるが，先行文の動詞は屈折形の ate, eats であり，厳密には同一ではない．一方，be 動詞の場合は，(10a) のように，先行文の動詞が過去形で，省略形が原形のようなゆるやかな同一性では VP 省略のためには不十分で，(10b) のように厳密な同一性が要求される．

次に，構造の同一性を考えてみよう．(11) の先行詞の VP は 2 通りの解釈を持つ．たとえば，(11a) の flying planes は，解釈 M1「飛んでいる飛行機が好きである」（この場合は，VP = likes [$_{NP}$ flying planes]）と，解釈 M2「飛行機を飛ばすのが好きである」（VP = likes [$_{IP}$ PRO flying planes]）の 2 通りの読みがある．(11a) の省略されている VP も 2 通りの読みを持つならば，(11a) は 4 通りの解釈を持つはずである．しかし，実際には「John も Bill も飛んでいる飛行機が好きである」（M1 と M1）という解釈と，「John も Bill も飛行機を飛ばすのが好きである」（M2 と M2）の 2 通りの解釈しか存在しない．

(11) a.　John likes flying planes because Bill does Δ.
　　　b.　The chickens are ready to eat, and the children are Δ too.

同様に，(11b) の先行詞の VP も 2 通りの解釈を持つ．1 つは，M1「ニワトリは（餌を）食べる用意ができている」（The chickens$_i$ are [$_{VP}$ ready [PRO$_i$ to eat]]）と，もう 1 つは，M2「チキンはすぐに食べられるようになっている」（The chickens$_i$ are [$_{VP}$ ready [Op$_i$ [PRO$_{arb}$ to eat t_i]]]）である．この場合も，「ニワトリは（餌を）食べる用意ができているし，子供たちも食事をする準備ができている」（M1 と M1）と，「チキンはすぐに食べられるようになっているし，子供もそうなっている」（M2 と M2）の 2 通りの解釈しかない．ここには，いわば平行性の条件（parallelism requirement）が働いており，先行詞の VP と構造が同一の場合に限り，VP 省略が可能となる．

それでは，先行詞の VP と削除される VP が，それぞれ，一方が受動形，他方が能動形の場合はどうだろうか．この場合，従来，(12) のような例から，VP 省略が不可能であるとされていたが，(13), (14) のような可能な例が存在する．

(12) *The oats had to be taken down to the bin, so Bill did Δ.

(Hankamer and Sag 1976)

(13) A lot of this material can be presented in a fairly informal and accessible fashion, and often I do Δ.

(*Chomsky on the Generative Enterprise*)

(14) a. John knew the oats had to be taken down to the bin, so he did Δ.

b. The bill had to be paid, but John refused to Δ.

(13)の先行文の受動化前のVPの構造は，[IP ... [I' -ed [VP present a lot of this material in a fairly informal and accessible fashion]]]であり，VP省略が可能となる．(12)と(13)，(14)を比較すると，前者が不可能なのは，先行文の受動文の行為者が確定しにくいことに原因があると思われる．

以上から，VP省略の「同一性」を(15)のようにまとめられる．

(15) VPが先行詞のVPと同一の構造をしており，主要部のVが，次の条件を満たすときにVP省略が許される．

a. Vがbe動詞の場合，先行詞のVと形態的に厳密に同一である．

b. Vが主動詞の場合，先行詞のVと形態的に厳密に同一である必要はない．

12.4 名詞句内省略

VP省略と同じ現象が名詞句内にも見られる．(16)では，名詞句内の要素face，computerが省略されている．

(16) a. She put her face down next to her child's [face].

(Danielle Steel, *The Gift*)

b. John's computer is a Mac but Tom's [computer] is a Sony.

(16b)のTom's computerの構造を(17a)のように考えると，省略が中間投射N'となり，VP省略と異なり，最大投射のNPが省略されていないことになってしまう．そこで，名詞句の構造を(17b)であると仮定しよう．

(17) a. [NP Tom's [N' computer]]

b. [$_{DP}$ Tom [$_{D'}$ [$_D$'s] [$_{NP}$ computer]]]

名詞句を機能範疇 DP と考えると，名詞句内省略は最大投射である NP の省略とみなすことができる．ここで，属格の 's は DP の主要部にあり，補部の NP が省略されている．属格 's の D は，指定辞の Tom と，指定部・主要部関係を持ち，属格を付与していると考える．これは，VP 省略を許す INFL が，IP 指定辞の主語である名詞句に格を付与しているのと同じである．以上を図示すると，VP 省略，NP 省略は，それぞれ (18a)，(18b) となる．

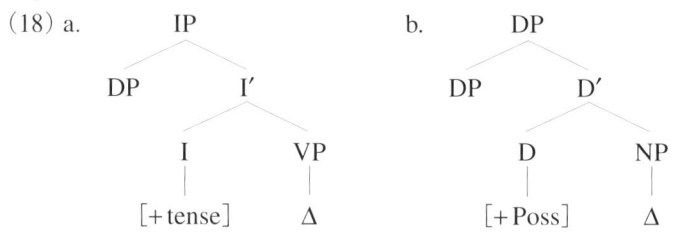

(18) a.
```
        IP
       /  \
     DP    I'
          /  \
         I    VP
         |    |
      [+tense] Δ
```
b.
```
        DP
       /  \
     DP    D'
          /  \
         D    NP
         |    |
      [+Poss] Δ
```

これらの構造の平行性を考慮すると，VP 省略，名詞句省略の条件を (19) にまとめることができる．

(19) 指定部・主要部の一致を引き起こす機能範疇要素は，その補部の省略を認可する．

DP 分析では，冠詞の a / the は，[$_{DP}$ [$_{D'}$ [$_D$ the / a] [$_{NP}$ computer]]] のような構造を持ち，DP の主要部である．しかし，冠詞は指定部をとらず，指定部との一致関係を持たないので，NP 省略を認可しない．このことを例証しているのが，(20) である．

(20) a. *I wanted to read a newspaper, so I bought [$_{DP}$ a [$_{NP}$ ~~newspaper~~]].

b. *A single linguist read this chapter because [$_{DP}$ the [~~linguist~~]] felt it was important.

ここでは，従来 N' 省略と呼ばれていた名詞句内省略を，DP 分析のもとで NP 省略として捉え直し，VP 省略と共通の条件 (20) が働いていることを見た．

12.5　間接疑問縮約

間接疑問縮約（sluicing）は，(21)に見られるように，間接疑問文において wh 句を除いた IP を，先行文との同一性の下で削除したものである．

(21) a. We knew that something was terribly wrong, but we had no idea [CP what [IP ~~was terribly wrong~~]].
(Elizabeth Thomas, *The Tribe of Tiger*)
　　b. Tom knows that I went, but his wife doesn't know [CP why / when / where / how [IP ~~I went~~]].
　　c. Mary was reading, but nobody knows [CP what [IP ~~she was reading~~]].

ここで，間接疑問縮約で残存する wh 句が，先行する文の何に相当するか見てみよう．(21a) では先行文の不定表現 something，(21b) では先行文で表現されていない付加詞，(21c) では先行文の動詞の顕在化していない項（目的語）に対応している．

ここでは，間接疑問縮約を IP 削除として，間接疑問縮約の認可条件を考えてみよう．VP 省略，NP 省略の場合，それらを補部とする機能範疇 I, D が省略を認可したが，IP 削除でも同様のことが言えるのだろうか．(21) の例では，wh 移動は，補文の主要部 C が持つ [+wh] 素性によって引き起こされている．したがって，wh 移動では，(22a) に示すように，C の [+wh] が指定部の wh 句と一致関係を示している（⇨ 7 章）．同様のことが，(22b) の VP 省略，(22c) の NP 省略でも見られることはすでに述べた．

(22) a. [CP WH [C′ [C +wh] [IP Δ]]]（間接疑問縮約）
　　b. [IP DP [I′ [I +tense] [VP Δ]]]（VP 省略）
　　c. [DP DP [D′ [D +Poss] [NP Δ]]]（NP 省略）

(22a) に見るように，間接疑問縮約は [+wh] の C と指定部の間に一致関係がある場合にのみ認可される．この観点からすると，C が [+wh] を有していても，指定辞に wh 句を持たない C の whether と if は間接疑問縮約を引き起こさないと予想されるが，(23a) が示すように，IP 削除は不

可能である．同様に，C が [−wh] で，指定部とは一致を示さない that も，(23b) が示すように，IP 省略を認可しない．

(23) a. *We thought she wanted to be invited, but we weren't sure [CP [C' [C whether / if [IP she wanted to be invited]]]].
   b. *She was there, but John didn't believe [CP [C' [C that] [IP she was there]]].

さらに，次の例を見よう．

(24) Joan ate dinner with {someone / several students in her class / *them / *John / *every student in her class}, and we're all wondering with whom Δ.　　　　　　　　　(Chung *et al.* 1995)

この例に見られる対比から，間接疑問縮約が可能なのは，wh 句の whom に対応する先行文中の名詞句が不定 (indefinite) の場合に限られるといえる．

以上をまとめると，間接疑問縮約は，[+wh] を有している CP の指定辞に wh 句がある場合に，間接疑問文の wh 句だけを残して，IP を省略する現象であると考えられる．

12.6　空　所　化

空所化 (gapping) は，動詞を含む文の中間部が省略される現象である．

(25) a. that night when they went to bed, he didn't say anything to her, or she [didn't say anything] to him, he just held her.
　　　　　　　　　　　　　　　　(Danielle Steel, *The Gift*)
   b. Some will have eaten nattoo and others [will have eaten] haggis.
   c. Some gave albums to their spouses and others [gave] tapes [to their spouses].

空所化は，(i) and, or, but の等位接続構造に限られ，したがって VP 省略と異なり，逆行照応が不可能である (cf. (2b))，(ii) 残存要素は通例 2 つで，空所の左側には主語 DP がくることが多く，右側には DP, AP, AdvP, PP, CP などいろいろな範疇が可能である，(iii) (25b) のように非構成要素にも適用できる．

空所化の残存要素には，対比強勢 (contrastive stress)（大文字で表記）が置かれる．

(26) a.　JOHN liked APPLES, and MARY [liked] PINEAPPLES.
　　 b.　*JOHN liked apples, and MARY [liked] pineapples.

この対比強勢が置かれることから，残存要素 DP は音韻的に重い (heavy) 要素であり，目的語 DP が重名詞句転位 (heavy NP shift: HNPS)（⇨ 11章）により，VP に付加されていると考えてみよう．そうすると，(26a) の構造は次のようになる．

(27)　John [$_{VP}$ [$_{VP}$ liked t] apples], and Mary [$_{VP}$ [$_{VP}$ liked t] pine apples].

この構造で [$_{VP}$ liked t] を省略する操作を空所化と考えると，この操作はVP を省略するので，空所化は VP 省略の一例とみなすことができる．

HNPS を前置詞の目的語に適用する時には，(28b) からわかるように，前置詞を随伴 (pied-pipe) しなければならない．

(28) a.　I talked about the book I recently read yesterday.
　　 b.　I talked t yesterday *about the book I recently read*.
　　 c.　*I talked about t yesterday *the book I recently read*.

もし，上述したように，空所化に HNPS が関与しているとするならば，PP全体が移動するので，前置詞句を含む動詞句に空所化が適用される場合，前置詞は削除されずに残ると予測されるが，(29) はその予測が正しいことを示している．

(29) a.　John talked about Bill, and Mary [talked] about Lucy.
　　 b.　*John talked about Bill, and Mary [talked about] Lucy.

さらに，この分析では，なぜ空所の右側の残存要素が通例 1 つなのかも説明ができる．下記 (30b, c) は，with a hammer と the house that he will live in に HNPS を 2 回適用して派生した文であるが，適用の順番にかかわらず非文である．このことは，HNPS が同一文中で 2 回適用できないことを示している．このことを前提として，空所の右側に要素が 2 つある (30a) を考えてみよう．この場合，残存要素 the garage, with a saw は，HNPS を 2 回適用して VP 削除の適用領域外に移動していると考えなけ

ればならない．したがって，この文の非文法性は，HNPS を 2 回適用した (30b, c) の非文法性と同様に，非文であることが説明できる．つまり，空所化に HNPS が関与していると仮定すると，自動的に，空所の右側の要素が 1 つであることが導かれる．

(30) a. *John built the house with a hammer, and Mary Δ the garage with a saw.
  b. *John built t_1 t_2 yesterday *with a hammer$_2$ the house that he will live in$_1$*.
  c. *John built t_1 t_2 yesterday *the house that he will live in$_1$ with a hammer$_2$*.

ここでは，空所化の現象は，HNPS と VP 省略の相互作用の結果であることを論じた．

▶基本文献◀

・今西・浅野 (1990): 照応，削除に関して GB 理論での研究がまとめられている．
・Lobeck (1995): VP 省略，名詞句内省略，間接疑問縮約を統一的に扱っている．
・Sag (1976): VP 省略および空所化を論理形式からとらえた，削除に関する優れた研究．

第13章　That 補文と不定詞補文

【実例】
(a) But there's no more reason to suppose these principles to be available to introspection than there is to suppose that the principles that determine visual perception should be accessible to introspection.
　　　　　　　　　　　　　　　　　（Chomsky, *Language and Politics*）
(b) A photojournalist for Magnum, McCurry, 50, saw his career take off in 1979.　　　　　　　　　　（*Time*, November 6, 2000）

13.1　That 補文の分類
13.1.1　叙　実　性

　that 補文をとる述語は，叙実性（factivity）に基づき，叙実的（factive）述語と非叙実的（non-factive）述語に分けられる（Kiparsky and Kiparsky 1971）．that 節で表される命題が真（true）であることを前提とし，その命題について何かを述べる述語を叙実的述語と呼び，そうでない述語を非叙実的述語と呼ぶ．

（1）　叙実的述語
　　　a.　主語位置に文をとるもの：significant, odd, tragic, relevant, matter, count
　　　b.　目的語位置に文をとるもの：regret, comprehend, deplore, forget, resent
（2）　非叙実的述語
　　　a.　主語位置に文をとるもの：likely, possible, true, seem, turn out
　　　b.　目的語位置に文をとるもの：suppose, assert, believe, main-

[121]

tain, conclude

具体例として，次の文を比較しよう．

(3) a. It is odd that it is raining.
    b. It is likely that it is raining.

(3a)では，話者は「雨が降っている」ことを前提とし，その命題について，それが「奇妙である」という主張をしている．それに対し，(3b)では，話者はそのような前提をしていない．

叙実的述語の補文の内容は前提とされているので，(4)のように主節を否定したり疑問化しても，補文の内容が否定や疑問の対象となることはない．

(4) a. It is not odd that it is raining.
    b. Is it odd that it is raining?

これに対し，非叙実的述語の補文の内容は否定や疑問の対象となりうる．

(5) a. It is not likely that it is raining.
    b. Is it likely that it is raining?

(5)では，補文の内容は前提とされておらず，話者は，補文の内容に関して，(5a)では否定的であり，(5b)では疑わしいと思っている．

叙実的述語と非叙実的述語とを区別する統語的根拠を見よう．第一に，the fact that 節を主語にできるのは，叙実的述語に限られる．

(6) a. The fact that the dog barked during the night {is significant / bothers me}.
    b. *The fact that the dog barked during the night {is likely / seems to me}.

第二に，叙実的述語は，主語付きの動名詞補文をとる．

(7) a. Everyone ignored Joan's being completely drunk.
    b. *I maintain your saying so.

第三に，非叙実的述語のみが例外的格標示補文 (⇨ 13.2) をとる．

(8) a. I believe Mary to have been the one who did it.
    b. I suppose there to have been a mistake somewhere.

(9) a. *I resent Mary to have been the one who did it.
    b. *He comprehends himself to be an expert in pottery.

第四に，叙実的述語のみが感嘆文を補部にとる．

(10) a. It's amazing what an attractive woman she is.
b. I found out what a rat she was.

(10)の補文は感嘆文である．感嘆文自体もその出来事を前提とするので，(10)のように，叙実的述語の補文に生ずることができる．一方，感嘆文は非叙実的述語の補部とはならない．

(11) a. *It's possible what a fool Bill is.
b. *It seems what a small salary he earns.

第五に，叙実的述語の補文内で，否定倒置を適用することはできない．

(12) *He was surprised that never in my life had I had to borrow money.

それに対して，非叙実的述語の補文では，否定倒置が許される場合がある．

(13) I exclaimed that never in my life had I seen such a crowd.

否定倒置が適用された文は，強い断定（assertion）を表すので，(12)のように前提とされている補文には適用できない．それに対して，(13)のような非叙実的述語の場合，その補文内容が断定されることもあるので，否定倒置が適用できる．

13.1.2 半叙実性

叙実述語には，叙実性と非叙実性の両方を併せ持つものがあり，真に叙実的な（true factive）述語と区別して，半叙実的述語（semi-factive predicate）と呼ばれる（Karttunen 1971）.

たとえば，(14)の述語は叙実性を持っている．

(14) John {realized / discovered} that he had not told the truth.

そのため，(14)を否定文にしても補文の内容は依然として真である．

(15) John didn't {realize / discover} that he had not told the truth.

しかし，(14)を条件のif節の中に入れると叙実性が消失する．

(16) If I {realize / discover} later that I have not told the truth, I will confess it to everyone.

(16)では，話者はthat節の内容を前提としていない．このように，半叙

実述語の叙実性は文脈によって変化する．半叙実述語には，find out, learn, discover, notice, realize などが含まれる．

次に (17) の文を見てみよう．

(17) Q: Is there a king of France?
A: #The king of France was sitting next to me.

Q は，フランス国王が存在するのかしないのかを問うているが，A は，定冠詞 the を用いることによって，その存在を前提として答えている．このように，質問に対する答えを前提として答えると会話が成立しない．このことを踏まえて (18) を見てみよう．

(18) Q: Did John leave?
A: #It's odd that he did.

odd は叙実的であるので，その補文が真であることを前提とする．したがって，(18) で，A は，Q に対する答えを前提としているため，会話が変則的になる．これに対して，半叙実的述語 (find out) では，(19) のように (did に強勢を置けば) 会話を成立させることができる．

(19) Q: Did John leave?
A: Well, I just found out that he DID.

この会話が成立するのは，半叙実述語の叙実性が消失し，補文が断定を表しているからである．

半叙実述語の補文は前提ではなく断定になりうるので，その補文内で否定倒置が生起可能である．

(20) I found out that never before had he had to borrow money.

また，次の文のように，半叙実述語は，挿入句にも用いられる．

(21) a. Santa has a lot of weight, I notice.
b. Many problems remain to be solved, I learned.

(21) では，半叙実述語の補文が断定を表すことができるため，主たる情報としていわば主節に昇格し，逆に半叙実述語が挿入句になっている．これに対し，真の叙実述語の補文はいかなる文脈でも前提であり断定とはなりえないので，叙実述語を挿入句として用いることはできない．

(22) *Santa has a lot of weight, I regret.

13.1.3 断 定 性

補文をとる述語は断定性（assertivity）の観点から分類することもできる．叙実述語は，補文の内容を前提としており，改めて断定することはないので，断定性を持たない．一方，非叙実述語は，補文の断定性の観点から，次のように分類することができる（Hooper 1975; Hooper and Thompson 1973）．

まず第一に，発言動詞（verb of saying）では，その補文は間接的発話を表しており，断定を表すことができる．その結果，断定を表す節に限定される操作を適用することができる．((13), (20)も参照.)

(23) a. Wendy said she opened the window and in flew Peter Pan.（方向を表す副詞の前置）
   b. Carol said that most embarrassing of all was falling off the stage.（be をめぐる前置）

第二に，思考動詞（verb of thinking）でも，その補文は断定を表している．

(24) a. I imagine that among the guests was the Shah of Iran.（be をめぐる前置）
   b. I expect that speaking at today's luncheon will be our congressman.（分詞前置）

第三に，(un)likely, (im)probable, (im)possible 等は，その補文内容が断定も前提もされておらず，蓋然性が述べられているにすぎない．したがって，これらの述語の補文内で断定を表す節に限られる操作を適用することはできない．

(25) a. *It's likely that seldom did he drive that car.（否定倒置）
   b. *It's probable that Wendy opened the window and in flew Peter Pan.（方向を表す副詞の前置）
   c. *It's unlikely that most embarrassing of all was falling off the stage.（分詞前置）

このように，述語を，補文の断定性という観点から分類すると，発言動詞や思考動詞は，補文を断定できるのに対し，補文の蓋然性を表す述語は，その補文を断定していないということがわかる．

13.2 ECM 構文と That 構文

ECM 構文とは，次のような構文である．

(26) a. John believed him to be sad.
　　 b. I expected her to be a liar.

これらの構文では，不定詞節の意味上の主語が，主節の直接目的語ではないにもかかわらず，対格（accusative Case）になっている点で例外的であり，例外的格標示（Exceptional Case Marking: ECM）構文と呼ばれる．この構文では，不定詞の主語が例外的に主節動詞により対格を与えられると考えられている．

ここで，ECM 構文 (27a) と that 構文 (27b) を比較しよう．

(27) a. I found Julius Caesar to be boring.
　　 b. I found (that) Julius Caesar was boring.

(27a) は，シーザーを直接見て，その直接経験に基づいて判断を下した場合にしか使われないのに対して，(27b) にはそのような制限はない（Postal 1974）．このことを述べ直すと，ECM 構文は，主語の主観的判断を表すのに対して，対応する that 構文は客観的記述を表すということができる（Steever 1977; Borkin 1974）．

(28) a. Mary thinks 7 to be {an unlucky number for her / *?a prime number}.
　　 b. I found Myrtle to be {in the pink of health / ??at the office}.

(28) で，「不運な数字」や「健康そのもの」というのは主観的判断であるので ECM 構文に適している．一方，「素数」や「会社にいる」というのは客観的記述であり，ECM 構文にはなじまない．

このような ECM 構文と that 構文の相違は，ECM 補文が CP 構造を含まない非定形（non-finite）IP 節であるのに対して，that 補文が CP 構造を含む定形（finite）節であることに由来すると思われる．

(29) a. I [$_{VP}$ found [$_{IP}$ Julius Caesar to be boring]].
　　 b. I [$_{VP}$ found [$_{CP}$ that [$_{IP}$ Julius Caesar was boring]]].

ECM 補文は，CP 構造を含まないので，主節動詞からの影響をより直接的に受ける．また，非定形節であるので自立した時制を含まず，主節の時

制解釈に依存して解釈されるなど，主節への依存性が高い．したがって，主節の主語の知覚経験の直接的対象となる度合いが高くなる．一方，that補文は，IP 構造の上に CP 構造を含むので，主節からの独立性が高く，主節の主語の主観性が希薄になる．

13.3 使役構文

英語の使役構文では，make, have, let, get などが用いられる．以下では，make と have を使った使役構文を考察しよう．

13.3.1 Make 構文と Have 構文の意味

次の文は，どちらも使役を表すことができる．
(30) a. Jeff made Katie eat her vegetables.
b. Jeff had Katie eat her vegetables.
しかし，この 2 つの構文にはいくつかの相違が存在する．
まず，have を含む (31) の文を見よう．
(31) John had half the students walk out of his lecture.
(31) には，John が使役主（causer）と解釈される (32a) と，経験者（experiencer）と解釈される (32b) の 2 通りの解釈が可能である．
(32) a. John は，半数の学生に講義室から出て行かせた．
b. John は，半数の学生に講義室から出て行かれた．
この 2 通りの解釈は次のように説明される（cf. Ritter and Rosen 1993）．この構文の have は，独立の出来事を表すのではなく，補文が表す出来事（(32) では「半数の学生が講義室から出て行く」）を中核的な出来事として，その出来事と因果関係を持つ状況を付け加える働きを持つ．そして，主節の主語((32) のジョン)は，その付加的状況の参与者として導入される．状況を付け加えるには，中核的出来事の前か後の 2 通りの可能性がある．中核的出来事に先立つ状況として付加されると，その出来事の原因と解釈されるので，主語は使役主と解釈される．一方，後続する状況として付加されると，中核的出来事が引き起こす結果の状況と解釈されるので，その状況の参与者である主語は結果を被る経験者と解釈される．

このように，have 使役では，文脈に応じて付加的状況が中核的出来事にどのような因果関係を持つのかが決定され，その結果，(32)のような2通りの解釈の可能性が生ずる．

これに対して，make は，補文が表す出来事とは別の出来事としての使役行為を表すので，make の主語は使役主としての解釈のみを持つ．たとえば(33)では，補文が表す出来事（Katie が野菜を食べること）と，make が表す使役行為の2つの出来事が存在する．

(33) Jeff made Katie eat her vegetables.

Jeff はどのような文脈でも使役主と解釈され，経験者の解釈はない．

このように，have 構文では複合的な1つの出来事が表され，make 使役構文では2つの出来事が表される (Ritter and Rosen 1993; Belvin 1993)．

13.3.2 Have 構文と Make 構文の統語構造

make 構文では2つの出来事が表現され，have 構文では1つの出来事が表現されるが，それに応じて，補文構造も異なっており，make 構文は IP 補文をとり，have 構文は VP 補文をとる (cf. Ritter and Rosen 1993)．

(34)　[$_{IP}$ John [$_{VP}$ made [$_{IP}$ Mary [$_{VP}$ leave]]]]
(35)　[$_{IP}$ John [$_{VP}$ had [$_{VP}$ Mary [$_{V'}$ leave]]]]

それぞれの補文構造が異なるので，次のような統語的相違が生ずる．まず第一に，進行 (progressive) 相の be や受動 (passive) 態の be の生起可能性が異なる．これらの be は助動詞であるので VP の外部に存在する．

(36)　[$_{IP}$ Subject I [be$_{PROG}$ [be$_{PASS}$ [$_{VP}$ V …]]]]

したがって，これらの動詞は make 補文には生ずるが have 構文には生じない．

(37) a.　John {makes / ??has} Bill be shelving books whenever the boss walks in.
　　b.　John {made / ??had} Bill be arrested.

第二に，否定の not の生起に相違が見られる．文否定の not は VP の外部に生成される NegP (negative phrase) の要素として導入される．

(38)　[$_{IP}$ Subject [$_{NegP}$ not [$_{VP}$ V …]]]

したがって，文否定の not は make 構文の補文にのみ生ずる．
　(39)　Bill made [IP Ralph [NegP not [VP marry Sheila]]].
一方，have 構文では，not は VP を否定する構成素否定の解釈しかない．
　(40)　Bill had [VP Ralph NOT [V' marry Sheila]].
(40) は VP 否定であり，not には必ず強勢が置かれる．
　第三に，虚辞（expletive）の it と there は，意味役割の付与されない IP の指定部には生じるが，VP の指定部のような意味役割が付与される位置には生じない．したがって，虚辞は make の補文には生じるが，have の補文には生じない．
　(41) a.　John made it seem likely that Bill had lied.
　　　b.　John made there be computers available for all the students.
　(42) a.　*John had it seem likely that Bill had lied.
　　　b.　*John had there be computers available for all the students.
　以上のように，have 構文の補文と make 構文の補文は統語構造が異なり，それに伴って異なる統語的ふるまいが見られる．

13.4　知覚動詞

　知覚動詞構文とは，知覚動詞を主要部とする次のような文である．
　(43) a.　We saw John playing the piano.
　　　b.　We saw the boy eat the ice cream.
このように，知覚動詞の補文は，-ing 形の場合と原形不定詞の場合がある．
　これらの補文の構造に関して，-ing 知覚構文は 2 通りの構造を持ち，一方，原形不定詞知覚構文は 1 通りの構造を持つとする分析がある（Akmajian 1977）．
　(44)　-ing 知覚構文：
　　　a.　[VP see [NP [NP John] [VP playing the piano]]]
　　　b.　[VP see [NP John] [VP playing the piano]]
　(45)　原形不定詞知覚構文：[VP see [NP John] [VP play the piano]]
-ing を含む知覚構文の場合，後続する名詞句（John）と述部の VP（playing the piano）が 1 つの構成素を形成する構造 (44a) と，後続する名詞句が知覚動詞の目的語となっていて，述部の VP と構成素を形成しない構造

(44b) の 2 通りの構造がある．一方，原形不定詞の知覚構文では，-ing 知覚構文の (44b) に対応する構造 (45) のみが存在する．-ing 知覚構文が 2 通りの構造を持つ根拠として，(46), (47) のような擬似分裂文の例をあげることができる．

(46) What we saw was [the moon rising over the mountain].

(47) What we saw rising over the mountain was [the moon].

擬似分裂文で焦点となる要素((46), (47) の [ ] の部分)は，構成素でなければならない(⇨ 10 章)．したがって，(46) は (44a) の構造を，(47) は (44b) の構造を支持している．一方，原形不定詞を含む知覚構文を見ると，(48) が非文であることから，see の補部要素が単一の構成素ではないことが裏づけられる(Akmajian 1977; Felser 1998)．

(48) *What we saw was [Raquel Welch take a bath].

▶基本文献◀

・Borkin (1974): ECM 構文，およびそれに関連する多くの構文の構造と意味を詳細に研究している．
・Riddle (1975): that 節と ECM 構文の意味の違いを論じている．
・Felser (1998): 知覚動詞を，相の句 (aspect phrase) を補文にとる一種のコントロール動詞とする分析を提案している．

第14章　コントロール現象

【実例】
(a) It was much too early for Ruth to have fallen asleep. Ted worried that he should wake her up and <u>try to convince her to eat something for supper</u>. But when he tiptoed into Ruth's room, the child was at work at her easel; she'd either woken up or she'd fooled Alice into thinking that she was asleep.　　　　　　　　　　(John Irving, *A Widow for One Year*)
(b) The two false confessions were from men who said they'd choked Rooie to death with their hands. One of them had <u>persuaded his wife to scratch his face and the backs of his hands</u>; the other had <u>convinced his girlfriend to kick him repeatedly in the shins</u>. In both cases, the men looked as if they'd been party to "a violent struggle."

(John Irving, op. cit.)

14.1　不定詞節の意味上の主語とコントロール

　不定詞節では表面的に主語が現れないことがあるが，その場合，主語の位置に音声化されない空の主語 PRO が存在すると考えることにより，不定詞節と時制節の構造を統一的に捉えることができる．

(1) a.　John promised [$_{CP}$ that [$_{IP}$ he would [$_{VP}$ leave]]].
　　 b.　John promised [$_{CP}$ [$_{IP}$ PRO to [$_{VP}$ leave]]].

　(1b)の不定詞節では，不定詞節の主語 PRO の指示内容を決定する必要がある．PRO が先行詞によって指示を決定される場合，PRO は先行詞にコントロール(制御)されるといい，その先行詞のことをコントローラー (controller) という．たとえば，(1b)では，コントローラーは John である．

[131]

14.2 コントロール動詞
14.2.1 主語コントロールと目的語コントロール

PRO を主語とする不定詞節を補部にとる動詞をコントロール動詞 (control verb) という．コントロール動詞の補文の主語 PRO のコントローラーとなるのは，主節の主語あるいは目的語である．

(2) a. John tried [PRO to leave].
　　b. John promised Bill [PRO to leave].
　　c. John persuaded Bill [PRO to leave].

(2a) では，コントローラーとなりうるのは主節の主語だけであるが，(2b) と (2c) においては，主節の主語と目的語がコントローラーになる可能性がある．しかし，実際には (2b) のコントローラーは主語の John であり，(2c) のコントローラーは目的語の Bill である．(2a) や (2b) のような主語によるコントロールを主語コントロール (subject control)，(2c) のような目的語によるコントロールを目的語コントロール (object control) と呼ぶ．コントロール動詞は，補部の形式(不定詞節に加えて目的語があるかないか)，およびコントローラーの選択(主語か目的語か)によって，次のように分類できる．

(3) 不定詞節を補部とし，主語がコントローラーになるもの：try, offer, attempt, condescend, forget, manage, remember, etc.
John tried [PRO to leave].

(4) [目的語＋不定詞節]を補部とし，目的語がコントローラーになるもの：ask, encourage, force, order, persuade, teach, tell, etc.
John persuaded Bill [PRO to leave].

(5) [(随意的)目的語＋不定詞節]を補部とし，主語がコントローラーになるもの：promise
John promised Mary [PRO to leave]. / John promised [PRO to leave].

(6) [(随意的)目的語＋不定詞節]を補部とし，目的語がある場合には目的語が，ない場合には主語がコントローラーになるもの：get, keep, etc.
John got him [PRO to leave]. / John got [PRO to leave].

（7） for-to 不定詞節を補部とするが，[for＋主語]の代わりに PRO が生じた場合には主語がコントローラーになるもの：expect, intend, hate, hope, like, prefer, want, etc.
I wanted [PRO / John to leave]. / I wanted very much [for John to leave].

（8） [(前置詞つき)目的語＋不定詞節]を補部とし，目的語がコントローラーになるもの：appeal (to NP), plead (with NP), shout (to NP), etc.
I shouted to John [PRO to leave]. / I shouted to John [for Bill to leave].

promise など少数の例外を除いて，PRO は，主節に目的語がある場合には目的語にコントロールされ，目的語がない場合には主語にコントロールされる．これは，「PRO をコントロールするのは，構造上 PRO より高い位置にあり，PRO に最も近い名詞句である」と一般化することができる．これを「最短距離の原理」(minimal distance principle) と呼ぶ．この原理により，(5) を除くすべての場合のコントローラーを決定できる．

14.2.2 Promise の特殊性

[目的語＋不定詞節]を補部とするコントロール動詞は，persuade など数多く存在するが，最短距離の原理に反して主節主語によって PRO がコントロールされるのは，promise の場合に限られる．(同一の指標はコントロールを表すものとする．)

（9）a. John persuaded Mary$_i$ [PRO$_i$ to help]. (目的語コントロール)
　　b. John$_i$ promised Mary [PRO$_i$ to leave]. (主語コントロール)

この一見例外的な promise の事例については，以下のように考えると，最短距離の原理に矛盾しない分析が可能である．

promise は，(10a) のように，行為の対象となる人に加えて，「約束」の内容を目的語として表すことができるので，与格 (dative) 構文の動詞と考えることができる．与格構文は，(10b) に見るように，二重目的語構文との交替が可能である．(10c) は，(10a) と同様，promise の不定詞節が与格構文の直接目的語として解釈できることを示唆している．このことか

ら，(10d) は，(10b) と同様の二重目的語構文と考えられる．

(10) a.　John promised a sports car to Mary.（与格構文）
　　 b.　John promised Mary a sports car.（二重目的語構文）
　　 c.　?John promised to leave to Mary.
　　 d.　John promised Mary to leave.　　　　　　(Larson 1991)

以上から，promise は概略「〈約束 (theme)〉を〈相手 (goal)〉に与える」という意味構造を持つと考えられる．

　ここで，目的語コントロール動詞である persuade の場合を見よう．

(11) a.　*John persuaded Mary a conclusion.
　　 b.　*John persuaded a conclusion to Mary.
　　 c.　John persuaded Mary to leave.
　　 d.　*John persuaded to leave to Mary.　　　　(ibid.)

persuade は，(11a, b) に示すように，「説得」の内容を名詞句で表して，二重目的語構文，あるいは与格構文に生じることはできない．また，(11d) に示すように，promise と異なり，不定詞節を与格構文の直接目的語とすることもできない．このことから，persuade 類の動詞は，promise とは異なり，「〈人〉に働きかけて〈結果行為〉に至らせる」という使役結果構文型の意味構造を持つと考えられる．この分析は，persuade 類では，不定詞節の結果行為を名詞句で置き換えると，前置詞付きの使役結果構文の形式になることからも支持される．

(12)　John persuaded Mary into leaving.

　動詞 ask や teach は，(13a, b) のように与格構文と二重目的語構文の交替を示す．これらが不定詞節をとる場合，(13c, d) と (13e, f) の対比が示すように，persuade タイプと同様，不定詞節は与格目的語に先行できない．

(13) a.　Max asked {Felix a question / a question to Felix}.
　　 b.　John taught {Oscar a song / a song to Oscar}.
　　 c.　Max asked Felix to leave.
　　 d.　John taught Oscar to sing.
　　 e.　*Max asked to leave of Felix.
　　 f.　*John taught to sing to Oscar.　　　　　　(Larson 1991)

ここで，動詞 promise が不定詞節と目的語の 2 つの補部をとる場合，(14) のような与格構文を基底構造とすると考えよう．この構造では，不定詞節が目的語 Mary よりも上位にあるので，PRO より上位にあり PRO と最短距離にあるのは，主節の主語である．したがって，最短距離の原理によって，主節の主語が PRO のコントローラーと決定される．

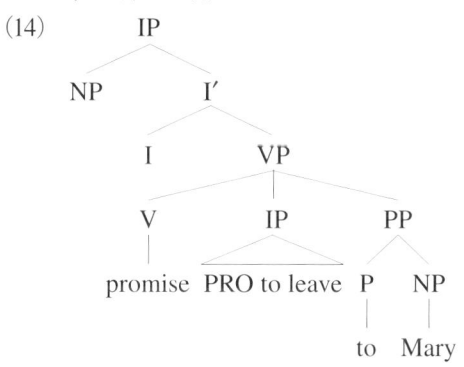

(14)
```
            IP
           /  \
         NP    I'
              /  \
             I    VP
                 /|\
                V IP  PP
                |  |   |\
         promise PRO to leave  P  NP
                              |   |
                              to Mary
```

以上のように，promise と persuade 類の補部構造を意味に基づいて区別すれば，一見例外的な promise の主語コントロール現象も，最短距離の原理によって説明することができる．

また，promise が [目的語＋不定詞節] を補部とする場合，(15) に示すように，受動化によって目的語を主語にすることはできない．これは，promise の目的語が，動詞の直接目的語ではなく，与格目的語の資格を持つためである（与格目的語は一般に受動化で主語にすることができない）．

(15) 　*Mary was promised (by John) [PRO to leave].
　　　　（cf. *Mary was given a book to.）

promise の用法に関しては，母語話者の間でも判断の幅があり，[目的語＋不定詞節] という形式の補部を認めない人も多い．また，目的語を伴う場合，John promised Mary that he would leave. のように，不定詞節ではなく that 節を補部とする形式が使われることもある．

14.3 義務的コントロールと随意的コントロール
14.3.1 義務的コントロール
前節で見たように,動詞の補部となる不定詞節では,PRO は原則としてすぐ上位の節の主語か目的語にコントロールされなければならない.このようなコントロール現象を義務的 (obligatory) コントロールという.

(16) a. *It was tried [PRO to leave].
　　b. *John$_i$ wants [Mary to try [PRO$_i$ to shave himself$_i$]].

(16a) では,文中にコントローラーが存在しないので非文法的である.(16b) では,再帰代名詞が男性形であるので,PRO は,すぐ上の節の Mary ではなく,John をコントローラーとするため,非文となっている.

また,主語として不定詞節が生じ,述語の目的語が存在する場合,PRO は目的語にコントロールされる.

(17) a. [PRO$_i$ to cook dinner for someone] would bother Bill$_i$.
　　b. [PRO$_i$ to cook dinner for someone] would be difficult for Bill$_i$.

このような義務的コントロール構文には,bother, disturb, frighten, help, make, surprise, difficult, appropriate, nice など,ある種の心理動詞や使役動詞,tough 述語が生じる.このような場合にも最短距離の原則が有効であるのかどうかの検討は,今後の課題である.

14.3.2 随意的コントロールと PRO の恣意的解釈
主語や外置された付加部,修飾部など,動詞の補部以外の位置に不定詞節が生じる場合や,動詞の補部であっても疑問不定詞節の場合には,必ずしも一義的に PRO の指示が決定されない.このような場合を非義務的 (nonobligatory) コントロールという.

(18) a. [PRO to leave] would be nice.
　　b. It is unclear [what PRO to do].
　　c. Bill believes that it is desirable [PRO to go to college].

(18a, b) における PRO は,文中に先行詞を持たず,文脈上の誰か,あるいは一般の人と解釈される.このような PRO の解釈を恣意的 (arbitrary) 解釈という.また,(18c) における PRO は,間に節を一つはさんで Bill

によってコントロールされているが，先行詞が PRO から遠く離れた位置にある場合を長距離（long distance）コントロールという．ここでは，Bill を先行詞として解釈することも，PRO を一般的な人と解釈することも可能である．これらの事例における PRO の先行詞の決定は，最短距離の原則のような純粋に構造に基づく解釈の仕組みではなく，語用論上の判断に依存していると思われる．

14.4 その他のコントロール現象
14.4.1 付加詞としての不定詞節

コントロール現象は，不定詞関係節（19a），理由や目的を表す不定詞節（19b–d）など，付加詞としての不定詞節においても観察される．

(19) a. I found a book [PRO to read]．（不定詞関係節）
 b. They brought John along [(in order) PRO to talk to him]．（理由節）
 c. I bought a book [PRO to read to the children]．（目的節）
 d. I bought you a book [PRO to read to the children]．（目的節）

(19a) と (19b, c) では主節主語，(19d) では間接目的語が，PRO のコントローラーとして解釈される．不定詞関係節や理由節では，通例，動作主（agent）項に当たる主節主語がコントローラーとなるが，目的節では，(19c) のように主節に着点（goal）項がない場合には主節主語が，(19d) のように着点項（you）がある場合には着点項が，コントローラーとなる．

これらの構文においては，(20) の例に見られるように，PRO の代わりに [for + 名詞句] によって明示的に不定詞節の主語を表すこともできる．

(20) a. I found a book [for you to read].
 b. They brought John along (in order) [for you to talk to him].
 c. I bought you a book [for your son to read to the children].

付加詞の不定詞節の PRO のコントローラーの決定は，動詞補部の場合と異なり，主節の行為主体を表す動作主項や行為の対象を表す着点項が，「理由」や「目的」などの語用論的要因に基づいて選択されると考えられる．

14.4.2　潜在項のコントローラー

次のような例では，表面的には現れていないが，主節述語の項構造（argument structure）に潜在的に含まれている項が，PRO のコントローラーであると分析される．

(21)　The boat was sank [PRO to collect the insurance].

この場合，ボートを沈める行為の動作主項が，動詞の受動化によって統語構造には明示されない．しかし意味的には潜在項（implicit argument）として存在し，それがコントローラーとして解釈される．

しかし，潜在的な動作主項をコントローラーとして認めるのであれば，(22a, b) でも，(21) と同様に適切な解釈が成り立つはずであるが，実際には不可能であることが問題となる．

(22) a.　*The ship was sunk [PRO to be promoted].
　　　　　(cf. John sank the ship to be promoted.)
　　　b.　*The ship was sunk (by John) [PRO to become a hero].

また，(23a) では，by 句で明示された主節の動作主項が PRO のコントローラーになりえないことは，意味上明らかであり（魚雷（torpedo）が主張の正しさを示す（prove the point）わけではない），むしろ，主節全体が表す内容がコントローラーとなっていると考えられる．同様に，(23b) においても，PRO のコントローラーは，主節が表す「本が翻訳される」という出来事と解釈するのが適切である．

(23) a.　The ship was sunk by a torpedo [PRO to prove the point].
　　　b.　The book was translated [(in order) PRO to make it available to a wider readership].

これらの例を統一的に扱うには，潜在的な動作主項による説明ではなく，文が表す出来事に対応するイベント（event）項による説明が必要となる．すなわち，主節の内容が PRO のコントローラーとなると考えられる．この分析によると，(21) でも，コントローラーは潜在的な動作主項ではなく，主節の内容である．また，(22) の非文法性は，主節をコントローラーとすると意味的に不適格になるからである．ただし，(24) のような自動詞文の出来事が PRO のコントローラーになれないことは，あらためて説

明する必要がある．

(24)　*The boat sank [PRO to collect the insurance].

　潜在項としてどのような種類のものを設定すべきか，また，随意的コントロール現象における PRO の恣意的解釈をすべて潜在項に基づいて説明できるのかどうかは，今後の課題である．

14.4.3　語用論的コントローラーの決定

　下記の (25) では，「母親が夜遅くまで起きている」という主語コントロールの解釈に加えて，「子どもに夜更かししてもいいと母親が約束した」という目的語コントロールを可能とする判断がある．同様の多義的解釈は，(25b) の ask の例でも見られる．

(25)　a.　The mother promised the children [PRO to stay up].
　　　b.　The pupil asked the teacher [PRO to leave early].

(Farkas 1988)

これらの例における主語コントロールと目的語コントロールの解釈では，動詞の意味が微妙に異なっている．(25a) の promise は，主語コントロールの解釈では，「〈子ども〉に「起きていてあげる」という〈約束〉を与える」という二重目的語構文的な意味であるのに対し，目的語コントロールの解釈では，「〈子ども〉への約束という働きかけによって「子どもの夜更かし」という〈結果行為〉に至らせる」という persuade 型の意味を持つ．つまり，後者の場合，promise が persuade 型の意味構造で使われていると考えられる．(25b) でも同様に，主語コントロールの場合，ask は「〈先生〉に「自分たちが早く帰れるかどうか」という〈質問〉を与える＝尋ねる」という二重目的語構文的に解釈できるのに対して，目的語コントロールの場合は，「〈先生〉に働きかけて「先生が早く帰る」という〈結果行為〉に至らせる＝要求・依頼する」という解釈である．つまり，どちらの例も，promise 型と persuade 型の解釈の多義性が存在する．

　補部の不定詞節が，(26) のように受動形で，その内容が「許可されること」を意味する場合，このような多義性が消失し，promise では目的語コントロールの解釈，ask では主語コントロールの解釈だけが許される．

(26) a. The mother promised the children [PRO to be allowed to leave].
　　 b. The pupil asked the teacher [PRO to be allowed to leave].

不定詞節の内容が「許可されること」であるので，PRO は被許可者として解釈されなければならないが，母親対子供，教師対生徒という人間関係においては，それぞれ，前者が許可者，後者が被許可者となるのが最も常識的な解釈である．そのような語用論的判断によって，構文間の多義性が解消され，より自然な解釈が優先されると考えられる．その結果(26a)は，働きかけて結果行為へ至らせるという persuade 型，(26b)は，質問を与える(尋ねる)という promise 型と考えることができる．

このように，promise や ask の補部における主語コントロールと目的語コントロールの多義性は，動詞の意味構造に基づく構文上の対比と，語用論的判断に基づいて説明することができる．

▶基本文献◀

- Jackendoff (1972): 動詞の主題役割に基づく語彙指定からコントローラー決定の問題を扱っている．
- Larson (1991): promise の補部を与格・二重目的語構文と分析し，最短距離の原理による説明が promise にも有効であることを論じている．
- Farkas (1988): 統語構造や主題役割によらず，コントローラーと不定詞補文の間に成立しうる意味関係から，コントロール現象を説明している．

第 15 章　動名詞と派生名詞

【実例】
(a) Susan had moved up from the junior high school when someone retired. Two years later she showed no regrets. Susan doing high school guidance had always seemed to me like Greta Garbo co-starring with Dean Jones. 　　　　　　　　　　（Robert B. Parker, *Ceremony*）
(b)　When one roommate had left to get married, Hester hadn't replaced her. My first anxiety about sharing an apartment with Hester was that Owen might disapprove. 　（John Irving, *Prayer for Owen Meany*）

15.1　動　名　詞
15.1.1　動名詞の分布
　動詞に接尾辞 -ing を加えた形式で，文の主語，動詞や前置詞の目的語の位置に現れるなど，名詞句的にふるまうものを動名詞（gerund）と呼ぶ．動名詞は主語を持ち，主語や目的語などを含む動名詞句全体を動名詞節（gerundive clause）と呼ぶこともある．上述のように，動名詞は，主語や，動詞や前置詞の目的語など，典型的に名詞句が生じる位置に用いられる．

（1）a.　「A mother not being understood by her child] is particularly sad.
　　　　　　（Barry Miles, *Paul McCartney: Many Years from Now*）
　　b.　I don't want [her thinking she's in love].
　　　　　　（John Irving, *The Hotel New Hampshire*）
　　c.　He never believed the part of [Pip and Estella being happy ever after]. 　　（John Irving, *The Cider House Rules*）

15.1.2　名詞的動名詞と動詞的動名詞

動名詞は，V-ing 形のあとに前置詞の介在なしに目的語をとるものを動詞的 (verbal) 動名詞と呼び，前置詞を必要とするものを名詞的 (nominal) 動名詞 (あるいは行為名詞形 (action nominal)) と呼んで区別する．さらに動詞的動名詞は，主語が所有格になるか対格になるかという点で，所有格 (possessive) 動名詞と対格 (accusative) 動名詞の2種類に分けられる．

（2）　名詞的動名詞：主語が所有格で，目的語は前置詞 of を伴って前置詞句として生じる．
I remember [his telling of the story].
（3）　所有格動名詞：主語が所有格で，V-ing 形は目的語を直接とる．
I remember [his telling the story].
（4）　対格動名詞：主語が対格で，V-ing 形は目的語を直接とる．
I remember [him telling the story].

これらの形式上の違いは，それぞれの動名詞の名詞らしさの度合いを反映している．すなわち，目的語を導く前置詞の有無と主語の格形態から判断すると，名詞的動名詞が最も名詞らしく，所有格動名詞，対格動名詞の順番で名詞らしさが弱くなり，逆に動詞的性質が強くなっている．動名詞の名詞らしさ・動詞らしさに程度の違いがあることは，次のような現象に見ることができる．

まず，名詞的動名詞では冠詞や形容詞による限定修飾が可能であるが，所有格動名詞や対格動名詞では許されない．

（5）a.　The shooting of rabbits is illegal.
　　b.　*The shooting rabbits is illegal.　　　　（Grimshaw 1990）
　　c.　John enjoyed a reading of *The Cider House Rules*.
　　　　(cf. John enjoyed reading *The Cider House Rules*.)
　　d.　John's constant monitoring *(of) the patient kept him busy for the weekend.
　　　　(cf. John's constantly monitoring the patient kept him busy for the weekend.)

次に，完了形や否定辞 not は，所有格動名詞や対格動名詞では可能であるが，名詞的動名詞では不可能である．所有格動名詞と対格動名詞を比較

すると，否定辞に関しては対格動名詞の方が容認度が高い．
- (6) a. *Her having driven of the car surprised me.
  - b. 　Her having driven the car surprised me.
- (7) a. *His not preparing of dinner is good for her health.
  - b. ?His not preparing dinner is good for her health.
  - c. 　Him not preparing dinner is good for her health.

(Ross 1973)

法助動詞が動名詞に生じることはないが，動詞的動名詞では意味的に法助動詞に相当する have to が生じることができる．
- (8) 　That would put an end to her having to listen to Hannah.

(John Irving, *A Widow for One Year*)

また，文の主語位置に生じる虚辞の there や形式主語・天候の it は，所有格形で生じることはないが，対格動名詞の主語として生じることは可能である．
- (9) a. *There's being no beer was a nightmare.
  - b. 　There being no beer was a nightmare.　　(Ross 1973)
- (10) a. *Its being possible that the Rams will sweep is staggering.
  - b. 　It being possible that the Rams will sweep is staggering.

(ibid.)

- (11) 　I look forward to {it / ?its} getting warmer in spring.

(Quirk *et al.* 1985)

しかし，次のような例を容認可能とする話者もあり，it の所有格形の使用については判断の幅がある．

- (12) 　I am disappointed by {its raining all day / its being certain that she'll quit}.　　(Abney 1987)

最後に，文副詞は，名詞的動名詞では許されず，所有格動名詞でも容認度は比較的低いのに対して，対格動名詞では問題なく可能である．

- (13) a. 　*John's fortunately knowing of the answer kept me from failing.
  - b. ?*John's fortunately knowing the answer kept me from failing.
  - c. 　John fortunately knowing the answer kept me from failing.

(ibid.)

15.1.3　動名詞節の内部構造

　上述の 3 種類の動名詞が示す名詞らしさ・動詞らしさの違いは，動名詞句内部の動詞を中心とした節構造の相違によって説明することができる．

　動名詞句はいずれも，名詞句と同様に主語や目的語として機能するので，屈折接尾辞 -ing を付加される要素が全体として「名詞化」されると考えよう．名詞的動名詞の場合，V-ing は目的語をとるとき前置詞を必要とするので，-ing は動詞と直接結びつき，語のレベルで V-ing 形の名詞化形を作ると考えられる（14a）．その結果，補部や修飾部が加えられた場合，名詞 V-ing を主要部とした名詞句として拡張される．所有格動名詞は，前置詞なしで目的語をとることができるので，動詞としての特徴を維持している．したがって，-ing は少なくとも動詞句（VP）に付加していると考えられる（14b）．一方，対格動名詞の場合，動詞句の上に完了・進行のアスペクト要素などの機能範疇が生起できるので，-ing は文（IP）に付加していると考えられる（14c）．

　この分析では，D は指定辞（specifier）の位置に所有格を付与する要素（'s）であり，最大投射である DP が，従来の名詞句に相当する．つまり，名詞を主要部とする NP は，さらに D の補部となって DP を形成することにより初めて「名詞句」として機能すると考える．すなわち，動名詞節が示す名詞(句)的な分布特性は，NP ではなく，むしろ DP の性質による．DP 構造を持つ名詞的動名詞と所有格動名詞に対して，（14c）の対格動名

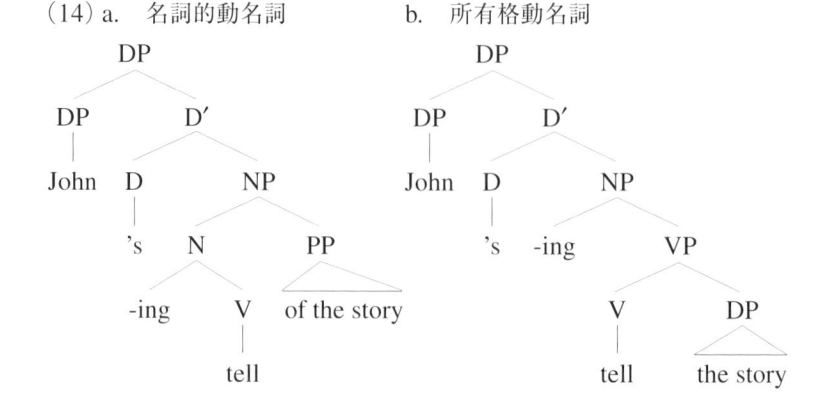

(14) a.　名詞的動名詞　　　　b.　所有格動名詞

```
         DP                            DP
        /  \                          /  \
      DP    D'                      DP    D'
      |    /  \                     |    /  \
     John  D   NP                  John  D   NP
          |   /  \                      |   /  \
          's  N   PP                    's -ing  VP
              |   |                             /  \
             -ing  of the story                V    DP
                   |                           |    |
                  tell                        tell the story
```

c. 対格動名詞

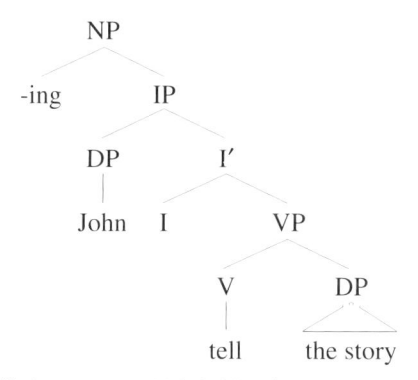

```
           NP
          /  \
       -ing   IP
             /  \
            DP   I'
            |   /  \
          John I    VP
                   /  \
                  V    DP
                  |    |
                tell  the story
```

詞の構造は，NP で最大投射が完結していて，DP 構造を持っていない．このため，対格動名詞節は他の動名詞と比較して，名詞句としての性質が弱くなると考えられる．

15.1.4 動名詞節の主語について

　名詞的動名詞と所有格動名詞の主語は，上記の分析ではどちらも DP の指定部に位置し，統語的には名詞を限定する修飾語とみなされるので，文の主語としての資格を持たない．したがって，(9)–(11) で見たように，虚辞の there や形式主語・天候の it などが生じることがない．一方，対格動名詞節における主語は，人称代名詞の場合は対格が明示されるが，その場合は厳密な対格標示というよりも，文の主語，あるいは動詞や前置詞の目的語以外の特殊な位置にある名詞が，英語では対格の形態をとるのが一般的であることによると考えることもできる (cf. It's me.)．なお，人称代名詞が対格で明示される動名詞節は，文の主語位置では比較的まれであり，この用法を文法的と認めるかどうかの個人差も大きいようである．これは規範的な学校文法の影響が考えられる．

(15)　{His / *Him} knowing about our relation meant that he had us in his power.　　　　　　　　　　　(Declerck 1991)

　また，動詞や前置詞の目的語位置では，主語は対格をとるのがより一般的で，特に非生物の名詞句の場合，所有格よりも対格が好まれる．

(16) a. I don't mind {you / your} going with me.
  b. Peter stopped the {vehicle / ?vehicle's} crashing into the fense.
 (Quirk *et al*. 1985)
  c. We were very upset at our {idea / *idea's} being unfairly criticized. (Abney 1987)

これは，表面的な語順で見ると，動名詞節の主語位置が典型的に動詞の目的語が生じる位置に重なることに起因すると考えられる．

いずれの動名詞節でも，主語が明示されない場合は，不定詞節と同様に音声化されない意味上の主語 PRO (⇨ 14 章) が存在する．

(17) a. I enjoy [PRO reading novels].
  b. [PRO reading novels] is enjoyable.

この場合，主語が明示されないので，他動詞の場合，介在する前置詞の有無によって名詞的動名詞と動詞的動名詞の区別ができるが，所有格動名詞と対格動名詞は区別できない．また，自動詞の場合，目的語がないので，前置詞の有無によって 3 種類の動名詞を区別することはできない．このような場合，15.1.2 で列挙したその他の名詞らしさ・動詞らしさを示す特徴に照らし合わせて判断される．

PRO の解釈に関して，動詞の補部となる動詞的動名詞と名詞的動名詞との間に次のような対比が見られる．

(18) a. I enjoy [PRO singing songs].
  b. I enjoy [PRO singing].
  c. I enjoy [the singing of songs].

直接目的語が生じ，動詞的動名詞であることが明白な (18a) では，PRO が主文の主語にコントロールされる解釈しか許されないが，動詞的動名詞と名詞的動名詞の可能性がある (18b) では，singing の主語は，主文の主語によるコントロールに加え，特定の先行詞を持たず一般の人を指す恣意的な解釈もある．さらに，明白な名詞的動名詞である (18c) では，恣意的解釈のみが可能であり，(18a, b) で可能なコントロール解釈は成立しにくいとされる．このような事実から，動詞的動名詞における PRO は，動詞の補部となる不定詞節と同様に，一般に「最短距離の原理」(⇨ 14 章) に従って主文の主語にコントロールされるのに対して，名詞的動名詞にお

いては，そのようなコントロール関係が成立せず，恣意的解釈がなされると考えられる．

15.1.5 動名詞の叙実性

動詞的動名詞節は意味的に「事実」を前提とする性質があり，(19a) のような叙実的 (factive) 述語 (⇨ 13 章) の主語や目的語となるが，「事実」を前提としない (19b) のような非叙実的 (non-factive) 述語とは共起しない．

(19) a. Everyone ignored Joan's being completely drunk.
b. *Everyone supposed Joan's being completely drunk.

不定詞節と動名詞節の両方をとりうる動詞 like, hate などに関しては，不定詞節をとる場合と動名詞節をとる場合で解釈が異なる場合がある．不定詞節の場合は，通例これから起こりうる特定の場合の出来事に対する態度，すなわち，「(今)～したい・したくない」というような選択的な意志を表現するのに対して，動名詞節の場合は，習慣的，あるいは一般的な出来事に対する感情，すなわち，「(習慣的・一般的に)～することが好き / 嫌い」という気持ちを表現することが多い．

(20) a. He likes her coming to see him.
b. He likes her to come to see him.
(21) a. I hate you playing the piano.
b. I hate you to play the piano.

(20) では，「彼女が会いに来てくれるという習慣的な事柄」(20a) と「今これから彼女が会いに来てくれること」(20b) が対比されており，(21) では，「一般的にあなたがピアノを弾くということ」(21a) と「あなたに今ここでピアノを弾いてもらうこと」(21b) が対比されている．ただし，現代英語では意味に応じたこのような使い分けの区別が薄れつつある．

15.2 派生名詞化形

15.2.1 名詞化と派生名詞化形

動詞や形容詞の範疇を名詞に変えることを名詞化 (nominalization) といい，そのようにして作られた名詞を名詞化形 (nominal) と呼ぶが，そ

の中でも特に，動詞や形容詞に -ion, -ment, -ness などの派生接尾辞（derivational affix）を加えて形成されるものを，派生名詞化形（derived nominal）と呼ぶ．

15.2.2　出来事名詞と結果名詞

　動詞が名詞化されて生じる派生名詞化形には 2 通りの解釈がある．1 つは，動詞の行為や出来事の時間的推移(全体の過程またはその一部)を表す解釈で，もう一方は，動詞の行為や出来事の結果として典型的に生じる具体的な物(あるいは状態)を表す解釈である．前者の解釈を持つ場合を出来事名詞（event nominal）（過程名詞（process nominal）ともいう），後者の解釈を持つ場合を結果名詞（result nominal）と呼ぶ．

(22) a.　The house's construction was finished in two months.
　　 b.　The construction was arduous and tedious.
　　 c.　The construction is standing on the next street.
　　　　　　　　　　　　　　　　　　　　　　　（Pustejovsky 1995）

(22a) は建築作業の始めから終わりまでの全行程として，(22b) は一定の時間の経過を含む作業の過程として出来事名詞の解釈を与えられるが，(22c) は，建築作業の結果として生じた建築物という結果名詞として解釈される．

　出来事名詞と結果名詞の一般的な区別として，出来事名詞は複数形になることはなく，無冠詞の単数形で使用することができるが，結果名詞は複数形が可能で，通例指示代名詞や定冠詞(または不定冠詞)を伴う．

(23) a.　the clipping of the grass　（出来事解釈）
　　 b.　the clippings　（結果解釈）
(24) a.　Examination of the students took ten hours.（出来事解釈）
　　 b.　That examination is twenty pages long.（結果解釈）
　　　　（cf. *Examination was ten pages long.）（Grimshaw 1990）

　出来事名詞は，意味上の主語や目的語などを伴って，主部・述部関係を含む節と並行的な解釈を持つことができる．

(25) a.　their observation of the patient for several weeks
　　 b.　They observed the patient for several weeks.

(26) a. the city's development of inexpensive housing
　　 b. The city developed inexpensive housing.

さらに，主語が所有格形，あるいは by 句で表される場合には，目的語も義務的に表示されなければならない．

(27) a. The enemy's destruction *(of the city) was awful to watch.
　　 b. the destruction *(of the city) by the enemy
　　　　　　　　　　　　　　　　　　　　　　　　(Grimshaw 1990)

また，目的節（purpose clause）（⇨ 17 章）と共起できるのは出来事名詞に限られる．出来事解釈が可能な (28a) では，目的節の意味上の主語 PRO は，派生名詞化形が表す出来事（event）によってコントロールされていると解釈できる．すなわち (28a) は，「その本が翻訳される」という出来事について述べているのに対し，(28b) では，translations が複数形になっていることからわかるように，「翻訳された本」という結果解釈のみが可能であり，その場合 PRO の適切なコントローラーが与えられず，目的節を正しく解釈することができない（⇨ 14 章）．

(28) a. the translation of the book [(in order) PRO to make it available to a wider readership]
　　 b. *the translations of the book [(in order) PRO to make it available to a wider readership]　　　　　　　(ibid.)

以上のような事実から，派生名詞化形が出来事名詞と解釈される場合には，派生名詞化形の意味構造に，目的節の PRO 主語をコントロールすることのできる event 項が表示されていると考えられる．

最後に，出来事名詞は，節に近い解釈を持つ点で，名詞的動名詞と似ているが，名詞的動名詞では一般に出来事解釈しかなく，結果として生じる物や状態という解釈は存在しない．

(29) a. *The destroying (of the city) was widespread.
　　 b. The destruction was widespread.
(30) a. *The constructing (of the house) has adequate stability.
　　 b. The construction has adequate stability.

▶基本文献◀
・Abney (1987): -ing の構造上の位置の違いに基づいて，各種の動名詞の違いを分析している．
・Ross (1973): 各種の動名詞節や不定詞節，時制節を，名詞性と動詞(節)性を両極とする連続階層の中に位置づけている．
・Chomsky (1970): 動詞と派生名詞化形を考察した基本文献の1つ．
・Grimshaw (1990): 派生名詞化形を含む名詞の結果解釈と出来事解釈の区別を意味構造に基づいて説明している．

第16章　叙述関係

【実例】
（a）　The trend began in 1994 when Princeton University's Andrew Wiles proved Fermat's Last Theorem, a cantankerous problem that had defeated the best mathematical minds for more than 350 years. Not since Archimedes <u>ran naked from his bathtub</u> shouting "Eureka!" has a mathematician received more publicity.　　　　　　（*Time*, January 17, 2000）
（b）　In the morning I was up early. I wanted to get started on time and impress my bosses. I went into the bathroom, took a shower, shaved, and headed back into the room. But it was not to be. The door had stuck in the closed position. <u>It was jammed solid.</u> The knob would not even turn.
（Bob Greene, *Cheeseburgers*）

16.1　叙述，小節，二次述語

　節では，動詞句が主語の状態や動作などを表すことによって，主語と動詞句との間に主部・述部の関係が成立している．この主部・述部の関係を叙述（predication）と呼ぶ．(1)の角括弧で示した従属節では，Mary を主部とし，'is intelligent' を述部とした叙述関係が成立している．

（1）　John believes [that Mary is intelligent].

(1)と比較してみると，(2)の角括弧で示した部分は，補文標識 that と be 動詞を欠いてはいるが，(1)の従属節と同様に，Mary を主部とし，intelligent を述部とする叙述関係が成立している．(2)の角括弧で示した語連鎖を小節（small clause: SC）と呼ぶ．

（2）　John believes [_SC_ Mary intelligent].

これらは，節を構成する要素間に見られる叙述関係であるが，節を構成しない要素間にも叙述関係が見られる場合がある．下の例でイタリック体で示した述語と同一指標を付与されている名詞句は，節を構成していないけれども，叙述関係が成立していると考えられる．これらの述語は二次述語（secondary predicate）と呼ばれ，(3a, b) では主語と二次述語の間に，(3c) では目的語と二次述語の間に，主部・述部の関係が成り立っている．

(3) a. John$_i$ ate the meat *nude*$_i$.
  b. Not since Archimedes$_i$ ran *naked*$_i$ from his bathtub shouting "Eureka!" has a mathematician received more publicity.
  c. John ate the meat$_i$ *raw*$_i$.

次の例 (4) は結果構文（resultative construction）と呼ばれ，目的語と述語の間に主部・述部の関係が成り立っている．

(4) a. We hammered the metal$_i$ *flat*$_i$.
  b. John laughed himself$_i$ *sick*$_i$.
  c. And then one of the letters stopped me$_i$ *cold*$_i$.
  　　　　　　　　　　　　　　　　(Bob Greene, *Cheeseburgers*)

この例は (3c) と似ているが，(3c) ではその時の肉の状態が述語で表されているのに対して，(4) の構文では動詞によって示される行為の結果としての状態が述語によって示されている点で異なっている (⇨ 16.4)．

16.2　小節の構造

まず，小節の構造を検討しよう．小節を成す語連鎖の構造については，(5a) のように，構成素を形成していないとする分析（Williams 1980, 1983）と，(5b) のように，1つの構成素（SC）を形成しているとする分析とが提案されている．

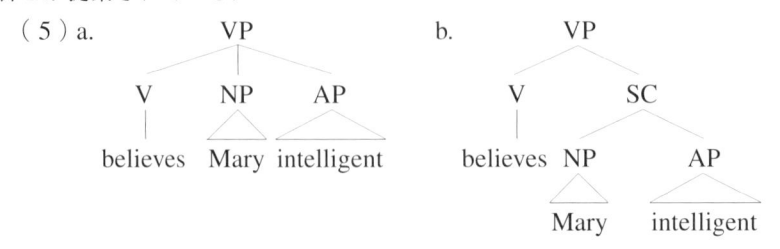

(5) a.
```
        VP
      / |  \
     V  NP  AP
     |  /\  /\
  believes Mary intelligent
```
b.
```
        VP
       /  \
      V    SC
      |   /  \
  believes NP  AP
           |   |
          Mary intelligent
```

以下に見る例は，小節が構成素を形成していることを支持していると考えられる例である．まず，小節は，主語の位置に生じることが可能である．
 (6) ［Workers angry about the pay］is just the sort of situation that the ad campaign was designed to avoid.　　（Safir 1983）
この例では，be 動詞が単数形の一致（is）を示していることから，主語は workers を主要部とする名詞句ではなく，小節全体であると考えられる．
　また，小節は，with 絶対構文（*with* absolute construction）において，前置詞 with または without の補部として生ずることができる．
 (7) If we completed a section early, we were to sit quietly at our desks with ［the test booklets closed］.
（Bob Greene, *Cheeseburgers*）
 (8) They had passed without ［a single word spoken］.
（Sakakibara 1982）
さらに，小節は，構成素のみが可能とされる等位接続が可能である．
 (9) a. I consider ［this man an idiot］ and ［that man a genius］.
（Aarts 1992）
　　 b. ...a nude, bedraggled youth from the American heartland, with ［terror in his eyes］ and ［blood running down to his chin］, trapped like a hamster.
（Bob Greene, *Cheeseburgers*）
これらの事実から小節は１つの構成素を成していると考えられる．したがって，(5a) よりも (5b) の方が適切な構造であると言える．
　小節が (5b) のように構成素を成すとすると，(5b) で示した SC の内部構造がどのようであるかが問題となる．この点に関して，小節の構造が，(10a) のように述語の最大投射であるとする分析（Stowell 1981, 1983）と，(10b) のように，INFL のような機能範疇が主要部であり，節と同様の構造を持つとする分析（Hornstein and Lightfoot 1987）とがある．ここでは，(10b) のように，小節は空の機能範疇 INFL（= ϕ）を主要部とする節であると仮定する．

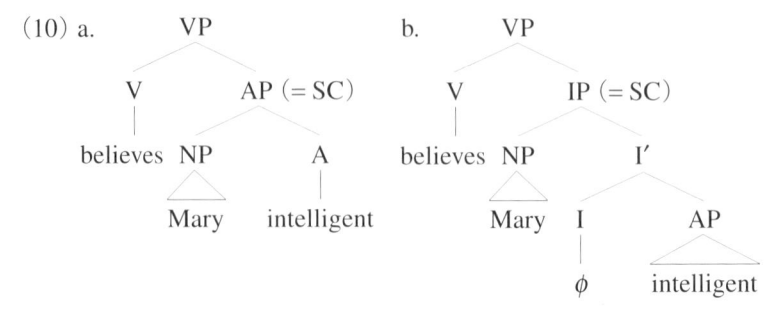

(10) a.
```
        VP
       /  \
      V    AP (= SC)
      |   /    \
  believes NP   A
         |     |
        Mary  intelligent
```
b.
```
        VP
       /  \
      V    IP (= SC)
      |   /    \
  believes NP   I′
         |    /  \
        Mary I    AP
             |    |
             φ  intelligent
```

そこで，小節が (10b) の構造を持つ，すなわち，節の構造を持つことを支持する事実をいくつか見よう．第一に，小節の中に，perhaps, probably などの文副詞 (⇨ 22 章) が生起可能である．これらは文修飾要素であるので，これらの要素によって修飾される部分は節であると考えられる．

(11) a. I thought [it perhaps a pity] at the time, but his motivation was pessimism (unnecessary in his case) about academic job prospects.
  b. I must admit that I have found [these summer international schools probably the most rewarding part of my work].
  (Aarts 1992)

(12) With [Mexico City (currently / probably) the largest city in the world], I'm surprised you don't have a branch office there.
  (McCawley 1983)

第二に，小節の主語の位置には，節の主語の位置にしか生じない天候の it が生じることが可能である（ただし，虚辞の there は不可）．

(13) a. I consider [it a beautiful day].
  b. I find [it rather hot].
    cf. *I consider there a problem. (Aarts 1992)

第三に，再帰代名詞の束縛に関しても，小節は節と同様にふるまい，再帰代名詞は小節の中で束縛されていなければならない．

(14) a. John thinks that Mary is proud of herself.
  b. *John thinks that Mary is proud of himself.
(15) a. John considers [Mary proud of herself].
  b. *John considers [Mary proud of himself].

(16) a. With [Mary proud of herself], Joe left.
　　 b. *With [Mary proud of himself], Joe left.
　　　　　　　　　　　　　　　(Riemsdijk and Williams 1986)

第四に，小節をその述語の最大投射とする分析（10a）には，次のような問題がある．

　(17)　John considers [$_\alpha$ Bill [$_\beta$ Bob's friend]].

(17)においては，小節の述部に属格を伴う名詞句が生じていることから，述語名詞 friend の最大投射は，小節全体（= α）ではなく，小節内部の述部（= β）であると考えられる．したがって，小節の述語が名詞の場合に限って特別な分析を必要とするので，小節の構造を統一的に扱うとすれば，小節全体をその述語の最大投射とする分析では，名詞句を述語とする場合を例外として扱わなければならない．

　なお，小節の主語の対格は，小節の構造を(10b)のように考えると，(18)の例外的格標示構文（⇨ 13 章）と同様の方法で付与されることを示唆している．

　(18)　I believe [her / *she to be intelligent].

つまり，小節の主語に対格代名詞が生ずるのは，その主語が主節動詞によって対格を付与されるためである．

16.3　二 次 述 語

　叙述関係は，主要（primary）叙述と二次（secondary）叙述とに分けられる．主要叙述においては，主部と述部は，節または小節を形成している．一方，二次叙述では，(19)（=(3a, b)）の例のように，述語は，主語や目的語など他の述語の項である要素を主部とする叙述関係を持ち，それらが節を構成していることはない．

　(19) a.　John$_i$ ate the meat *nude*$_i$.
　　　 b.　John ate the meat$_i$ *raw*$_i$.

これらの二次叙述の述語を二次述語と呼ぶ．これらの二次述語は，その叙述の対象がどのような状態であるかを記述しているので，記述の述語（depictive predicate）と呼ばれることもある．

記述の述語は，主語，目的語のいずれと叙述関係を持つかによって，(19a) の主語指向のものと，(19b) の目的語指向のものとに分けられ，これらは互いに異なる性質を示す．第一に，文頭に生ずることのできるのは主語指向の述語に限られる．

(20) a. Exhausted$_i$, John$_i$ left the room.
　　 b. *Raw$_i$, John ate the meat$_i$.

第二に，主語指向の記述述語と目的語指向の記述述語が共起する場合，目的語指向の述語が主語指向の述語に先行しなければならない．

(21) a. 　John$_i$ ate the salad$_j$ undressed$_j$ naked$_i$.
　　 b. *John$_i$ ate the salad$_j$ naked$_i$ undressed$_j$. 　　(Rothstein 1983)

第三に，(22) に示すように，主語指向の記述の述語は，主語からの外置を受けた要素には先行できるが，目的語からの外置を受けた要素には先行できない．これに対して目的語指向の記述の述語は，(23) に示すように，いずれの外置要素にも先行することができる．

(22) a. 　[Many people t]$_i$ came in angry$_i$ [who were wearing funny hats].
　　 b. 　*John$_i$ left [the party t] angry$_i$ [which Mary had prepared since the last weekend].

(23) a. 　[Many people t] drink milk$_i$ fresh$_i$ [who were wearing funny hats].
　　 b. 　John ate [the fish t]$_i$ raw$_i$ [which he bought at the Leagal Sea Foods]. 　　　　　　　　　　　　(Nakajima 1989)

主語指向の述語と目的語指向の述語のこのような相違を説明するために，これらの述語の統語特性を考えてみよう．まず，これらの述語は (26) のような位置に生じると仮定しよう．(26) において，主語指向の述語 Subj-pred は IP に付加され，目的語指向の述語 obj-pred は VP に直接支配される位置に生じている．そして，叙述関係には次の条件が適用されるものとしよう (cf. Rothstein 1983)．

(24)　述部は同一の主要部の最小領域にある名詞句を主部とする．

(25)　最小領域 (minimal domain)
　　　主要部 H の最小領域とは，H の補部，指定部，付加詞である．

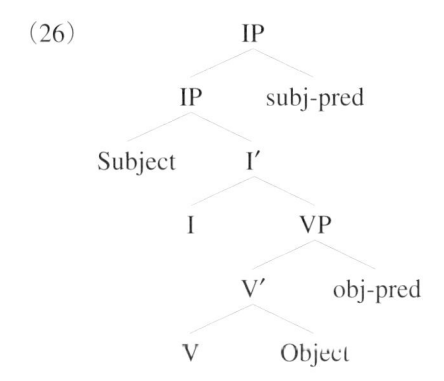

(26)
```
            IP
           /  \
         IP   subj-pred
        /  \
   Subject  I'
           /  \
          I   VP
             /  \
            V'  obj-pred
           /  \
          V   Object
```

条件(24)を(26)の構造に当てはめてみよう．主語は IP の主要部 I の指定部であり，subj-pred は I の付加詞(修飾語句)である．したがって，主語と subj-pred は同一の主要部 I の最小領域に含まれるので叙述関係が成立する．同様に，目的語は V の補部，obj-pred は V の付加詞であるので，ともに V の最小領域に含まれる．したがって，目的語と obj-pred の間に叙述関係が成り立つ．主語と obj-pred の場合，および目的語と subj-pred の場合は，同一の主要部の最小領域に含まれないので，これらの間に叙述関係は成立しない．

このことを前提として，主語指向の述語と目的語指向の述語の相違の問題に戻ろう．第　の相違点は，(20)で見たように，主語指向の述語は文頭に生じうるが，目的語指向の述語は不可能であるということであった．

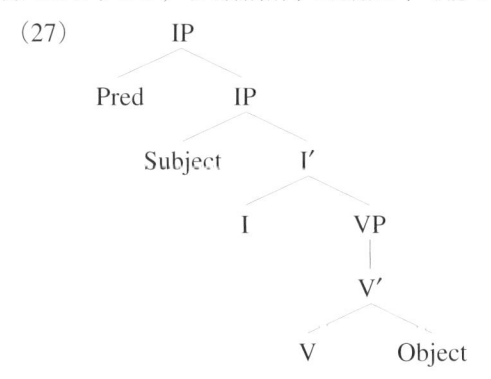

(27)
```
            IP
           /  \
         Pred  IP
              /  \
         Subject  I'
                 /  \
                I   VP
                    |
                    V'
                   /  \
                  V   Object
```

文頭に述語が生じたときの構造は (27) のようになる．この構造で，Pred と主語は I の最小領域に含まれ，目的語は V の最小領域に含まれる．したがって，文頭の位置の述語と叙述関係を持てるのは主語だけであることが説明される．

第二に，(21) で示したように，目的語指向の述語が主語指向の述語に先行しなければならない．これは (26) で示したように主語指向の述語が目的語指向の述語より高い位置にあるためである．

第三の相違は，(22)–(23) に見られる名詞句からの外置に関わる事実であった．主語から外置された(文末に移動された)関係節は IP に付加され，目的語から外置された関係節は VP に付加されると考えよう．この仮定を前提として (22)–(23) の構造を見てみよう．

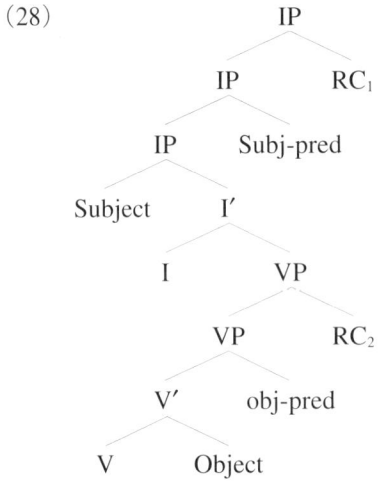

(28)
```
              IP
           /      \
          IP       RC₁
         /  \
        IP   Subj-pred
       /  \
   Subject  I'
           /  \
          I    VP
              /  \
             VP   RC₂
            /  \
           V'   obj-pred
          /  \
         V   Object
```

主語から外置された関係節が RC_1 であり，目的語から外置された関係節が RC_2 である．RC_1 は常に主語指向および目的語指向の述語の後に生じることになるので，(22a), (23a) ともに文法的である．これに対して，目的語から外置された関係節が，主語指向の述語の後に移動すると，VP の外に移動していることになり，上記の制限に反する．したがって，目的語から外置された関係節は主語指向の述語の後に生じることはできない．

さらに，次の例を見よう．

(29) a. John loaded the hay$_i$ into wagon *green*$_i$.
　　b. *John loaded the wagon [with hay$_i$] *green*$_i$.

（Williams 1980）

(30) a. Mary pounded the metal$_i$ *flat*$_i$.
　　b. *Mary pounded [on the metal$_i$] *flat*$_i$.

(29b)，(30b)の動詞句内部の構造は，(31)である．

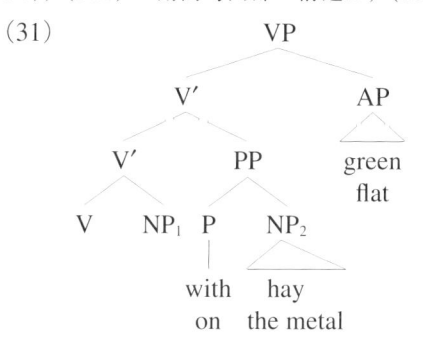

(31)
```
              VP
           /      \
         V'        AP
       /    \      |
      V'    PP   green
     /  \   / \   flat
    V  NP₁ P  NP₂
           |   |
         with  hay
          on   the metal
```

この構造で，前置詞の補部名詞句 NP$_2$ は P の最小領域に含まれ，二次述語 AP は V の最小領域に含まれる．NP$_2$ と AP は同一主要部の最小領域にないので，叙述関係が許されない．一方，動詞の目的語 NP$_1$ と AP はともに V の最小領域に含まれるので，叙述関係が許される．このように，条件 (25) により，これらの例の容認可能性の相違が説明される．

16.4　結 果 構 文

　結果構文とは，ある動作がある対象に加えられた結果，ある結果状態が生じるという意味を表す構文である．

(32) a. We hammered the metal flat.
　　b. John laughed himself sick.

(32a)では，ハンマーで金属をたたいた結果，それが平らになったことを，(32b)は，ジョンが笑いすぎて，その結果気分が悪くなったことを意味している．結果構文と目的語指向の記述の述語は，一見似ているけれども，記述の述語はその対象のその時の状態を記述しているのであって，ある行為の結果を示しているのではない．したがって，(33b)は「金属を熱いま

までハンマーでたたいた」という意味である．

(33) a. We hammered the metal flat.（結果の述語）
　　 b. We hammered the metal hot.（記述の述語）

さらに，結果の述語と記述の述語が共起する場合，結果の述語が記述の述語に先行しなければならない．

(34) a. We hammered the metal flat hot.
　　 b. *We hammered the metal hot flat.

さらに，結果の述語は，(36) の場合と同様に，wh 移動の適用が可能であるのに対して，記述の述語では，wh 移動は不可能である．

(35) a. [How flat] did John hammer the metal t?
　　 b. [How intelligent] do you consider John t?
(36) a. *[How raw] did Bill eat the meat t?
　　 b. *[How angry] did John leave t?　　　　（Chomsky 1986a）

このような相違点を説明するために，結果の述語は，次に示すように，叙述関係を結ぶ主部とともに小節を形成していると仮定しよう．

(37)　[$_{VP}$ hammer [$_{SC}$ [$_{NP}$ the metal] [$_{AP}$ flat]]]

このように考えると，目的語指向の述語は VP に直接支配される位置に生じ，結果の述語は小節内に生じるので，結果の述語が必ず記述の述語に先行することが説明される．wh 移動の可否については今のところ満足のいく説明が得られていない．

▶基本文献◀

・Rothstein (1983): 二次述語について，記述の述語と結果の述語の区別を示し，叙述の認可条件を提案している．
・Stowell (1983): すべての主要統語範疇が構造的に主語の位置を持ち，小節が構成素を成すとの議論を展開している．
・Williams (1980): 叙述の概念を提示し，叙述理論を提案している．

第 17 章　Tough 構文と目的節

【実例】
(a)　The big names in the Indian business world — Tata, Godrej, Modi — are hard to avoid because they're stamped on products the companies make: trucks, soap, copying machines.　　（*Time*, February 7, 2000）
(b)　After finishing my education, I taught for four years in the United States during the 1960s. Whenever I went on a trip, I only had highway maps to discuss my travels with. The intimacy I felt towards them was no different from what I felt towards a friend.
　　　　　　　　　　　　　（*Reader's Digest*, September 2000）
(c)　The ambulance men drove him away. His friend was too distressed to be allowed into the ambulance. A policewoman drove him to hospital in her car instead.　　（*Reader's Digest*, March 2000）

17.1　Tough 構文

次の文を比較しよう．

（1）a.　John is easy to please ＿．　　　　（Chomsky 1977: 103）
　　b.　It is easy to please John.
（2）a.　John is easy to convince Bill to do business with ＿．（ibid.）
　　b.　It is easy to convince Bill to do business with John.

各例の (a) と (b) はほぼ同義であり，(a) の主語は不定詞節内の空所（空所位置を ＿ で表す）に意味上対応している．（1a）では不定詞節が 1 つだが，（2a）では不定詞節が 2 つ存在する．（1a）や（2a）のような構文は tough 構文と呼ばれ，この構文に生じる形容詞には，easy の他に，comfortable, difficult, impossible, nice, tough 等々の「難易，快・不快」を表す形容詞がある．

tough 構文の基本的特徴は次のようなものである．

（3）a. 不定詞節内には，義務的に空所が存在する．
   b. 主語は，（意味上）不定詞節内の空所に対応する．

まず，(3a)の特徴から見てみよう．これは次の例文により示される．

（4）a. Harry is hard to handle ___ skillfully.
                                                (Stuurman 1990: 124)
   b. * Harry is hard to handle the horse skillfully.   (ibid.)
   c. * Bob is hard to arrive.   (Stuurman 1990: 128)

(4a)では，handle の目的語が空所であり，主語の Harry がこの目的語に意味上対応している．一方，非文法的な(4b)では，handle の目的語がそのまま the horse として生じている．また，(4c)の非文では，不定詞節内の動詞が目的語をとらない自動詞 arrive である．これを説明するために，Postal (1971) は，不定詞節内の動詞の目的語を主節の主語位置に移動させる分析を提案している．

（5） ___ is hard to handle Harry skillfully.

しかしながら，このような分析では，移動する名詞句 Harry が，補文動詞 handle と主節の屈折要素 (INFL: I) によって二重に格を付与されることになり，格フィルターに違反してしまう(⇨6章)．さらに，(5)の NP 移動分析によると，次の文を正しく派生できない．

（6） John is easy to convince Bill to arrange for Mary to meet ___.
                                                (Chomsky 1977: 103)

この文では，John が不定詞節内の動詞 meet の目的語に対応している．(5)の分析によると，通例は許されない長距離の NP 移動を認めることになるので，(3b)の特徴を NP 移動によって分析するのは問題がある．

一方，(6)のような長距離移動が可能である移動に wh 移動がある．そこで，(6)のような文には wh 移動が適用されていると考えてみよう．

（7） John is easy [who$_1$ [to convince Bill to arrange for Mary to meet t_1]].

しかし，tough 構文に wh 語が生じることはないので，(7) で移動しているのは wh 語ではなく，wh 語に対応する空の演算子 (null operator: Op) であると仮定しよう．その結果，(6) の構造は (7) ではなく，(8) となる．

(8) John is easy [Op$_1$ [to convince Bill to arrange for Mary to meet t_1]].

(8) の構造では，叙述規則 (rule of predication) により John と Op に同一指標が付与され，主節主語が不定詞節内の動詞の目的語に意味上対応することが捉えられる．このように，(3b) の特徴は，Op が長距離移動できることの帰結として説明できる．

Op 移動分析を支持する証拠として，以下のような現象がある．

(9) a. The book is hard [Op$_1$ to buy t_1 [without reading e_1]].
(Chomsky 1982: 56)
  b. Which report$_1$ did you file t_1 [without reading e_1]]?
  c. *The report$_1$ was filed t_1 [without reading e_1].
(Lasnik and Uriagereka 1988: 72–73)
(10) a. This drawer was hard [Op$_1$ to keep the files in t_1].
(Baker 1989: 225)
  b. Which folder$_1$ does Maigret keep the letter in t_1?
(Haegeman 1991: 341)
  c. *This drawer$_1$ was kept the files in t_1. (Baker 1989: 225)
(11) a. John was tough [Op$_1$ to give criticism to t_1].
  b. *John was tough [Op$_1$ to give t_1 criticism].
(Lasnik and Fiengo 1974: 549)
  c. Who$_1$ did you give the book to t_1?
  d. *Who$_1$ did you give t_1 the book? (Cinque 1990: 100)
  e. *Gerald$_1$ was given the bomb to t_1 by Mary.
  f. Gerald$_1$ was given t_1 the bomb by Mary.
(Culicover 1976: 164–165)

まず，(9) から見よう．(9b) の wh 移動文では，which report の移動の痕跡 t に寄生して，付加詞の without 句内部に空所 e が生じている．このような空所は寄生空所 (parasitic gap) と呼ばれるが (⇒ 7 章)，寄生空所は wh 移動を伴う場合に見られる現象である．同様の現象が tough 構文

(9a) にも見られることは，この構文にwh移動と共通性を持つOp移動が適用されていることを示している．一方，(9c) が示すように，NP移動を含む受動文に寄生空所は生じないので，tough構文にNP移動が適用されるとする分析は成り立たない．

次に，(10a) のtough構文では，主節主語であるthis drawerが，不定詞節内の前置詞inの目的語に対応している．同じ現象が(10b) のwh移動構文にも見られる．これに対し，(10c) が示すように，前置詞inの目的語位置からthis drawerは主語位置にNP移動できない．

最後に，(11a, b) の対比が示すように，tough構文の主語Johnは，不定詞節内の与格構文の前置詞toの目的語に対応できるが，二重目的語構文の間接目的語には対応できない．同様の対比が(11c, d) のwh移動文でも見られる．一方，(11e, f) が示すように，二重目的語構文の間接目的語Geraldは，NP移動により受動文の主語位置に移動できるが，与格構文の前置詞toの目的語Geraldは移動できない．これらのことから，tough構文には，NP移動ではなくOp移動が関わっていると言える．

このように，tough構文はwh移動構文と多くの共通性があり，この共通性はOp移動の帰結として説明できる．しかしながら，tough構文とwh移動構文には，いくつかの重要な相違点もある．第一に，不定詞節の主語が語彙主語である場合，tough構文は許されない．

(12) a. *The hard work$_1$ is pleasant for the rich [for poor immigrants to do t_1].
   b. The hard work$_1$ is pleasant for the rich [to do t_1].

(Chomsky 1973: 240)

(12a) では，不定詞節の主語for poor immigrantsが存在し，非文となっている．一方，不定詞節の主語が語彙的ではない(12b) は文法的である．これに対して，wh移動構文では，不定詞節の主語が語彙的であるかいなかを問わず，不定詞節内の動詞の目的語をwh移動できる．

(13) a. What kind of work$_1$ is it pleasant fo the rich [for poor immigrants to do t_1]?
   b. What kind of work$_1$ is it pleasant fo the rich [to do t_1]?

第二に，tough 構文では，名詞句内の要素を主節主語に対応させることはできない．

(14) a. *John₁ is fun to see [pictures of t_1]. (Chomsky 1973: 263)
b. [Pictures of John]₁ are fun to see t_1. (ibid.)

(14a) では，目的語の一部である John を主節主語としているために非文である．一方，(14b) では，不定詞節内の動詞 see の目的語が，主語の pictures of John 全体に対応しているので文法的である．これに対して，wh 移動構文では，目的語全体でも，その一部でも，wh 移動が可能である．

(15) a. Who₁ did you see [pictures of t_1]?
b. Which pictures of John₁ did you see t_1?

第三に，tough 構文では，時制節の目的語を主節主語にできない．

(16) ?*These flowers₁ would be easy for you to say [that you had found t_1]. (Ross 1967: 228)

これに対して，wh 移動構文では，不定詞節内の時制節の動詞の目的語を移動することができる．

(17) What flowers₁ would it be easy for you to say [that you had found t_1]?

このように，wh 移動構文には見られない tough 構文に特有な現象がいくつか存在するが，これらの点は残された問題点である．

17.2 関連構文

17.2.1 Too / Enough 構文

(18) a. The mattress is too thin to sleep on ___.
b. The football is soft enough to kick ___.

これらの文では，tough 構文と同様，述語形容詞の後に続く不定詞節内に空所が存在する．しかし，tough 構文とは異なり，(18) の不定詞節は，形容詞ではなく，too / enough に依存している．このことは，too / enough が存在しない場合，不定詞節が生起できないことから明らかである．

(19) a. *The mattress is thin to sleep on ___.
b. *The football is soft to kick ___.
(Lasnik and Fiengo 1974: 536)

too / enough 構文は，tough 構文とよく似た性質を示す．第一に，不定詞節内の動詞を受動態にし，その意味上の主語である前置詞 by の目的語を主節の主語に対応させることはできない．

(20) a. *Socrates is dull enough (for me) to be bored by __.
　　 b. *The policemen are too stupid (for the demonstrators) to be captured by __.　　(Lasnik and Fiengo 1974: 538)
(21) 　*John is easy (for Bill) to be outsmarted by __.
　　　　　　　　　　　　　　　　(Lasnik and Fiengo 1974: 549)

第二に，虚辞の there を不定詞節の主語にできない．

(22) a. *George is too obscure for there to be a book about __.
　　 b. *This species is common enough for there to be knowledge of __.　　(Lasnik and Fiengo 1974: 538)
(23) 　*North Vietnam is easy for there to be bombing raids over __.
　　　　　　　　　　　　　　　　(Lasnik and Fiengo 1974: 549)

第三に，不定詞節内の動詞が与格構文の場合，前置詞の目的語は主節の主語に対応できる．

(24) a. 　My adviser is too meticulous to give this thesis to __.
　　 b. 　John is dumb enough to sell the Brooklyn Bridge to __.
　　　　　　　　　　　　　　　　(Lasnik and Fiengo 1974: 550)
(25) 　John was tough to give criticism to __. (= 11a)

一方，不定詞節内の動詞が二重目的語構文の場合，間接目的語は主節の主語に対応できない．

(26) a. *My adviser is too meticulous to give __ this thesis. (ibid.)
　　 b. *John is dumb enough to sell __ the Brooklyn Bridge.
(27) 　*John was tough to give __ criticism. (= 11b)

最後に，不定詞節内に多重に埋め込まれた従属節の動詞の目的語は主節の主語に対応できる．

(28) a. 　Jane is too ugly for us to be able to convince John to kiss __.
　　　　　　　　　　　　　　　　(Joseph 1980: 361)
　　 b. 　John is tall enough for us to arrange for Bill to see __.
　　　　　　　　　　　　　　　　(Chomsky 1977: 101)

（29） John is easy to convince Bill to arrange for Mary to meet ＿．
（＝6）

以上の類似点に基づき，Chomsky（1977）は，tough 構文に仮定した Op 移動分析を too / enough 構文にも適用している．

17.2.2　Pretty 構文

（30）　Mary is pretty to look at.

この文は，tough 構文と同様，「be＋形容詞＋不定詞句」の形をしているが，両者は以下に述べる 2 つの点で大きく異なる．第一に，tough 構文に生起する形容詞は，主節の主語位置に虚辞の it をとることができるが，(30) の形容詞 pretty は，主節の主語位置に虚辞の it をとれない．

（31）a.　John is easy to please.
　　　b.　It is easy to please John.　（Lasnik and Fiengo 1974: 535）
（32）　*It is pretty to look at Mary.　　　　　　　　　（ibid.）

第二に，tough 構文とは異なり，pretty 構文の Mary は，不定詞節内に多重に埋め込まれた従属節の動詞の目的語に対応できない．

（33）　*Mary is pretty to tell Bill to look at ＿．
　　　　　　　　　　　　　　　　　　（Chomsky 1977: 109）
（34）　John is easy to convince Bill to arrange for Mary to meet ＿．

以上の相違点から，(30) と tough 構文は別の構文と考えられている．

この構文に生起できる形容詞には，pretty の他に，delicious, fragrant, graceful, melodious 等々がある．これらの形容詞に共通する意味的特徴は，話者の主観的価値判断を示している点にある．そのため，客観的判断を示す形容詞はこの構文に用いることはできない．

（35）a.　*This room is rectangular to live in.
　　　b.　*Coal is black to look at.　（Lasnik and Fiengo 1974: 567）

(36b) では，話者の 2 つの判断が矛盾するため，非文となる．

（36）a.　Apple pie is delicious to eat, but George doesn't like it.
　　　b.　*Apple pie is delicious to eat, but I don't like it.　（ibid.）

また，形容詞とその補部である不定詞節内の動詞との間には，強い意味的関係がある．

(37) a. *Mary is pretty to work for.
　　 b. *Mary is tyrannical to look at.
　　 c. Mary is tyrannical to work for. (Schachter 1981: 446–448)

(30)と(37a)の対比が示すように，pretty は，to look at とは共起できるが，to work for とは共起できない．一方，(37b, c)の対比が示すように，tyrannical は，to look at とは共起できないが，to work for とは共起できる．この違いは，次のように考えることができる．pretty は外見上の特性を示すため，それに直接関連する look at とは共起できるが，関連性が想像しにくい work for とは共起できない．一方，tyrannical は内在的特性を示すので，work for とは共起しうるが，look at とは共起できない．このように，形容詞により示される特性は，不定詞節内の動詞により表される行為と明白な意味関連を持たなければならない．

17.2.3　Clever 構文と Eager 構文

これまで述べてきた構文以外に，主語 + be + 形容詞 + to 不定詞という語順をとる構文に次のようなものがある．

(38) a.　John was clever / mean to punish the dog.
　　　　　　　　　　　　　　　　　　　　(Stowell 1991: 106)
　　 b.　Bill was eager / reluctant to punish the dog.
　　　　　　　　　　　　　　　　　　　　(Stowell 1991: 114)

tough 構文と異なり，これらの文における主節主語は不定詞節内の動詞の意味上の主語に対応している．また，(38a)は虚辞の it を主節主語にした文に言い替えることができるが，(38b)はできない．

(39) a.　It was clever of John to punish the dog.
　　　　　　　　　　　　　　　　　　　　(Stowell 1991: 106)
　　 b.　*It was eager / reluctant of Bill to punish the dog.
　　　　　　　　　　　　　　　　　　　　(Stowell 1991: 114)

この点から，(38a)と(38b)は異なる構文と考えられる．

(38a)の構文に生ずる形容詞には，stupid, cunning, mean, nice, kind, farsighted, skillful, generous, imprudent 等々があり，主語が行なった行為に対する判断を表している．一方，(38b)の構文に生起する形容詞に

は，anxious, apt, curious, free, inclined, prepared, ready, willing 等々があり，主語のある行動への準備・意欲の有無・傾向などを示す．

17.3 目的節と理由節

次に，目的を表す副詞的用法の不定詞節について考えてみよう．

(40) John bought it to play with.

この文では，不定詞節内の動詞句 play with の意味上の主語と目的語は，主節動詞 bought の主語 John と目的語 it に，それぞれ，対応している．このような不定詞節は目的節（purpose clause）と呼ばれている．目的節と共起する動詞には意味上の制限があり，取引を意味する動詞（give, buy, sell），移動を意味する動詞（send, bring, take），創造を意味する動詞（build, construct, make）等々の動詞である．

次の文では，主節の目的語 it が，多重に埋め込まれた不定詞節内の意味上の目的語に対応している．

(41) John bought it to (try to) convince Bill to play with.

(Browning 1991: 10)

この特徴は，wh 移動構文に見られる特徴である．したがって，目的節には空演算子の移動が関与していると考えられる．

(42) John bought it「Op$_i$ to play with t_i」．

(42)では，空演算子である Op が，動詞句の目的語の位置から不定詞節の先頭に移動している．移動した Op と主節の目的語の it は，叙述規則により同じ指標を持ち，その結果，両者の対応関係が保証される．

目的節と類似の構文に，理由を表す副詞的用法の不定詞である理由節（rationale clause）がある．

(43) They brought John along (in order) to talk to him.

この文では，目的節とは異なり，(i) 不定詞節の前に in order を随意的につけることができ，(ii) 不定詞節内に空所がなく，(iii) 理由節だけが主節動詞から切り離して文頭に前置でき (44)，(iv) 主節動詞句が削除された場合，理由節だけが残留し (45)，(v) 目的節だけが擬似分裂文の焦点位置に主節動詞とともに生起できる (46) 等々の相違がある．

(44) a. [In order to talk to him], they brought John along.
　　 b. *[To talk to], they brought John along.　(Jones 1991: 56)
(45) a. John drove from the cliff [(in order) to impress Mary], then Fred did [(in order) to get away from her].
　　 b. *John bought *Moby Dick* [to read], then Fred did [to put on his shelf].　(Jones 1991: 62)
(46) a. *What Alice did was play hookey [to anger her parents].
　　 b. What Marc did was buy Fido [to play with].
　　　　　　　　　　　　　　　　　　　(Jones 1991: 60)

これらの事実は，目的節が理由節よりも動詞とより密接な関係にあることを意味する．すなわち，理由節と目的節の構造関係は，次のようになる．

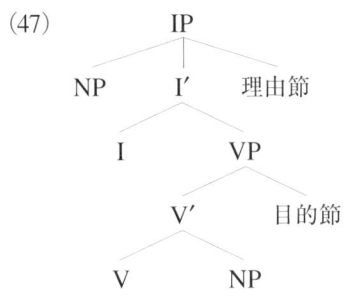

(47)
```
        IP
       /  \
      NP   I'
          /  \
         I    VP      理由節
             /  \
            V'   目的節
           /  \
          V    NP
```

この構造では，目的節は動詞の最大投射である VP の内部に位置するのに対し，理由節は IP に付加している．

▶ 基本文献 ◀

- Chomsky (1977): tough 構文と wh 移動構文の類似性について論じている．
- Jones (1991): 目的節が示す統語的，意味的特徴を詳しく論じている．
- Lasnik and Fiengo (1974): tough 構文, too / enough 構文, pretty 構文の関連性を論じている．
- Stowell (1991): clever 構文について詳しく論じている．

第18章　程度表現と比較構文

【実例】
(a)　Speech is natural — we know how to speak before we know how to read and write. Speech is also efficient — most people can speak about five times faster than they can type and probably 10 times faster than they can write. And speech is flexible — we do not have to touch or see anything to carry on a conversation.　（*Scientific American*, August 1999）

(b)　A group of more than a dozen militiamen approached a patrol at an observation post, said Col. Mark Kelly, chief of staff for the Australian-led peacekeeping mission.　（*CNN Headline News*, 10 Oct., 1999）

18.1　比較構文

英語の程度表現には，too, so, as, how, less, more, most や，接辞で比較級を表す -er と最上級を表す -est などがある．まず比較構文から見ることにしよう．

比較構文は，大きく次の3つのグループに分かれる．

A: 比較削除構文
  a.　Nancy is more beautiful than Mary is ϕ.
  b.　John has as many books as Bill has ϕ.
  c.　Mary is taller than John is ϕ.

B: 比較小削除構文
  a.　We own more books than they own ϕ magazines.
  b.　The lake is deeper than the river is ϕ wide.
  c.　My sister drives as carelessly as I drive ϕ carefully.

C: 比較省略構文
- a. John wrote more letters to Mary than φ to Jane.
- b. John is taller than Bill.
- c. Mary sings more loudly than beautifully.

上の例からわかるように，比較削除構文の比較節（文末にある than 節と as 節）は主語と動詞から成り，比較小削除構文の比較節は主語と動詞と比較の対象となる要素から成り，比較省略構文の比較節は比較の対象となる要素のみから成る．以下では，これら3つの比較構文がどのようにして派生されているのかを見る．

18.1.1 比較削除

比較削除構文の比較節（than 節，as 節）では，何らかの要素が欠けている．たとえば，(1)では，φの位置で，ある一定の要素が欠如しているが，これは比較削除（comparative deletion）と呼ばれる統語操作によって説明される．

(1) a. Nancy is more beautiful than Mary is φ.
- b. John has as many books as Bill has φ.
- c. Mary is taller than John is φ.

(1a)がどのようにして派生されているのか見てみよう．(1a)は基底で次の構造を持つ（Bresnan 1973, 1975）．

(2) Nancy is [$_{AP}$ [[-er much] beautiful] than Mary is [[x-much] beautiful]].

比較節内にある x は音形のない抽象的な要素であり，[[x-much] beautiful] の beautiful を修飾している程度表現である．この程度表現 x は主節にある [-er much] の -er によってその意味内容が復元される．

(2)の構造で，まず，主節の [-er much] と（ほぼ）同一である比較節内の [x much] が義務的に削除される．次に，比較節内の形容詞 beautiful も，主節の beautiful と同一であるので，同一性の条件のもとで削除される．この一連の操作により，(2)から(1a)が派生される．この2つの操作をあわせて比較削除と呼ぶ．

以上が削除規則に基づく比較削除構文の分析である．これに対して，

Chomsky (1977) は，比較削除構文には削除ではなく，むしろ wh 移動が関与していると主張している．その理由として，Chomsky は，比較削除構文には，wh 移動同様，(i) 比較節には空所が見られ (3a)，(ii) 比較節を他の構造に埋め込むことが可能で (3b)，(iii) 移動に課せられるさまざまな制約に従う (4) 点をあげている．

(3) a. Mary has more friends [than I have ϕ].
  b. Mary isn't the same as [John believes [that Bill claimed [that she was ϕ five years ago]]].
(4) a. 複合名詞句制約
   *Tom is taller than he believes [the claim that he is ϕ].
  b. 文主語条件
   *Wilt is taller than [that Bill is ϕ] is generally believed.
  c. wh 島条件
   *Mary isn't the same as [I wonder [whether she was ϕ five years ago]].
  d. that 痕跡効果
   *I interviewed more students [than Bill said [that ϕ signed up]].
  e. 等位構造制約
   *Wilt is taller than Bill is [strong and ϕ]. (Ross 1986: 247)

比較削除構文に wh 移動が関わっているとしても，顕在化した wh 句が比較削除構文に生起することはない．そこで，Chomsky (1981) は，比較削除構文には，音形のある wh 句ではなく，空演算子 (Op) の移動が関与していると提案している．具体的には，(1a) は (5) の構造を持つ．

(5) Nancy is more beautiful [$_{PP}$ than [$_{CP}$ Op$_i$ [$_{IP}$ Mary is t_i]]].

(5) では，比較節内で空演算子 Op の移動が起きている．

18.1.2 比較小削除

比較小削除 (comparative subdeletion) 構文とは，次のような例を指す．

(6) a. We own more books than they own ϕ magazines.
  b. The lake is deeper than the river is ϕ wide.
  c. My sister drives as carelessly as I drive ϕ carefully.

つまり，比較小削除構文とは，比較節内にある [[x-much / many] XP] の XP が主節の XP と同一でないために削除されず，[x-much / many] の部分のみが削除されている比較構文である．たとえば，(6a) の基底構造は (7) であり，[x-many] が [-er many] との同一性によって削除され，(6a) が派生される．

(7) We own [-er many] books [$_{PP}$ than [$_{CP}$ [$_{IP}$ they own [x-many] magazines]]].

ただし，(8b, c) に示すように，埋め込みのない (8a) の比較小削除構文は完全に適格であるのに対して，埋め込みの度合いが大きくなるに従って，適格性が低くなるという事実がある (Pinkham 1982: 78-79)．

(8) Joe had more enemies than
    a. he had ϕ friends.
    b. ?(?)he thought he had ϕ friends.
    c. *he said he thought he had ϕ friends.

これらのことから，比較小削除では，比較削除の場合とは異なり，wh 移動あるいは空演算子移動は起きていないと考えられる．すなわち，比較節内にある [x-much / many] に対しては，削除規則が適用されていると考えられる．

18.1.3 比較省略

これまで見てきた比較削除と比較小削除の規則は，義務的に適用される規則である．これに対して，ここで見る比較省略 (comparative ellipsis) は随意的規則である．比較省略文には次のようなものがある．

(9) a. John wrote more letters to Mary than to Jane.
    b. John is taller than Bill.
    c. Mary sings more loudly than beautifully.
    d. John sent more flowers to Mary than to Susan.

上の例からわかるように，比較省略とは，比較節に，対比される要素のみを残して，主節と重複する残りの要素をすべて省略する統語操作である．

たとえば，(9a) の基底構造は (10) である．

(10) John wrote [[er-many] letters] to Mary than he wrote [[x-many] letters] to Jane.

(10) では，主節と比較節にある [[er-/x-many] XP] の XP が同一である．したがって，まず義務的操作である比較削除が適用され，(10) から (11) の比較削除文が生成される．

(11) John wrote more letters to Mary than he wrote to Jane.

(11) では，主節と比較節の主語と動詞が同一である．同一性の条件に基づいて，比較節中の主語と動詞が省略されると，(9a) が派生される．一方，当該の要素が省略されないと，(11) が派生される．

18.2　程度表現の構造

これまでは，比較節を中心に見てきたが，この節では，比較構文の主節，特に程度表現の統語論について考察する．

18.1 では，比較構文の形容詞の構造を [[x-many] XP] と考えてきたが，程度表現 (too, so, as, how, less, more, most) と比較表現を同様に分析するため，形容詞と程度表現に対して (12) の構造を仮定しよう (Corver 1997)．ここで，F はある機能範疇をさす．

(12)　[$_{FP}$ [$_{F'}$ F [$_{AP}$ [$_{A'}$ A XP]]]]

主要部 F には程度表現 (too, so, as, how, less, more, most) の他に，比較の要素である -er, -est も含まれる．

この構造を支持するいくつかの点を見よう．まず第一に，(12) を仮定すれば，taller, tallest 等の比較級と最上級を主要部移動によって生成することができる．すなわち，taller, tallest は次の派生を経て生成される．

(13)　[$_{FP}$ [$_{F'}$ tall$_i$-er/-est [$_{AP}$ [$_{A'}$ t_i]]]]

第二に，(14) で移動されている how, too は，基底で (12) の主要部 F を占めているので，この F のみを CP 指定部へ移動することはできない．

(14) a. *How$_i$ is Peter [t_i sane]?
 b. *Too$_i$ is Peter [t_i tall]!

第三に，次の文法性の相違が正しく捉えられる．

(15) a. (?) How many IQ-points$_i$ is John [t_i less smart (than Bill)]?

  b. *How many IQ-points less is John smart (than Bill)?
  c. [How many IQ-points less smart (than Bill)] is John?

how many IQ-points less smart は，(12) の構造に従うと，(16) の構造を持つ．

 (16) [$_{FP}$ [how many IQ-points] [$_{F'}$ [$_F$ less] [$_{AP}$ smart]]]

移動は構成素に対してのみ適用できる．(15b) では，構成素を成さない how many IQ points less が移動しているので非文であると正しく予測できる．一方，(15a, c) ではともに構成素が移動しているので，文法的な文である．

最後に，(12) の構造では，F に more, most の他に -er, -est も生起するので，more と -er ならびに most と -est が共起できない事実を説明することができる．

 (17) a. Mary is more beautiful than Nancy.
  b. *Mary is more beautifuler than Nancy.

このように，(12) の構造は，比較と程度表現に関するさまざまな統語現象を正しく捉えることができる．

18.3　段階性と中立化

これまで見てきた比較構文では，次のような形容詞および副詞が使われている．

 (18) beautiful, tall, many, deep, carelessly, carefully, sad, angry, fast, clever, prudent, loudly, lazy, rich, fast, smart, short, related

これらの語はすべて，程度を段階的に決定できる段階的 (gradable) な形容詞・副詞である．比較構文で用いることができるのは，このような段階的性質を持つものに限られる．

一方，次の (19) の語は非段階的 (non-gradable) であるため，程度表現による修飾が受けられず (20a)，比較構文で用いることができない (20b)．

 (19) married, single, (im)mortal, (in)animate, alive, dead
 (20) a. *{very / somehow / more} dead
  b. *John is more married than Bill.

次に，段階的な語のペア (21) について考えてみよう．

(21)　old / young, short / tall, high / low, thick / thin, wide / narrow

old は「年をとっている」という意味を，young は「若い」という意味を持っているが，old が特定の構文に現れると，その語彙的意味が消失してしまうことがある(意味の中立化)．以下では，この意味の中立化・非中立化の現象を見てみよう．

まず，how 疑問文について考えてみよう．old は how 疑問文に現れると意味の中立化が起こり，How old is he? は単に年齢を問うているのであって，He is old. は含意されない．一方，young の場合は，中立化は起きず，How young is he? は，「若いのはわかっているが，どのくらい若いのか」という解釈になり，He is young. が含意されている．

次に比較構文について考えてみよう．この場合，old は主節ならびに比較節において中立化する．したがって，John is older than Bill. では，John is old. も Bill is old. も含意されていない．old 同様に young も，主節ならびに比較節で中立化する．したがって，John is younger than Bill. は，John is young. も Bill is young. も含意しない．

最後に，同等比較節 (as ... as ... 構文)について見てみよう．この場合は，主節および比較節において，old では中立化が生じるが，young では生じない．John is as old as Bill では John is old. も Bill is old. も含意されていないが，John is as young as Bill. では John is young. も Bill is young. もともに含意されている．

18.4　否定極性現象と比較節

次の対比が示すように，ever, any 等の否定極性表現は，通例，否定文をはじめとする限られた環境には生起するが，肯定文には生起できない．

(22) a.　*I have ever been there.
　　　b.　I haven't ever been there.

これを念頭において次の文を見よう．(23a, b, c)はそれぞれ比較削除構文，比較小削除構文，比較省略構文である．

(23) a.　John is richer than anyone has ever been.

b.　We own more books than anyone has ever owned magazines.
　　　c.　He solves problems faster than any of my friends ever could.
(Ross 1969: 294)

これらの例では，比較節に否定極性表現の any, ever が現れている．これは，比較節が否定文と共通する特性を持つことを示している．

　否定極性表現は，下方含意（downward-entailment）が成立する環境にのみ生起する（⇨ 21.2.2）．下方含意とは，ある概念を含む命題が成り立つとき，それより狭い概念を含む命題が必ず成り立つことをいう．たとえば，次の否定文を見よう．

(24) a.　John isn't a man.
　　　b.　John isn't an old man.

「年老いた男」は「男」よりも狭い概念である．(24)では，(24a)「ジョンは男ではない」が成り立つならば，(24b)「ジョンは年老いた男ではない」も成り立つ．したがって，否定文は下方含意が成り立つ環境である．したがって，否定文には any が生じる。

　次に比較節を見よう．

(25) a.　John is taller than I thought he would be.
　　　b.　John is taller than we thought he would be.

「私」は「私たち」よりも狭い概念である．(25)では，(25b)「ジョンは，私たちが思っていたより背が高い」が成り立つなら，(25a)「ジョンは，私が思っていたより背が高い」も成り立つ．すなわち，比較節は下方含意が成り立つ環境である．このように，比較節が否定極性表現の生起を許すのは，否定文と同様に下方含意が成り立つためである．

18.5　Too-to / Enough-to 構文

　too-to / enough-to 構文には，それぞれ，(26a, b) のような文がある．

(26) a.　The mattress is too thin [for us to sleep on].
　　　b.　The football is soft enough [to kick].

Chomsky (1986a: 40) は，too-to 構文は wh 移動同様，(i) 複合名詞句制約に従い (27a)，(ii) wh 島条件に従い (27b)，(iii) 主語条件に従い (27c)，(iv) 等位構造制約に従い (27d)，(v) 寄生空所を認可する (27e) ので，当

該構文には，比較削除構文同様，空演算子が移動していると主張している．

(27) a. *John is too stubborn to visit [NP anyone [CP who talked to t]].
 b. *John is too stubborn to ask [CP why Tom wondered [CP who talked to t]].
 c. *John is too well-liked for us to think [CP that [NP friends of t] would betray him].
 d. *Sodium is a little too peppy for me to want to try mixing [t and water] in a teacup.　　　　　　　　　(Ross 1986: 249)
 e. This book is too interesting to put t down without having finished [e]. ([e] は寄生空所)

一方，enough-to 構文は，(28a, b) で見るように，(i) 相関節 (too-to / enough-to 構文の不定詞補文) を他の構文に埋め込むことが可能で，(ii) 複合名詞句制約に従う．

(28) a. John is tall enough [for us to arrange [for Bill to see ___]].
 b. *The job is important enough [for us to insist on [the plan [to advertise]]].

このことから，too-to 構文同様，enough-to 構文にも空演算子が関与していると思われる．

また，too-to / enough-to 構文の両方に共通する特徴として，相関節は非定形節でなければならない点をあげることができる．

(29) a. *John is too angry [that [IP anyone could talk to ___]].
　　　　　　　　　　　　　　　　　　　（Browning 1987: 277）
 b. ?*John is incompetent enough [for Bill to think [that we fired ___ for a good reason]].

(29a, b) の非文法性が空演算子分析でどのように説明されるのかは，明らかではない．

18.6　感　嘆　文

感嘆文には，(30a) に代表される what 型感嘆文と，(30b) に代表される how 型感嘆文がある．

(30) a. What a beautiful daughter you have!

b.　How beautiful your daughter is!

　感嘆文は，次の例に見られるように，wh 移動同様，（i）wh 島条件に従い（31a），（ii）複合名詞句制約に従い（31b），（iii）等位構造制約に従い（31c），（iv）文主語条件に従う（31d）．

（31）a.　*How brave I know [a boy who is *t*]!
　　　b.　How brave they must believe [(*the claim) that you are *t*]!
　　　c.　*How brave he is [tall and *t*]!
　　　d.　*How brave [that Tom is *t*] must be believed!

(Ross 1986: 228)

これらの事実は，感嘆文に生起する wh 句は移動の適用を受けていることを示している．

　以上をまとめると，比較構文同様，too-to 構文，enough-to 構文，感嘆文のいずれの構文にも空演算子の移動あるいは wh 移動が関与していると言える．

▶ 基本文献 ◀

・Bresnan（1973）: 理論的枠組みは古いが，英語の程度表現ならびに比較構文の研究には必読の論文．
・Chomsky（1977）: 比較削除にも wh 移動が関与していると提案している．
・Corver（1997）: GB 理論の枠組みで書かれた程度表現に関する論文．

第 19 章　名詞句の解釈

【実例】
(a)　It was Sunday. Chance was in the garden. He moved slowly, dragging the green hose from one path to the next, carefully watching the flow of <u>the water</u>. Very gently he let the stream touch every plant, every flower, every branch of the garden. <u>Plants were like people</u>: they needed care to live, to survive their diseases, and to die peacefully.

（Jerzy Kosinski, *Being there*）

(b)　... experts in human evolution have known for years that it is dead wrong. The evolution of a successful animal species almost always involves trial and error, false starts and failed experiments. "<u>Humans are no exception to this</u>," says anthropologist Ian Tattersall ...

（*Time*, January 17, 2000）

19.1　定名詞句と不定名詞句

　定冠詞や指示詞を伴う名詞句，固有名詞は，定名詞句（definite NP）と呼ばれる．定名詞句の指示内容は，通例，一般的知識や与えられた文脈ですでに言及されていることによって特定することが可能であり，話し手，聞き手ともに，指示物の同定が可能（identifiable）（その指示しているものがわかる）である．たとえば，次の例の the boy が誰を指すかは文脈からわかっており，これを受ける代名詞は定代名詞の he である．

(1)　The boy said he would be in a red Dodge van; the van would be the place where everyone should congregate.

（Bob Greene, *Cheeseburgers*）

これに対して，不定冠詞や数詞を伴う名詞句，無冠詞の名詞句などは，不定名詞句 (indefinite NP) と呼ばれる．不定名詞句には，特定的 (specific) 用法と非特定的 (non-specific) 用法がある．特定的とは，その指示物を話し手は同定できるのに対して，聞き手は同定することができない場合を言う．一方，非特定的とは，話し手と聞き手のいずれも不定名詞句の指示物を同定できない場合を言う．特定的・非特定的名詞句の違いは，それぞれの不定名詞句を受ける代名詞の違いに現れる．

（2）a. I found a seat; it was one of those desks that are attached to the chair, and as I slipped into it my mind flooded with high school memories.
　　　b. There was a gas station, and a car wash. He looked for a red van. He didn't see one.　　(Bob Greene, *Cheeseburgers*)

(2a) の特定的名詞句 a seat は定代名詞 it によって，(2b) の非特定的名詞句 a red van は不定代名詞 one によって，それぞれ置き換えられている．

19.2　不定名詞句と特定性

不定名詞句は，聞き手にとっては新情報であるので，それが指示する指示物を同定することはできない．これに対して，話者にとってその指示物が同定可能かどうかは，それが生じる環境によって異なる．次の2つの文を比較してみよう．

（3）a. John has a car.
　　　b. John wants to have a car.
（4）a. I saw a handsome blond.
　　　b. The casting director is looking for a handsome blond.

(3a) の a car は，通例ジョンが所有する特定の車を表しているので，その指示物は話者にとって同定可能(特定的解釈)である．これに対して，(3b) では，(3a) と同様に，ある特定の車をジョンがほしがっている場合(特定的解釈)と，現時点では同定不可能で，ジョンの願いが成就した時にはじめて a car の指示物が決定できる場合(非特定的解釈)の2通りの解釈がある．同様に，(4a) では，特定の人に会ったことを意味しており，(4b) では，特定的解釈に加えて，不特定の人を捜している解釈も成り立つ．

（3），（4）の例の（a）と（b）の違いは，（3b）では want，（4b）では look for が含まれている点にある．want はその不定詞補文で示されている事柄が実現していないことを表し，look for はあるものの存在を探し求めているので，その対象が存在しているかどうかはわからない．したがって，このような文脈では非特定的解釈が可能となる．

19.3　名詞句の定性と制限用法・非制限用法

　修飾は，修飾要素と被修飾要素の間の意味関係に基づき，二種類に分けられる．修飾される要素の集合が，修飾要素によってさらに制限され，それによってはじめて，ある類の構成員であることが特定される時，その修飾は制限的（restrictive）である．これに対して，修飾要素が被修飾要素の指示の特定に寄与せず，いわば余剰的な情報を付加的に述べている時，その修飾は非制限的（nonrestrictive）である．（5a）の制限的関係節は，poisonous という特性によって，snakes の表す集合をさらに制限している．一方，（5b）の非制限的関係節は，rattlesnakes が本来的に有している特性を付加的にくり返しており，rattlesnakes の指示内容を制限していない．

（5）a.　Snakes which are poisonous should be avoided.
　　 b.　Rattlesnakes, which are poisonous, should be avoided.
　　　　　　　　　　　　　　　　　　　　　　　　　　（Quirk *et al*. 1985）

制限的用法は，指示の特定に寄与するという性質上，すでにその指示内容が特定できる名詞句には適用されない．たとえば，通例，定代名詞が制限的に修飾されることはない．

（6）a.　*They who work hard deserve some reward.
　　 b.　*It that stands over there is a church.　　　　（ibid.）

なお，固有名詞については，ある特定の性質や，ある時点の状態などに言及する場合には制限的修飾が可能となる．同じことが，1人称，2人称の代名詞についてもあてはまる．

（7）a.　"Who's Barbara Walters?" asked the bookish Wiles, who had somehow gone through life without a television.　（*Time*）
　　 b.　The fictional Laura Alexander, according to Thomas, would be "in her early twenties . . ."

(Bob Greene, *Cheeseburgers*)
  c. Silly me!, Good old you!, Poor us! (Quirk *et al*. 1985)

これに対して，非制限的用法は，指示物の特定に寄与しないため，名詞句の指示対象が独立して特定できる場合に用いられるので，(8) に示すように，非特定的名詞句を制限的関係節を用いて修飾することは可能だが，(9) に示すように，非制限的関係節を用いて修飾することはできない．

（8） Anyone / Anybody who helps the handicapped deserves our support.
（9）a. *I won't see any person / anyone, who has not made an appointment.
  b. *Every book, which is written to deceive the reader, should be banned. (Quirk *et al*. 1985)

19.4　名詞句からの取り出しと定性・特定性

一般に，英語においては，指定部位置および付加位置にある要素からの取り出しは許されないが，補部位置にある要素からの取り出しは可能であるとされる．次の例は，補部位置にある名詞句からの取り出しが可能であることを示している．

（10） Who did you see [pictures of t]?

しかしながら，名詞句からの取り出しは，節からの取り出しより厳しく制限されており，名詞句内の属格要素や (11)，付加詞 (12) を取り出すことはできない (Ross 1967; Culicover and Rochemont 1992)．

（11）a. *Whose did you buy [t book]?
  b. I bought [John's book].
（12）a. *On which table did you buy [the books t]?　(Huang 1982)
  b. I bought [the books on this table].

さらに，名詞句の補部の要素を取り出す場合，その名詞句が不定名詞句の場合は取り出しができるが，定名詞句の場合は取り出しができない．

（13）a. Who did you see pictures of t? (= (10))
  b. *Who did you see the pictures of t?

一般に，定名詞句と不定名詞句との間に見られる wh 句の取り出しに関す

る対比は，存在を示す many, some などの数量詞と every, all などの普遍数量詞の間にも見られる．
(14) a. Who did you see a picture of *t*?
　　 b. Who did you see three / many / several / some pictures of *t*?
(15) a. *Who did you see the / every / each picture of *t*?
　　 b. *Who did you see all / most pictures of *t*?
また，名詞句からの取り出しの可否は，決定詞の違いだけではなく，動詞の種類にも左右される．
(16) a. *Who did you destroy a picture of *t*?
　　 b. *Who did you tear up a book about *t*?
このように取り出しを許さない場合の動詞は，destroy, tear up など，その目的語が消失する意味を持つ場合である．

名詞句からの取り出しに見られるこのような制限のうち，名詞句の定性や特定性に関与する制限は特定性条件（Specificity Condition）と呼ばれる（Fiengo and Higginbotham 1981）．これらの制限は，wh 移動だけではなく，(17) にあげた右方移動である前置詞句外置（PP extraposition）にも見られる．
(17) a. ［A book *t*］was published［about linguistics］.
　　 b. *［That book *t*］was published［about linguistics］.

19.5　取り出しに対する意味的説明

前節で見た名詞句からの取り出しの可否の説明の 1 つとして，意味的分析を見よう（Erteschik-shir 1973; Diesing 1992）．
(18)　前提名詞句制約（Presuppositional NP Constraint）
　　　 取り出しは前提を表す名詞句からは行なわれない．
この制約によると，定名詞句は，一般に，それが表す特定の指示物の存在を前提とするので，その内部からの取り出しは許されないことになり，(13b) の取り出しが不可能であることが説明される．すなわち，pictures of John と the pictures of John を比較すると，後者は定名詞句なので指示物が特定化されているので，その存在が前提とされているのに対して，前者は不特定であるので，そのような前提はないと考えられる．

このような意味的説明における前提は規定しにくい概念であるが，1つの方法として前提の有無を文脈上の指示の有無に基づいて規定することが考えられる．たとえば，(15)は，ある一定の集合の存在を前提として用いられるため，文脈上の指示を持つ．これに対して(14)は，そのような指示を持たないと考えられ，(18)の制約に違反しない．

さらに，動詞の種類が取り出しの可能性を左右すると考えられる事例(16)も，動詞が目的語に許容する解釈の違いに基づき，(18)の制約によって説明される．動詞が不定名詞句を目的語とする場合，その目的語に対して，前提の読み(presuppositional reading)と存在の読み(existential reading)のいずれを許容するかに基づいて，動詞を分類することが可能である．まず，2つの解釈の違いについて，always や usually のような量化の副詞（adverb of quantification）（⇨ 22章）と現在時制を含む習慣を表す文脈で見てみよう．

(19) a. I always write up a witty story about Millard Fillmore.
　　 b. Whenever I hear a witty story about Millard Fillmore, I always write it up.
　　 c. First thing in the morning, I always write up a witty story about Millard Fillmore.

(19a)の文には，(19b)の文脈で得られる前提の読みと，(19c)の文脈で得られる存在の読みが可能である．(19b)では，不定名詞句 a witty story about Millard Fillmore について，Millard Fillmore に関する異なる複数の話が存在しうるのに対して，(19c)では，Millard Fillmore についての話は1つしか存在しない．なお，不定冠詞を(20)にあげた普遍数量詞 any で置き換えると，前提の読みだけが可能で，存在の読みは排除される．

(20)　I usually write up any story about Millard Fillmore.

次に，動詞の種類と許容される解釈を見よう．第一に，(21)にあげた like や hate といった心理状態を表す述語は，目的語に前提の読みしか認めない．このことは，(22)において，これらの動詞の目的語に，普遍数量詞 any を用いることが可能であることによって示される．

(21) a. I usually like a picture of manatees.
　　 b. I generally hate an article about carpenter ants.

(22) a. I usually like any book about scorpions.
　　 b. I generally hate any article about carpenter ants.

(23)に示すように，前提の読みしか持たないこれらの目的語からの取り出しは不可能である．これは，(18)の制約によって説明される．

(23) a. *What do you usually like a picture of *t*?
　　 b. *What do you usually hate an article about *t*?

　第二に，(24)にあげた read や play のような物の使用を意味する動詞は，目的語の不定名詞句に対して2つの読みが可能である．(24)の目的語については，前提の解釈が可能であり，(25)のように，不定冠詞を普遍数量詞 any で置き換え可能である．

(24) a. I usually read a book by Robertson Davies.
　　 b. I usually play a sonata by Dittersdorf.
(25) a. I usually read any book by Robertson Davies.
　　 b. I usually play any sonata by Dittersdorf.

さらに，(26)の例に示すように，read はその目的語からの取り出しを許すが，この場合，(24)の場合とは異なり，存在の読みだけが可能である．

(26) a. What do you usually read books about *t*?
　　 b. Who do you usually play sonatas by *t*?

これらの動詞は，前提の読みと存在の読みの両方が可能であるが，(18)の制約によると，前提を持つ名詞句からの取り出しは認められない．そのため，(26)のように，目的語に取り出しが適用した場合には，前提の読みは排除され，存在の読みだけが可能となる．

　第三に，write や paint のような創造を意味する動詞は，その目的語の指示物を新たに作り出すことを表すため，前提とは意味的に整合せず，存在の解釈のみを許す．そのため，(28)のように不定冠詞を普遍数量詞 any で置き換えることができない．

(27) a. I usually write a book about slugs.
　　 b. I usually paint a picture of Barbary apes.
(28) a. *I usually write any book about slugs.
　　 b. *I usually paint any picture of Barbary apes.

(18)の制約は，存在の読みを持つ名詞句には適用されないことから，こ

れらの名詞句からの取り出しは，(29)に示すように可能である．
- (29) a. What do you usually write a book about *t*?
  - b. What do you usually paint a picture about *t*?

第四に，destroy などの破壊を意味する動詞の目的語となる不定名詞句の解釈は文脈に依存する．(30)(= 16)のように，過去時制によって特定の行為の実行が表される場合，目的語が文脈上の指示を持ち，前提の読みだけが可能である．
- (30) a. *Who did you destroy a picture of *t*?
  - b. *Who did you tear up a book about *t*?

一方，習慣を表す(31)の文では，目的語が文脈上の指示を持たない場合が考えられることから，これらの動詞はいずれの読みも可能となる．さらに(32)は，これらの動詞が取り出しを許容する場合があることを示している．ここでも，取り出しが適用されている(32)の文では，(26)の場合と同様に，前提の読みは排除され，存在の読みのみが可能となる．
- (31) a. Elephants usually destroy pictures of ivory hunters.
  - b. Egbert usually tears up articles about recycling.
- (32) a. What do elephants usually destroy pictures of *t*?
  - b. What does Egbert usually tear up articles about *t*?

19.6　無冠詞複数形

無冠詞複数形の主語は，英語において，(33a)のように総称的解釈を受けることもあれば，(33b)のように存在の解釈を受けることもある．
- (33) a. Brussels sprouts are unsuitable for eating.（総称）
  - b. Carpenter ants destroyed my viola da gamba.（存在）

この解釈の相違は述語の性質に依存している．述語には次の2種類がある．1つは，一時的な状態や一時的な活動を表す述語でステージレベルの(stage-level)述語と呼ばれ，もう1つは，永続的な状態を表す述語で，個体レベルの(individual-level)述語と呼ばれる(⇨4章)．(34a)に示す available などのステージレベルの述語では，その主語となる無冠詞複数形は総称的解釈と存在の解釈の両方を許すのに対して，(34b)に示す intelligent などの個体レベルの述語では，総称的解釈のみを許す．

(34) a.　Firemen are available.
　　 b.　Violinists are intelligent.

この相違を説明するために，ステージレベルの述語と個体レベルの述語は，それぞれ異なる (35), (36) の構造を持つと仮定しよう．

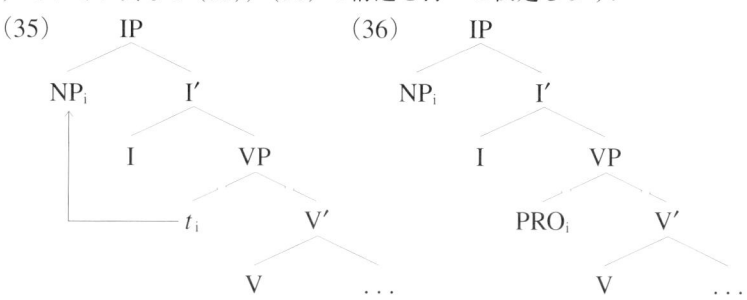

(35)
```
        IP
       /  \
     NPᵢ   I'
     ↑    /  \
     |   I    VP
     |       /  \
     └──── tᵢ    V'
                 |
                 V   ...
```

(36)
```
        IP
       /  \
     NPᵢ   I'
          /  \
         I    VP
             /  \
           PROᵢ  V'
                 |
                 V   ...
```

すなわち，(35) のステージレベルの述語では，節の主語は VP 内部に生成されるとする VP 内主語仮説 (VP-internal Subject Hypothesis) に基づき，主語は VP 内部に生成され，そこから IP 指定部に繰り上げられる．一方，(36) の個体レベルの述語では，主語はもともと IP 指定部に直接生成され，VP 内主語の位置には，それによってコントロールされる PRO が生じている．

この構造上の差に基づいて，無冠詞複数名詞句の解釈の問題を見よう．まず，無冠詞複数形の主語が VP の外で解釈される場合には総称的解釈を受け，VP の中で解釈される場合には，存在の解釈を受けると仮定しよう．この分析によると，(35) では，主語が VP 内にあるので存在の解釈を受け (37b)，さらに IP 指定部へ繰り上げられると，VP 外にあるので総称的解釈を受ける (37a)．このようにして (34a) の多義性が説明できる．

(37) a.　Firemenᵢ are [$_{VP}$ t_i available]（総称）
　　 b.　__ are [$_{VP}$ firemen available]（存在）

この分析では，ステージレベルの述語では主語が繰り上げられるが，通例の繰り上げ述語でも類似の現象が見られる．たとえば，(38) において，主語の a unicorn は，繰り上げ述語 likely に対して 2 つの解釈を持つ．

(38)　A unicorn is likely to damage the walls.

主語の作用域が広い解釈では，a unicorn は特定的解釈を持ち，主語の作

用域が狭い解釈では，a unicorn は非特定的解釈を持つ．この多義性は，a unicorn が，主節の主語位置で解釈されるのか（39a），補文内の位置で解釈されるのか（39b）の相違に基づいている（May 1977, 1985）．

(39) a.　［A unicorn is likely ［t to damage the walls］］（広い作用域）
　　 b.　［__ is likely ［a unicorn to damage the walls］］（狭い作用域）

この事実は，ステージレベルの述語の主語が（37a）と（37b）のいずれの位置でも解釈されることと平行的である．

これに対して，(34b) の，個体レベルの述語の主語は，(36) に示すように，もともと IP 指定部にあり，VP 内にはないので，総称的解釈しか許されない．

(40) a.　Violinists are ［$_{VP}$ PRO intelligent］（総称）
　　 b.　*__ are ［$_{VP}$ violinists intelligent］（存在）

個体レベルの述語は，VP 内部の PRO のコントロールが関与するので，コントロール述語と類似した性質を持つ．一般に，コントロール述語は，繰り上げ述語とは異なり，主語の不定名詞句が特定的解釈のみを持つ．

(41)　［A unicorn is anxious ［PRO to damage the walls］］（特定的）

この事実は，個体レベルの述語の主語が IP 指定部の位置でしか解釈されないのと平行的である．

▶基本文献◀

・Carlson (1977)：無冠詞複数形の解釈について論じている．
・Diesing (1992)：統語構造と意味の対応に関わる写像仮説を提案している．
・Milsark (1974)：there 構文の定性効果を解釈意味論で説明している．

第 20 章　代 用 表 現

【実例】
(a)　Letterman thinks that <u>he</u> is falling in love with her but he has the impression that she is using his cosseted and lineamented body in some sinister fashion.　　　　　　（J. B. Cartwright, *Masai Dreaming*）
(b)　'<u>He</u> thinks that <u>Father</u> will be sad,' reads Matthew.
　　　　　　　　　　　　　　　　　　（Michael Frayn, *Sweet Dreams*）

20.1　代名詞，再帰形，相互表現

　学校文法で，代名詞と再帰形の違いを説明するのに，次の (1) は殺人になるのに対し，(2) は自殺になるというのを，覚えている人も多いだろう．
　（1）　He killed him.
　（2）　He killed himself.
つまり，代名詞は主語と違う人を指し，再帰形は主語と同じ人を指す．一方，実例 (a) では he は Letterman を指せるのに，(b) では he が Father を指せない．英語話者はこのような事実を知っているが，これはどのように説明されるのだろうか．以下，代名詞，再帰形が，どういう原理に従っているかを見ていくことにしよう．

20.1.1　代 名 詞
　次の文を見よう．
　（3）a.　*John thinks [Bill$_i$ likes him$_i$].
　　　b.　Bill$_i$ thinks [he$_i$ likes John].
　　　c.　Bill$_i$ thinks [John likes him$_i$].

上の文で，同じ指標 i が使われているのは，同じ人物を指すことを示す．John や Bill のように，代名詞が指示する対象を先行詞という．(3a) では，Bill が him の先行詞になれないのに対して，(3b, c) ではそれが可能である．(3a) と (3b, c) の相違について，代名詞と先行詞の位置に注目すると，(3a) では，代名詞と先行詞がともに同一の補文中にあるが，(3b, c) では代名詞が補文の中にあるのに対し，先行詞は補文の外にある．このことから，「代名詞はそれを含む最小の文の中で，先行詞を持ってはならない」と言うことができる．

20.1.2 再　帰　形

次の例を見よう．

(4) a.　John thinks [Bill$_i$ likes himself$_i$].
　　b.　*Bill$_i$ thinks [himself$_i$ likes John].
　　c.　*Bill$_i$ thinks [John likes himself$_i$].

上の文は，(3) の代名詞を himself という再帰形で置き換えたものだが，文法性が逆になっている．このことから，再帰形に課せられる条件は，代名詞とは逆の「再帰形は最小の文の中で，先行詞を持たなくてはならない」となる．(4a) はこの条件に従い，(4b, c) はこれに違反する．

それでは，次の文は，先に述べた規則に合致するだろうか．

(5) a.　*John$_i$ believes him$_i$ to be happy.
　　b.　John$_i$ believes himself$_i$ to be happy.

一見すると，上の対比は *John$_i$ believes him$_i$. と John$_i$ believes himself$_i$. の対比と同じに見える．しかし (5) は，例外的格標示 (ECM) 構文(⇨ 13 章)で，him / himself は believe の目的語ではなく，to be happy の主語であり，(5) は以下の構造を持つ．

(6) a.　*John$_i$ believes [$_{IP}$ him$_i$ to be happy].
　　b.　John$_i$ believes [$_{IP}$ himself$_i$ to be happy].

(6a) は，最小の文の中で，代名詞が先行詞を持たないのに非文であり，(6b) は，最小の文の中で，再帰形が先行詞を持たないのに文法的となっており，前節で述べた規則とは逆の現象が起こっている．これはなぜだろ

うか．ここで，次の文を比較してみよう．
(7) a.　John$_i$ believes [he$_i$ is happy].
　　 b.　*John$_i$ believes [himself$_i$ is happy].

これらの文は，(5) の to 不定詞を含む不定詞補文を時制文に変えた例である．(5a) が非文であるのに対し，(7a) は文法的で，その逆に，(5b) は文法的であるのに対し，(7b) は非文である．(7a) では最小の文の中で，代名詞が先行詞を持たず，その結果文法的で，(7b) では，最小の文の中で再帰形が先行詞を持たず，その結果非文である．つまり，(7) は最初に仮定した規則に合致する．このことから，最初の規則が根本的に間違っているのではなく，(5) が例外的だと考えられる．(5) と (7) の違いは，(5) の補文が不定詞である点なので，この不定詞が例外的なふるまいを引き起こすと考えられる．そこで，先の「最小の文」を，「最小の時制文」(tensed S) と改めよう．そうすると，(5) では，最小の時制文とは主文全体であるので，そこで代名詞が先行詞を持つ (5a) が非文となり，(5b) では主文で再帰形が先行詞を持つので文法的となる．

しかし次の例を考えてみよう．
(8) a.　John$_i$ believes [$_{IP}$ Mary to like him$_i$].
　　 b.　*John$_i$ believes [$_{IP}$ Mary to like himself$_i$].

(5) に通用した，「最小の時制文」による説明をこれらの文に当てはめると，(8a) では最小の時制文である文全体の中で代名詞が先行詞を持つので非文法的とされ，(8b) では最小の時制文である文全体の中で再帰形が先行詞を持つので文法的とされ，事実とは逆の予測がされてしまう．(5) と (8) の決定的な違いは，(5) では問題となる代名詞や再帰形は補文の主語であるのに対し，(8) では代名詞や再帰形は補文の目的語で，先行詞と補文の目的語の間に，補文の主語である Mary が介在していることである．そこで，「最小の時制文」による説明を，(9) のように改めよう．

(9) a.　代名詞は，それを含む，指定主語 (specified subject) または時制要素を含んだ最小の文の中で先行詞を持ってはならない．
　　 b.　再帰代名詞は，それを含む，指定主語または時制要素を含んだ最小の文の中で先行詞を持っていなければならない．

(8) では，Mary は主語なので，それを含む最小の文は IP 補文のことである．（「指定主語」の「指定」とは，問題となっている代名詞や再帰形とは別物という意味である．したがって，(5a, b) のように，代名詞や再帰形自身が主語の時は，それらを指定主語とはみなさず，主文の主語が指定主語となり，主文全体で先行詞の有無を検証すればよい．）

20.1.3　構成素統御

次の例では，条件 (9b) を守っているのに (10a) のみ非文である．
(10) a.　*John's$_i$ mother likes himself$_i$.
　　 b.　John$_i$ likes himself$_i$.
　　 c.　John's father$_i$ likes himself$_i$.

これを説明するのに重要なのは，構成素統御（c-command）の概念である．

(11)　構成素統御
　　　A を支配する最初の枝分かれ節点が，B も支配する時，A は B を構成素統御する．

ここで，代名詞や再帰形と先行詞の関係を「束縛」(bind) と名づけ，(11) の概念を使って，以下のように定義しよう．

(12)　A が B を構成素統御し，かつ A と B が同じ指標を持つ時，A は B を束縛する．

これまで，代名詞や再帰形が「先行詞を持つ」という表現を用いてきたが，以下では，これを「束縛される」という表現に改めよう．そうすると，今までの規則は，以下のようになる．

(13) a.　再帰形は，指定主語または時制要素を含んだ最小の文の中で束縛されなくてはならない．
　　 b.　代名詞は，指定主語または時制要素を含んだ最小の文の中で束縛されてはならない．

これらのことを前提にして，(10a) の構造を考えてみよう．

(14)
```
           IP
         /    \
       NP      I'
      /  \    /  \
    Det   N  I    VP
     |    |      /  \
  John'sᵢ mother V    NP
                |    |
              likes himselfᵢ
```

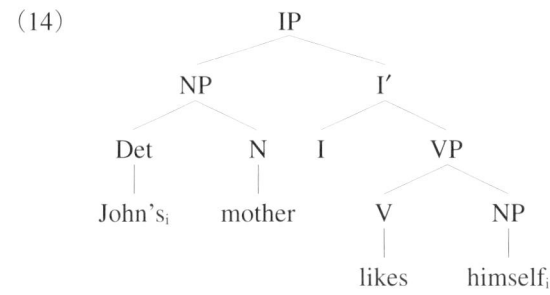

(11) の「支配」とは,上下関係にあることである.Det を支配している最初の枝分かれ節点は主語の NP である.この NP は himself を支配していないから,John's は himself を構成素統御しない.したがって,(12) により,John's は himself を束縛しないので,(13a) の再帰形の条件に違反して非文となる.(10b) では,John は himself を束縛していて文法的である.(10c) の構造は以下のようになる.

(15)
```
           IP
         /    \
       NPᵢ    I'
      /  \    /  \
    Det   N  I    VP
     |    |      /  \
  John's father V    NP
                |    |
              likes himselfᵢ
```

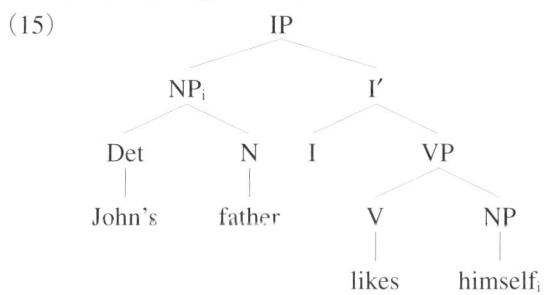

この構造では,NP (John's father) は himself を構成素統御しているので,(10c) は正しい文と予測される.

20.1.4　相互指示表現

each other のような相互指示表現 (reciprocal) は,再帰形と同じふるまいをする.

(16) a.　They$_i$ expect [each other$_i$ to win].
　　 b.　*They$_i$ think that each other$_i$ will win.
　　 c.　We$_j$ want [them$_i$ to love each other$_{i/*j}$].

(16a) は「彼らはお互いが勝つと思っている」という意味で，A と B という人がいて，A は B が勝つと思って，B は A が勝つと思っていることを意味している．(16a) は ECM 構文で，補文は時制要素を含まず，(each other 自身が主語であるので)指定主語もない．そこで，each other は主文の中で束縛されなければならないが，they によって束縛されているので文法的である．一方，(16b) では補文が時制文なので，補文の中で each other が束縛される必要があるが，束縛されないので非文である．(16c) では補文は時制文ではないが，指定主語の them を含むので，each other は補文の中で束縛される必要がある．したがって，補文内の them は先行詞にできるが，その外の we を先行詞とすることはできない．

20.1.5　指示表現

himself のような再帰形と each other のような相互指示表現をまとめて照応表現 (anaphor) という．照応表現は，それ自体では固有の指示内容は持たず，先行詞によって束縛されることによってはじめて，その指示内容がわかる，という特徴を持っている．これに対して，代名詞は，今まで見てきたように，束縛している先行詞から指示内容を明らかにされることもあるが，単に He came. のように，先行詞なしで用いられることもある．また，John thinks he is happy. でも，John と he が同じ人を指す必要はない．(もちろん同じ人を指すことは可能だが，そうである必要はない．) 代名詞が誰を指すかは，話の流れ(談話 (discourse)) の中ではっきりしている場合もある．このように，照応表現と代名詞では，先行詞を義務的に必要とするかしないかに関して違いがある．

名詞句のもう 1 つの種類として，John, London などの固有名詞，a dog, the cat などの名詞がある．これらはそれだけで何を指示するか明らかであるので，他の名詞によって束縛されることはない．こうした名詞を指示表現 (referring expression) という．

(17) a. *He$_i$ likes John$_i$.
　　　b. *He$_i$ thinks John$_i$ is happy.
　　　c. *He$_i$ thinks Bill likes John$_i$.

上の文のように，指示表現はいかなる環境においても束縛されない．
3種類の名詞句の生起できる条件を束縛原理と呼ぶ．
(18) A. 照応表現は，指定主語または時制要素を含む最小の文の中で，束縛されなくてはならない．
B. 代名詞は，指定主語または時制要素を含む最小の文の中で，束縛されてはならない．
C. 指示表現は，（いつでも）束縛されてはならない．

20.1.6　名詞句内の束縛

これまで文の中での束縛を見てきたが，ここでは名詞句の中でも同様の原理が働いていることを見る．
(19) a.　John knows Mary$_i$'s hatred of herself$_i$.
b. *John$_i$ knows Mary's hatred of himself$_i$.
c.　John$_i$ knows Mary's hatred of him$_i$.

上の文は，目的語が，動詞 hate の派生名詞である hatred を含む名詞句になっている．この文法性は，hate を含む文の場合とまったく平行的である．
(20) a.　John knows Mary$_i$ hates herself$_i$.
b. *John$_i$ knows Mary hates himself$_i$.
c.　John$_i$ knows Mary hates him$_i$.

これは，(19)で Mary's を hatred の主語と考えれば，今まで文について述べてきたことが名詞句にもあてはまることを示している．つまり，(19a)では，[Mary's hatred of herself] という主語を持つ最小の名詞句の中で再帰形が束縛されているので文法的で，(19b) では，[Mary's hatred of himself] の中で himself が束縛されていないので，非文である．また(19c)では，[Mary's hatred of him] の中で代名詞が束縛されていないので，文法的である．

20.2　Do so, Do it, One 代用

ここでは(21)に見られる do so 代入 (*do so* substitution) と，それに関連した代入規則の性質を見ていく．(21)で do so は lose population を指している．

(21) Many parishes and villages have continued to lose population and will probably *do so* in the foreseeable future.

まず，do so は必ず目的語の名詞句を含まなければならない．たとえば，(21)で do so の後に population を残すと非文である．

(22) *Many parishes and villages have continued to lose population and will probably do so population in the foreseeable future.

付加詞(修飾語)の前置詞句は，do so に含まれても，含まれなくてもよい．

(23) a. John will buy a book on Monday, and Bill will do so as well.
  b. John will buy a book on Monday, and Bill will do so on Tuesday as well.

(23a)では，do so は buy a book on Monday を指す(つまり，前置詞句は do so の中に含まれている)．これに対し，(23b)では，do so は buy a book のみを指し，前置詞句の on Tuesday は do so の外にある．この現象は以下の統語構造を仮定すると説明できる．

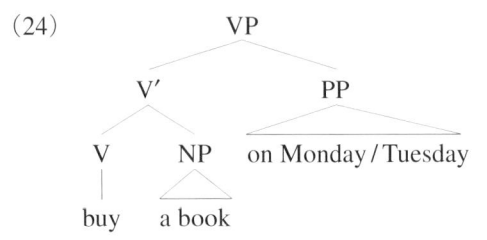

(24)
```
           VP
          /  \
         V'   PP
        /  \    \
       V   NP   on Monday / Tuesday
       |    \
      buy  a book
```

do so は，VP また V' の代用表現と考えよう．もし VP の代用とすると，(23a)が派生され，V' の代用とすると，(23b)が派生される．どちらの代用としても，目的語は必ず VP または V' に含まれるので，(22)のように，目的語を除いて動詞のみの代用となることはできない．

もう1つの特性として，状態を示す動詞は do so の先行詞になれない．

(25) *Bill knows the answer, and Harry does so, too.

また，do so は文中に先行詞を持たなくてはならず，語用論的に周囲の状況から do so が指すものを決定することはできない．これに対して，do it はそのような状況でも用いることができる．たとえば，(26)が，ある人が5センチの穴に直径10センチの棒を通そうとしている状況で発話されたと仮定してみよう．

(26) a. It's not clear that you'll be able to do it.
　　　b. #It's not clear that you'll be able to do so.

(# は与えられた文脈ではその文が不適切であることを示す．) do it は必ずしも文の中で先行詞を持つ必要がなく，周囲の状況で何を指すか判断できればよく，(26a) は適切である．これに対し，do so は文中に先行詞が必要なので，このような状況では (26b) は不適切である．

do so による代用は，動詞句を対象とする代用表現であるのに対して，one は名詞句を対象とする代用表現である．たとえば，物理専攻の髪の長い学生のことを話していて，途中から入ってきた人が，"Which student are you talking about?" と聞いたとする．その答えとして，以下の可能性がある．

(27) a. This one.
　　　b. The one with long hair.
　　　c. *The one of physics.

学生であることはわかっているので，student の代わりに one が使われているが，(27a, b) は可能だが，(27c) は不可能である．これは以下の構造で説明できる．

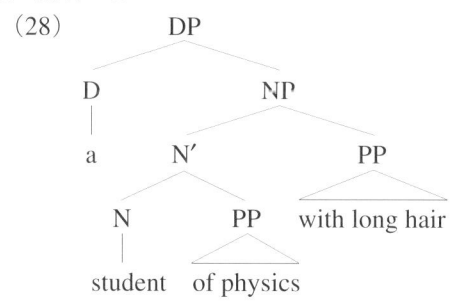

(28)
```
            DP
           /  \
          D    NP
          |   /  \
          a  N'   PP
            /  \   |
           N   PP  with long hair
           |   |
       student of physics
```

of physics は student の補部である．これは，student of physics と (to) study physics が密接に関わっていることからもわかる．つまり，後者では physics は study の補部なので，前者でも of physics は，study に対する physics と同等の補部の地位を持つのである．それに対し，with long hair は付加詞で，補部より構造上高い位置に来る．ここで，one は NP または N' を代用したものであると仮定すると，(27a) では NP を，(27b)

ではN'を，代用したのである．NPとN'のいずれの代用となるとしても，補部は必ず含まれるので，補部がoneに含まれていない(27c)は非文法的となる．

▶基本文献◀
- Reinhart (1976): 束縛の条件として，構成素統御をはじめて提案した．代名詞研究に不可欠の論文．
- Sag (1976): VP削除により削除された部分と先行詞との同一性を論理形式に課せられる条件の観点から説明を試みたもの．
- Hankamer and Sag (1976): 削除・照応について，統語的コントロールと語用論的コントロールの区別を論じている．

第 21 章 極性現象

【実例】
(a) Only in the last example is there <u>any</u> concern with existence in the real world.　　　(G. Lakoff, *Women, Fire, and Dangerous Things*)
(b) He absolutely cannot politically afford for it to fail if he had <u>any</u> hopes of higher office.　　　(*Time*, November 6, 2000)

21.1 文否定と構成素否定

　文には肯定的なものと否定的なものがあり，この区別を極性（polarity）と呼ぶ．否定文のうち，文全体が否定される否定文を「文否定」（sentence negation）と呼ぶ．文否定には，次のような特徴がある（Klima 1964）．

[A] either 付加
(1) a. Not much rain fell, and not much snow fell, either.
　　b. Publishers will usually reject suggestions, and writers will {not/never/hardly/scarcely/seldom/rarely} accept them, either.

[B] not even の付加
(2) a. Not much snow fell, not even there.
　　b. The writers will {not/never/seldom/rarely} accept suggestions, not even reasonable ones.

[C] 肯定形の付加疑問
(3) a. Not much of the product was bought, was it?
　　b. Writers will never accept suggestion, will they?

[A]–[C] の特徴を持つ否定は文否定と呼ばれ，文中の一部の構成素のみが否定されるものは「構成素否定」（constituent negation）と呼ばれる．ま

た，否定要素の間には否定力の強弱があり，これは(4)のような文で観察される．

(4) a. Writers will {not / never} accept suggestions, and neither will publishers.
　　b. Writers will seldom accept suggestions, and neither will publishers.

(4a)のように，notとneverを含む文にneitherを付加した文は，すべての話者に容認可能であるが，(4b)のように，seldom, rarelyなどの否定副詞がある文については，容認できないとする話者もいる．このことから，notやneverは否定の力が強く，seldom, rarelyは弱いと考えられる．

21.2　否定極性現象
21.2.1　統語的説明

anyやeverは生起する環境がかなり制限されており，特に否定的環境に生じるので，否定極性表現（negative polarity item: NPI）と呼ばれる．

(5) a. *Nobody* ever accepts suggestions with any sincerity.
　　b. *Only* young writers ever accept suggestions with any sincerity.
　　c. He was *reluctant* to see any more patients.
　　d. He was *against* doing anything like that.
　　e. He was *stupid* to become any heavier.
　　f. I am *surprised* that he ever speaks to her.

NPIの分布に対する統語的制約としては，(6)が提案されている．

(6)　NPIは，S構造で，素性［affective］を持つ要素によって構成素統御されていなければならない．

(5)の斜体部の語句は，共通して［affective］という素性を持っている．そして，下線部のNPIは，その素性を持つ要素によって構成素統御（c-command）（⇨ 20.1.3）されているので，容認可能である．一方，(7)の例では，［affective］を持つ要素が存在しないので，容認不可能である．

(7) a. *I am sure that he ever speaks to her.
　　b. *He was smart to become any heavier.

さらに，(8)の例では，[affective] を持つ not が存在するが，NPI が not に構成素統御されていないので，容認不可能である．

(8) *I told anyone that John was *not* sick.

21.2.2 意味的説明

上記の統語的分析には，次の 2 つの問題点がある．まず，素性 [affective] の性質が明らかでない．[affective] は，NPI の生起を認可する要素に与えられる素性であるが，それらの要素の共通性が明らかではない．次に，NPI の分布は，構成素統御では説明できない場合がある．たとえば，次の文を見よう．

(9) a. No student who had ever read anything about phrenology attended the lecture.
   b. Every student who had ever read anything about phrenology attended the lecture.
   c. *Some student who had ever read anything about phrenology attended the lecture. (Ladusaw 1980)

(9a, b) が容認可能であり，(9c) が容認不可能であるので，no と every は素性 [affective] を持ち，some は持たないことになる．しかし，そうすると，次の (10b) で NPI が生起不可能である事実を説明できない．

(10) a. No student who attended the lecture had ever read anything about phrenology.
   b. *Every student who attended the lecture had ever read anything about phrenology.
   c. *Some student who attended the lecture had ever read anything about phrenology.

(10a) では，[affective] を持つ no を含む主語名詞句が下線部を構成素統御しているので容認可能であるが，同じ構造を持つ (10b) では，every を含む主語名詞句が NPI を c 統御しているにもかかわらず，容認不可能である．

そこで，Ladusaw (1980) による，意味特性に基づく NPI の分布の説明を見よう．まず (11) を考えよう．

(11) a. John is a young man.
　　 b. John is a man.

「若い男性」であれば，必ず「男性」でもある．したがって，(11a)が成立すれば，(11b)も成立する．この場合，(11a)は(11b)を含意する(entail)という．しかし，男性であれば，必ず若い男性であるとは言えないので，(11b)が成立しても(11a)が成立するとは限らず，(11b)は(11a)を含意しない．これらの含意現象は，「男性」が「若い男性」をその一部として含む上位概念であることに基づいている．すなわち，(11a, b)のような肯定文では，含意の方向は，下位の概念 (young man) から，上位の概念 (man) へ向いている．これを「上方含意」(upward-entailment) と呼ぶ．

次に(12)のように not を含む文を見よう．

(12) a. John isn't a young man.
　　 b. John isn't a man.

「男性でない」ならば「若い男性でない」ことを含意するが，「若い男性でない」ことは「男性でない」ことを含意しない．すなわち，(12)では，(11)とは逆に，(12b)は(12a)を含意し，(12a)は(12b)を含意しない．このように，文が否定辞 not を含むことにより，含意は上位概念から下位概念の方に向いている．これを「下方含意」(downward-entailment) と呼ぶ．そして，下方含意が成り立つ環境で NPI の生起が可能となると言うことができる．

(13)　下方含意関係による NPI 認可の仮説
　　　否定極性表現は，下方含意が成り立つ領域内にある時にのみ容認可能である．

そこで，素性 [affective] を持つとされる(14)の否定表現について見ると，すべて下方含意を許している．

(14) a. John {never / rarely / seldom} eats a green vegetable.
　　 b. John {never / rarely / seldom} eats a green vegetable for dinner.

(14)で，もし John が「緑色野菜を {決して / めったに} 食べない」なら，「夕食に緑色野菜を {決して / めったに} 食べない」ことも成り立つ．この

ように，never, rarely, seldom は下方含意表現であるので，(15) に示すように，NPI の生起が可能となる．

(15) I {never / rarely / seldom} <u>ever</u> eat <u>anything</u> for breakfast <u>anyone</u>.

次に few を含む (16) を考えてみよう．

(16) a. Few men walk.
　　 b. Few men walk slowly.

(16) で，「歩く男性がほとんどいない」なら，「ゆっくり歩く男性がほとんどいない」とも言える．したがって，few は下方含意表現であり，NPI の生起を可能にする．

(17) Few men attended <u>any</u> of the lectures.

次の (18) は，[if p, then q] 型の条件文である．この文で，前提 p の部分について，下方含意を許すかどうか見よう．

(18) a. If John eats a green vegetable for dinner, then Mary will reward him.
　　 b. If John eats Brussels sprouts for dinner, then Mary will reward him.

(18) で，もし緑色野菜を食べれば Mary からほうびがもらえるのならば，緑色野菜の一種であるメキャベツを食べてもほうびがもらえる．すなわち前提 p は下方含意を許す．したがって，条件の if 節には NPI が生起可能である．

(19) If <u>anyone</u> <u>ever</u> discovers the money missing, then John will return it.

一方，帰結 q の部分は下方含意を許さない．(20) を見よう．

(20) a. If Mary rewards him, then John will eat a green vegetable.
　　 b. If Mary rewards him, then John will eat Brussels sprouts.

(20) で，Mary からほうびがもらえるならば，John が緑色野菜を食べるとしても，John が食べる緑色野菜がメキャベツであるとは限らない．(たとえば，ほうれん草かもしれない．) したがって，帰結 q の部分は下方含意が成立しないので，(21) に示すように，NPI が生起不可能となる．

(21) *If John doesn't return it, then anyone will ever discover that the money is missing.

素性［affective］に基づく分析にとって問題となった（9），（10）の例も下方含意によって説明することができる．

(22) a. Every student who ate a green vegetable was punished.
b. Every student who ate Brussels sprouts was punished.

緑色野菜を食べた学生がすべて罰せられたのであれば，メキャベツを食べた学生もすべて罰せられたはずである．すなわち，(22)の主語名詞句の関係節の中では下方含意が成立する．したがって，この関係節内にNPIが生起できることが説明される．

(9) b. Every student who had ever read anything about phrenology attended the lectures.

次に(23)を見よう．

(23) a. Every student who attended my lecture ate a green vegetable.
b. Every student who attended my lecture ate Brussels sprouts.

(23a)は，(23b)を含意しない．（私の授業に出たすべての学生が緑色野菜を食べたとしても，それがメキャベツかどうかはわからない．全員がほうれん草を食べたかもしれない．）このように，(23)の主節では下方含意が成立しないため，(10b)で見たように，主節ではNPIは容認されない．

(10) b. *Every student who attended the lecture has ever read anything about phrenology.

このように，(13)の仮説は，素性［affective］の意味的基盤を明らかにし，意味概念に基づいてNPIの分布を捉えようとする試みである．このアプローチの精密化については，van der Wouden (1997), Zwarts (1998)を参照．

21.3 論理形式による説明

否定およびNPIの分布制限を論理形式（Logical Form = LF）によって説明する試みもある（Linebarger 1980, 1987, 1991）．たとえば(24)のLF表示は，(25)のようになる．

(24) Mary doesn't love John.
(25) NOT (Mary loves John)

否定辞 n't は，LF で否定演算子 NOT と解釈される．(25) では，丸括弧でくくられた部分，すなわち n't を除いた文全体が NOT の作用域となっている．

この分析では，LF で否定演算子 NOT が最も広い作用域をとる場合，文否定と解釈される．たとえば，次の文 (26) では，(27a, b) の 2 つの LF に対応する解釈が可能である．

(26) He didn't move because he was pushed.
(27) a. NOT CAUSE (he was pushed, he moved)
    （彼が動いたのは押されたからではない．[別の理由による]）
  b. CAUSE (he was pushed, NOT [he moved])
    （彼が動かなかったのは，押されたからだ．）

(27a) の解釈では not は 2 つの命題間の因果関係を否定し，(27b) の解釈では not は [he moved] を否定している．(27a) では NOT が最も広い作用域をとっているので，文否定である．一方，(27b) では，因果関係を表す論理演算子 CAUSE が NOT より広い作用域を持つので，文否定ではなく，構成素否定と解釈される．

これらのことを前提として，NPI に関して次のような制約が提案されている (Linebarger 1980)．

(28) NPI の直接作用域制約 (Immediate Scope Constraint = ISC)
    NPI は，LF において，否定演算子 NOT の直接作用域にあれば容認可能である．

この制約により，否定演算子と NPI の間に別の演算子が介在することが禁じられる．たとえば，(29) を見よう．

(29) He didn't eat anything.

(29) の LF は (30) である．(any は LF で存在量化子 ∃ (⇨ 24.1) に相当すると考えよう．)

(30) NOT $\exists x$ [he ate x]

(30) で，any (∃) は NOT の作用域内にあり，any と NOT の間に他の論理演算子が介在していない．したがって，any は NOT の直接作用域内に

あるので，(28) の条件を満たし文法的である．

　ここで，上記 (26) の主節に NPI の budge が生起している例を見よう．

　(31)　He didn't budge because he was pushed.

この文には，(27a) に対応する解釈はなく，(27b) に対応する解釈しかない．これは，budge が NPI であるために否定の直接作用域内になければならず，(28) の制約により，(32b) の LF のみが許されるためである．

　(32) a.　*NOT CAUSE (he was pushed, he budged)
　　　 b.　CAUSE (he was pushed, NOT [he budged])

(32b) では，budge が NOT の直接作用域内にあるが，(32a) では，NOT と budge の間に論理演算子 CAUSE が介在しているため，(32) は (28) の制約に違反している．したがって，(31) には文否定の解釈はなく，否定形の付加疑問文が許されない．

　(33)　*He didn't budge (an inch) because he was pushed, did he?

21.4　否定倒置構文
21.4.1　否定倒置構文の意味論

　否定を表す句が前置されると，主語・助動詞倒置が適用される．

　(34) a.　[Never] have I seen so much rain.
　　　 b.　[Nowhere] do we see such things.
　　　 c.　[Not even there] did it rain.

この倒置現象を引き起こすのは文否定の否定句の前置に限られ，構成素否定表現が前置されても倒置は生じない．

　(35) a.　[Not long ago] it rained.
　　　 b.　[Not far away] it was raining very hard.
　　　 c.　[No more than three years ago], John was also doing it.

　前置された否定要素の相違と倒置現象の有無の相関関係は，次の２つの文の相違にも見ることができる．

　(36)　With no job would John be happy, {would he / *wouldn't he}?

　(37)　With no job, John would be happy, {*would he / wouldn't he}?

付加疑問は，先行する主節の極性と反対の極性をとる．否定倒置が生じている (36) は文否定なので，肯定形の付加疑問が後続し，倒置が生じてい

ない (37) は構成素否定であるので，否定形の付加疑問が後続する．さらに，次のように，否定倒置構文は文否定なので NPI の生起が認可され，倒置を伴わない文は文否定ではないので，NPI が生起できない．

(38) a.　Not even then was there *any* rain falling.
　　　b.　*Not long ago there was *any* rain falling.

21.4.2　否定倒置構文の統語論

ここでは否定倒置構文の統語構造を見よう．まず，主文の一般的な句構造を (39a)，補文の構造を (39b) と考えよう (Culicover 1991a)．

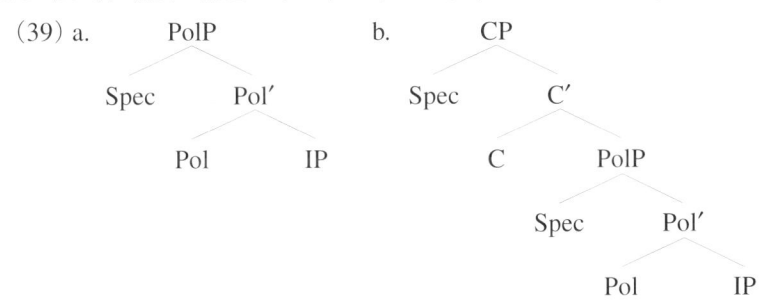

(39) a.　　　PolP　　　　　b.　　　CP
　　　　　／＼　　　　　　　　　　　／＼
　　　Spec　Pol′　　　　　　　　Spec　C′
　　　　　　／＼　　　　　　　　　　　／＼
　　　　　Pol　IP　　　　　　　　　C　PolP
　　　　　　　　　　　　　　　　　　　　／＼
　　　　　　　　　　　　　　　　　　Spec　Pol′
　　　　　　　　　　　　　　　　　　　　　／＼
　　　　　　　　　　　　　　　　　　　　Pol　IP

Pol は主として極性に関わる機能範疇で，否定 [Neg]，肯定 [SO]，焦点 [FOCUS] 等の要素を含む．

(40) a.　主節の Pol = {Neg, Wh, SO, FOCUS}
　　　b.　補文の Pol = {Neg, SO, FOCUS}
　　　c.　補文の C = {that, Q, [*e*]}

以上を仮定すると，(41) は (42) のように派生される．

(41)　Not till then did he perceive his mistake.
(42) a.　[PolP [Pol Neg] [IP he did perceive his mistake [not till then]]]
　　　b.　[PolP [Pol Neg + did] [IP he perceive his mistake [not till then]]]
　　　c.　[PolP [not till then] [Pol′ [Pol Neg + did] [IP he perceive his mistake]]]

Pol 内の [Neg] は接辞 (affix) であると考えよう．したがって，[Neg] は何らかの語彙的主要部と結合しなければならない．このため，I が繰り上げられ Pol に付加する (42b)．次に，PolP の指定部・主要部一致のため

に，否定句 [not till then] が Pol の指定部へ移動される（42c）．

このように，否定倒置には，Pol 主要部への INFL 移動と，PolP 指定部への否定句移動が関わっている．否定倒置構文については，Liberman (1975), Rochemont (1978), Culicover (1991a) 等を参照．

▶基本文献◀
・Klima (1964): 初期の生成文法理論の枠組みで，否定現象を包括的に論じている．
・Ladusaw (1980): 極性を含意関係に基づいて分析した優れた論文．
・Linebarger (1980): 論理形式（LF）を用いて否定現象を分析している．
・Haegeman (2000): CP の詳細な分析に基づき，否定倒置構文の構造を分析している．

第22章 文副詞と VP 副詞

【実例】

(a)　George McJunkin, who was born a slave and became a <u>highly</u> regarded cowboy, would <u>probably</u> be forgotten <u>today</u> except for his accidental discovery of a pile of bones after a flood in Oklahoma in 1908. His find was ignored and <u>almost</u> forgotten for almost 20 years. But when archaeologists were told of the site and examined it, they found a stone point stuck between the ribs of a long-extinct species of bison among the bones. This <u>eventually</u> led them to add thousands of years to the known history of humans in the New World. (*USA Today*, October 20, 2000)

(b)　The valley was full of a lustrous dark haze, through which the ripe corn shimmered, and in which the stream from Minton pit melted <u>swiftly</u>. Puffs of wind came. Paul looked over the high woods of Aldersley, where the country gleamed, and home had never pulled at him so powerfully.

(D. H. Lawrence, *Sons and Lovers*)

22.1　文副詞と VP 副詞

　副詞は文副詞と VP 副詞に大別できる．たとえば，(1a, b) の対比を見ると，副詞 rudely の位置によって解釈が異なる．

(1) a.　Rudely, Donald left the meeting.
　　 b.　Donald left the meeting rudely.　　　(Ernst 1984: 23)

(1a) は，Donald が会議を途中で抜ける行為自体が rude であったと述べている．一方，(1b) は，Donald が会議を抜け出す際の行動(席の立ち方やドアの閉め方等々)が rude であった，と述べている．(1a) の rudely は

主語が行なう行為に対する話者の判断を表す文副詞で，主語志向（subject-oriented）の副詞と呼ばれ，(1b) の rudely は動詞によって示される行為の様態を述べる VP 副詞で，様態（manner）の副詞と呼ばれる．

22.1.1　副詞の生じる位置に基づく統語的下位分類

　副詞は，特殊な事例を除き，生起する位置により解釈が異なる．そこで，副詞が生起可能な統語上の位置と解釈の違いに基づいて，副詞を6つのタイプに分類しよう（Jackendoff 1972）．

(2) 　Type 1: 文頭，文中，文末のいずれの位置にも生起でき，文頭では文副詞，文末では VP 副詞の解釈を受け，文中ではいずれの解釈も可能である副詞: cleverly, specifically, carefully, truthfully, etc.
　　a. 　Cleverly(,) John dropped his cup of coffee.
　　b. 　John cleverly dropped his cup of coffee.
　　c. 　John dropped his cup of coffee cleverly.　（Ernst 1984: 49）

(3) 　Type 2: 文頭，文中，文末のいずれの位置にも生起でき，いずれの位置に生起しても解釈に明確な相違の見られない副詞: quickly, reluctantly, sadly, quietly, immediately, often など．

(4) 　Type 3: 文頭と文中に生起できる副詞（文副詞）: probably, certainly, apparently, unfortunately, etc.
　　a. 　Evidently Haratio has lost his mind.
　　b. 　Haratio has evidently lost his mind.
　　c. 　*Haratio has lost his mind evidently.　（Ernst 1984: 50）

(5) 　Type 4: 文中と文末に生起できる副詞（VP 副詞）: completely, easily, totally, altogether, etc.
　　a. 　*Completely Stanley ate his Wheaties.
　　b. 　Stanley completely ate his Wheaties.
　　c. 　Stanley ate his Wheaties completely.　　　（ibid.）

(6) 　Type 5: 文末にのみ生起できる副詞（VP 副詞）: hard, fast, well, more, before, home, terribly, etc.
　　a. 　*Hard John hit Bill.
　　b. 　*John hard hit Bill.
　　c. 　John hit Bill hard.　　　（Ernst 1984: 51）

(7) Type 6: 文中にのみ生起できる副詞（VP 副詞）: merely, truly, simply, utterly, virtually, hardly, etc.
　　a.　*Merely Albert is being a fool.
　　b.　Albert is merely being a fool.
　　c.　*Albert is being a fool merely.　　　　　　（ibid.）

以上の 6 タイプの副詞の分布特性は，(8) のようにまとめられる．

(8)　　　　　　　文頭　　　　　文中　　　　　　文末
　　　Type 1　ok（文副詞）　ok（多義的）　　ok（VP 副詞）
　　　Type 2　ok　　　　　　ok　　　　　　　ok
　　　Type 3　ok（文副詞）　ok（文副詞）　　*
　　　Type 4　*　　　　　　 ok（VP 副詞）　 ok（VP 副詞）
　　　Type 5　*　　　　　　 *　　　　　　　 ok（VP 副詞）
　　　Type 6　*　　　　　　 ok（VP 副詞）　 *

(8) に見るように，文頭に生起する副詞は文副詞，文末に生起する副詞は VP 副詞であるが，文中に生起する副詞には，文副詞にも VP 副詞にも解釈できる副詞がある．この事実は，以下の構造によって捉えることができる．

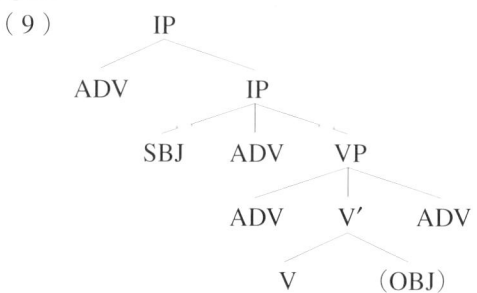

(9)
```
            IP
          /    \
        ADV    IP
              / | \
           SBJ ADV VP
                  / | \
                ADV V' ADV
                    / \
                   V  (OBJ)
```

主語（SBJ）と動詞（V）の間にある副詞（ADV）には，IP に付加されている可能性と VP に付加されている可能性があり，IP に付加されていれば文副詞として解釈され，VP に付加されていれば VP 副詞として解釈される．ところが文中の位置でも，Type 3 は文中に生起するが VP 副詞として解釈されず，また，Type 4 と Type 6 は文副詞とは解釈できない．この事実は，副詞と修飾される要素との意味的整合性のために，前者のタイプの副詞は IP に直接支配され，後者のタイプの副詞は VP に直接支配され

るためであると考えられる．

22.1.2　文副詞の意味的下位分類と作用域関係

　文副詞には，意味上，少なくとも2つのタイプが存在する．話者志向の (speaker-oriented) 副詞と主語志向の (subject-oriented) 副詞である．

(10) a.　Truthfully, John lied to Bill.
　　　b.　Carefully, John spilled the beans.

(10a) の truthfully は，話者指向の副詞で，当該の文で表現される出来事に対する話者の態度を表す．一方，(10b) の carefully は，主語指向の副詞で，主語についての付加的な情報を加える．

　これら2つのタイプの文副詞については，文副詞同士の共起制限の問題と，その順序関係の問題がある．

　まず，同タイプの副詞が共起する場合，話者志向の副詞は，同一単文中に複数生起することができるが，主語志向の副詞は同一単文中に2つ以上生起することができない．

(11) a.　Max *happily* has *often* been trying to climb the walls.
　　　b.　*Happily*, Max has *evidently* been trying to decide whether to climb the walls.　　　　　　　　　(Jackendoff 1972: 89)
(12) a.　*Carefully Max *quickly* was climbing the walls of the garden.
　　　b.　*Max *cleverly* has *stealthly* been trying to decide whether to climb the walls.　　　　　　　　　(Jackendoff 1972: 90)

(11) の斜体で示された副詞は，いずれも話者志向の副詞であり，これらは1つの文中に共起可能である．一方，(12) の斜体で示された副詞は，いずれも主語志向の副詞であり，1つの文中に共起することはできない．これらの副詞の生起している位置には問題がないので，(12a, b) の非文法性は統語的理由によるものではない．複数の主語志向の副詞が単文中に共起できないのは，複数の主語志向の副詞が単一の主語に同時に意味上の限定を加えることを禁ずる意味的制約によるものであると思われる．これに対して，話者志向の副詞に共起制限が働かないのは，複数の話者志向の副詞が同一単文に共起した場合，それらは同一の部分を修飾するのではなく，各々の構成素統御領域を作用域として階層的に修飾するからである．

話者志向の副詞と主語志向の副詞が同一単文中に共起する場合は，話者志向の副詞が主語志向の副詞に先行する．

(13) a. *Probably* Max *cleverly* was climbing the walls of the garden.
   b. *Often* Max has *carefully* been trying to decide whether to climb the walls.
(14) a. *Carefully Max *probably* was climbing the walls of the garden.
   b. *Carefully John avoids works, *evidently*.
(Jackendoff 1972: 93)

話者志向の文副詞と主語志向の文副詞は，生起可能な統語位置は同じなので，この語順制限を統語的制約によって説明することはできない．この現象は，「話者志向の副詞は主語志向の副詞よりも広い作用域を持つ」という意味上の一般化によって説明される．文頭の文副詞は文中の文副詞よりも広い作用域を持つので，(14)では主語志向の文副詞が話者志向の文副詞よりも広い作用域を持つことになり，意味上不適格になると考えられる．

22.1.3　VP副詞の位置と作用域関係

意味タイプが異なるVP副詞が共起した場合にも，作用域関係に関わる制限が存在する．

まず，遊離数量詞（floating quantifier）と様態の副詞が共起した場合，前者が後者に必ず先行しなければならない（遊離数量詞をVP副詞と考える点は，Doetjes (1992)，Williams (1982)を参照）．

(15) a. The men will all quickly learn French.
   b. *The men will quickly all learn French.　(Bowers 1993)

遊離数量詞は，VP指定部にある主語の痕跡を義務的に構成素統御するとしよう（Doetjes 1992）．そうすると，遊離数量詞はVPかそれより上の位置に付加される．一方，様態の副詞は，主語の性質に関わりなく，動詞が表す行為のみを修飾するので，VPに付加されると考えられる．したがって，遊離数量詞が様態の副詞よりも高い位置にあるので，構造的に上にある遊離数量詞が，様態の副詞に先行する．こうして(15a, b)の相違が説明される．

(16)
```
       AuxP
      /    \
    all    Aux'
          /    \
        Aux    VP
              /  \
           ADV   VP
            |   /  \
       quickly t_SBJ  V'
                    /  \
                   V   OBJ
```

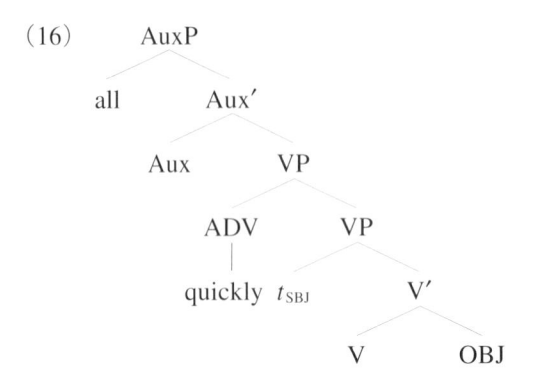

　また，複数の「時の副詞」が動詞の後に共起した場合，より特定的な時間を表す副詞が他の副詞に先行するのが通例である．

(17) a.　I'll see you at nine on Monday.
　　　b.　*I'll see you on Monday at nine.

(17)で，1日の特定の時間を表す at nine は，on Monday に先行しなければならない．この制限は，「広い概念を表す副詞が，特定的で狭い概念を表す副詞よりも広い作用域をとる」という意味的制約を守るためである．動詞に後続する場合，より高い位置にある副詞の作用域は，低い位置にある副詞の作用域よりも広くなるので，(17a)の語順となる．

(18)
```
            VP
           /  \
          VP   ADV
         /  \    \
        V'   ADV  on Monday
       /  \    \
      V   OBJ  at nine
```

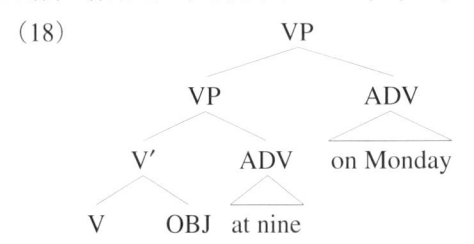

　このように，一般に，2つの（VP）副詞が動詞の前に共起する場合，S構造で前方の副詞がより広い作用域を持ち，一方，動詞の後に共起する場合，S構造で後方の副詞がより広い作用域を持つ．

　この一般化をさらに裏づける現象として，次の例を見よう．

(19) a.　John knocked on the door intentionally twice.
　　　b.　(?)John twice intentionally knocked on the door.

c. John knocked on the door twice intentionally.
   d. (??)John intentionally twice knocked on the door.

(Andrews 1983)

(19a, b) と (19c, d) では，intentionally と twice の語順が異なっている．(19a, b) は「意図的にドアをノックするという出来事が2回あった」と解釈され，(19c, d) は「ドアを2回ノックするという出来事が意図的に1回だけ行なわれた」と解釈される．この相違は，副詞の位置に基づいて説明される．(19a) と (19d) の構造は，それぞれ，(20a, b) となる．

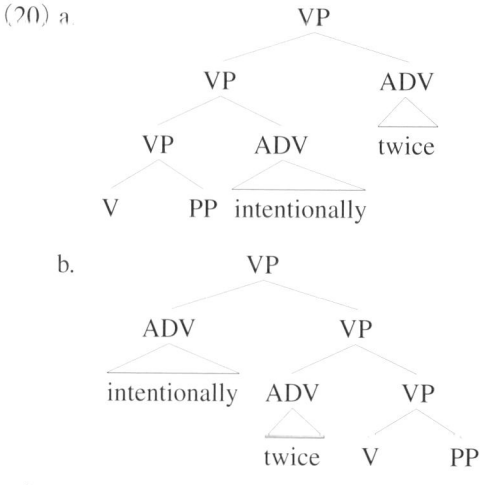

(20) a.

```
              VP
           /      \
         VP       ADV
        /   \       |
      VP    ADV   twice
     /  \     |
    V   PP  intentionally
```

   b.

```
              VP
           /      \
         ADV       VP
          |       /   \
    intentionally ADV   VP
                   |   /  \
                 twice V   PP
```

(20a) では，twice が intentionally を構成素統御し，その逆は成り立たないので，twice > intentionally の解釈のみが得られる．一方，(20b) では，intentionally が twice を構成素統御し，その逆は成り立たないので，intentionally > twice の解釈のみが得られる (Pesetsky 1989)．

22.2　否定要素と文副詞の作用域関係

否定要素と文副詞が同一文中に共起する場合，文副詞の方が広い作用域を持たなければならない (Bellert 1977: 346; Greenbaum 1969: 136)．

   (21) a. John probably {never / rarely} ran so fast.
       b. *{Never / Rarely} did John probably run so fast.

(22) a.　He certainly can't drive a car.
　　 b.　*He can't certainly drive a car.
　　　　 cf. He can certainly drive a car.

否定要素と文副詞が生起している位置には問題がないので，この作用域現象には意味的説明が必要である．(21) の probably, (22) の certainly は，主節が表す命題の蓋然性に対する話者の判断を表す．否定要素は命題内容の一部を成す要素である．したがって，これらの副詞の作用域の外側に否定要素が生ずると，意味的に不整合となる．

22.3　量化の副詞

「量化の副詞」(adverb of quantification) とは，always, universally, sometimes, occasionally, never, usually, mostly, generally, often, seldom, rarely など，意味上一定の量化の意味を含む (Lewis 1975).

Lewis (1975) によれば，量化の副詞は「出来事 (events) の起こる頻度」ではなく，出来事が生起する「場合」(cases) についての量化表現である．すなわち，「ある事が，いつも (always) / 時々 (sometimes) / しばしば (often) 起こるとか，決して (never) / めったに (seldom) 起こらない」というのは，「ある事が，すべての場合に (in all cases) / いくつかの場合に (in some cases) / ほとんどの場合に (in most cases) 起こるとか，いかなる場合にも (in no case) / ほとんどの場合に (in few cases) 起こらない」ことを意味している．

量化の副詞は量化表現であるので，他の量化子と同様に，LF 部門において数量詞繰り上げ (Quantifier Raising: QR) (⇨ 24.2) の適用を受ける (Heim 1982). たとえば，(23a) の LF 構造は (23b) のようになる．

(23) a.　John is always reading books.
　　 b.　[$_{IP}$ always$_i$ [$_{IP}$ John is t_i reading books]]

この分析の根拠を見る前に，(24a, b) の対比を見ると，英語の束縛代名詞 (bound pronoun) には (25) の条件が課されることがわかる (⇨ 24 章).

(24) a.　No one$_i$ loves his$_i$ mother.
　　 b.　*The accreditation of no college$_i$ regulates its$_i$ quality.

(25) 英語の束縛代名詞は，その先行詞によって構成素統御されなければならない．

(24a) の no one は his を構成素統御しているが，(24b) の no college は its を構成素統御せず，非文となっている．これを踏まえて，(26) を見よう．

(26) Every man who owns a donkey beats it. (Geach 1962)

(26) は，ロバ文（donkey sentence）と呼ばれ，代名詞 it は a donkey に束縛される解釈を持つが，a donkey は it を構成素統御していないので，(26) の容認性は，一見すると，(25) の条件に反している．しかし，(26) で存在数量詞の a donkey は普遍数量詞の every man に依存し，各 man に対して 1 匹の donkey が対応する解釈を持つ．また，every man は代名詞 it を構成素統御する．このことから，(26) が容認可能であるのは以下のように説明することができる．(26) で，a donkey は普遍数量詞 every man によって構成素統御されており，かつ，代名詞 it は，その先行詞である a donkey が解釈上依存する every man によって構成素統御されている．結果的に，a donkey が it をいわば間接的に束縛（indirectly bind）することになり，(25) の条件が満たされる（Haïk 1984; Nakamura 1996）．

次の (27) には，一見すると，この説明が当てはまらないように見える．

(27) A man who owns a donkey always beats it.

代名詞 it は a donkey によって束縛される解釈を持つが，a donkey は a man に依存する解釈を持たないからである．しかし，(27) には always という量化の副詞が存在し，a donkey は，普遍数量詞の一種である always に依存する解釈を持つ．そこで always に QR を適用すると，(28) の LF 構造が得られる．

(28) [$_{IP}$ always$_i$ [$_{IP}$ a man who owns a donkey t_i beats it]].

ここで always は，a donkey と束縛代名詞 it の両方を構成素統御する．これはちょうど，(26) で every man が a donkey と it の両方を構成素統御するの同じである．つまり，(27) で always が QR の適用を受けると考えると，(26) と (27) に対して統一的な説明を与えることができる．この説明が成り立つためには，(23b) で示したように，always が QR によっ

て移動していなければならない．この分析によると，(28) の LF 構造は (29) のように表示される．

(29)　　always x, y (x is a man & y is a donkey & x owns y) [x beats y]

ここでは，不定名詞句と束縛代名詞はすべて変項となっており，always は，変項 x と変項 y を束縛している．このような性質を持つ副詞に usually, sometimes, never, seldom などがある．

▶基本文献◀
・Ernst (1984): 様態の副詞，程度の副詞，exactly のような正確さを表す副詞に関する最初の体系的研究．
・Heim (1982): 量化の副詞に関する最初の体系的研究．
・Jackendoff (1972): 文副詞を中心に，意味の観点から副詞の分類と特徴づけを行なっている．

第 23 章　理由節・条件節・譲歩節

【実例】
(a) Inflation theory says that very early on, the universe expanded in size by more than a trillion trillion trillion trillionfold in much less than a second, propelled by a sort of antigravity. Bizarre though it sounds, cosmic inflation is a scientifically plausible consequence of some respected ideas in elementary-particle physics, and many astrophysicists have been convinced for the better part of a decade that it is true.

(*Time*, May 4, 1992)

(b)　Well, we agreed that night that we would meet here again exactly twenty years from that date and time, no matter what our conditions might be or from what distance we might have to come. We figured that in twenty years each of us ought to have our destiny worked out and our fortunes made, whatever they were going to be.

(O. Henry, *After Twenty Years*)

23.1　Because 節の統語と意味

理由を表す副詞節の代表例として because 節がある．

（1）a.　Marty sold his bike because the gears broke.
　　　b.　A great work of art is great precisely because it offers a stimulation that cannot readily be found elsewhere.

because は，主節（head clause: H）と付加詞節（adjunct clause: A）が表す 2 つの命題の因果関係を表す 2 項述語と分析することができる（Johnston 1994）．because 節を含む文の意味は BECAUSE (H, A) と表

示され，H は「結果」を，A は「理由」を表す．たとえば，(1a) の意味は (2) のように表示される．

（2） BECAUSE ([Marty sold his bike], [the gears broke])

次に because 節の構造上の位置について見ると，because 節は VP と IP のいずれかに付加されると考えられる．

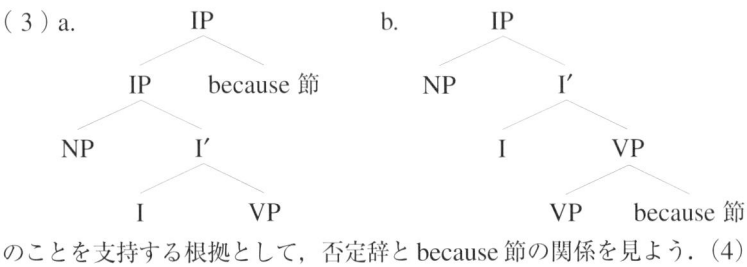

（3）a.　　　　　IP　　　　　b.　　　　　IP
　　　　　　　╱＼　　　　　　　　　　　╱＼
　　　　　　IP　　because 節　　　　　NP　　I′
　　　　　╱＼　　　　　　　　　　　　　　　╱＼
　　　　NP　　I′　　　　　　　　　　　　　I　　VP
　　　　　　╱＼　　　　　　　　　　　　　　　╱＼
　　　　　I　　VP　　　　　　　　　　　　　VP　　because 節

このことを支持する根拠として，否定辞と because 節の関係を見よう．(4) は，(5a, b) の 2 通りに解釈できる．

（4） Marty didn't sell his bike because the gears broke.

（5）a. Marty didn't sell his bike and the reason was that the gears broke.
　　　b. Marty did sell his bike but he sold it for a different reason other than the gears breaking.

(5a) は「Marty はバイクを売らなかったが，それはギヤが故障していたからである」という意味で，否定辞は主節の内容を否定している．これに対し，(5b) は「Marty がバイクを売ったのは，ギヤが故障していたからではない」という意味で，否定辞は主節と because 節の因果関係を否定している．

(4) の多義性は，以下のように捉えられる．(4) の否定辞 n't は INFL 主要部の位置にあり，because 節は IP あるいは VP に付加されている．否定の作用域は，否定辞が構成素統御 (c-command) する領域である．(6a) では，否定辞は because 節を構成素統御しないので，否定の作用は because 節に及ばず主節が否定されるので，(5a) の解釈に対応する (7a) の意味表示が得られる．一方，(6b) では，否定辞が because 節を構成素統御するので，否定の作用が従属節に及び，(5b) の解釈に対応する (7b) の意味表示が得られる．(7b) では BECAUSE の 2 項間の理由関係が否定

（6） a.　　　　IP　　　　　　　b.　　　　　IP
　　　　　　／＼　　　　　　　　　　　　／＼
　　　　　IP　　because 節　　　　Marty　　I′
　　　　／＼　　　　　　　　　　　　　　　／＼
　　　Marty　I′　　　　　　　　　　　　　I　　VP
　　　　　　／＼　　　　　　　　　　　　│　　／＼
　　　　　I　　VP　　　　　　　　　didn't　VP　because 節
　　　　　│　　△　　　　　　　　　　　　△
　　　didn't　sell...　　　　　　　　　sell...

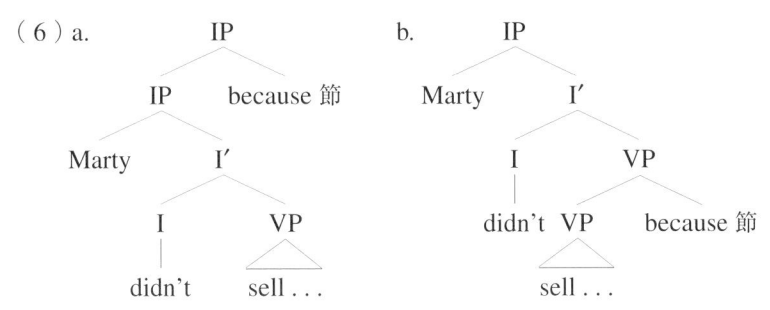

されている．（7a）の解釈を「主節否定」，（7b）の解釈を「関係否定の解釈」と呼ぼう．

（7） a.　BECAUSE（NOT [Marty sold his bike], [the gears broke]）
　　　　　（主節否定）
　　　b.　NOT BECAUSE（[Marty sold his bike], [the gears broke]）
　　　　　（関係否定）

否定が関わる別の例を見よう．

（8）　　No one left because Mary was singing.（主節否定，関係否定）
（9）　　Because the gears broke, Marty didn't sell his bike.（主節否定）
（10） a.　[VP Hit his dog]i though he hasn't ti because he loves her,...
　　　　　（主節否定）
　　　b.　[VP Hit his dog because he loves her]i though he has't ti,...
　　　　　（関係否定）

（8）では否定辞が主語 NP に含まれている．この場合，because 節が IP に付加されると no の作用域に入らないので，主節否定の解釈を，VP に付加されると関係否定の解釈を持ち，多義性が生ずる．（9）では，because 節は文頭で IP に付加されるため，主節否定の解釈だけが可能である．（10a）では，VP 移動により VP が前置されているが，because 節は IP 付加位置にあり，主節否定の解釈だけが可能である．これに対し，（10b）では，because 節は VP とともに移動しており，VP 付加位置にあるので，関係否定の解釈だけが可能である．

23.2 If 節の意味解釈

If p, then q の形式の条件文に生じる直説法の if 節には，意味機能の観点から見ると，(11) の仮定条件節（Hypothetical Conditional: HC），(12) の叙実的条件節（Factual Conditional: FC），(13) の関連性条件節（Relevance Conditional: RC）の3つのタイプが存在する（Iatridou 1991）.

(11)　If it's sunny, (then) Michael takes the dog to the park. (HC)
(12)　A:　Bill is very unhappy here.
　　　B:　If he is so unhappy, (then) he should leave. (FC)
(13)　If you want to know, (*then) 4 isn't a prime number. (RC)

(11) の仮定条件節は，陳述 q が真であるための条件を表す．すなわち，仮定条件節の文は，「条件 p ならば，q である」と解釈される．(11) は，「（さまざまの条件の中から）晴れるならば，犬を散歩に連れ出す」という意味である．これに対して，(12) の叙実的条件節の文は，他の誰かが述べた陳述 p に対して，「仮にそれを真実とみなすことを前提とすると，q が成り立つ」ことを表す．下記のように，話者 B には雨が降っているのが確認できない場面で，話者 A の発話を受けて，叙実的条件節が用いられる．

(14)　A:　It's raining.
　　　B:　（窓の外を見ないで）If it's raining we shouldn't go out.

また，(13) の関連性条件節は陳述 q が談話上適切であるための条件を表し，「条件 p のもとでは，q を述べることが適切である」と解釈される．たとえば，(13) は (15) のように解釈され，if 節は，抽象的遂行節（performative clause）I tell you の条件として機能している（⇨ 25 章）.

(15)　If you want to know, I tell you that 4 isn't a prime number.

条件節の3つのタイプの区別を支持する事実を見よう．まず，仮定条件節（HC）の場合は，(16) に示すように，if 節を否定や同意の対象とすることができ，(17) に示すように，if 節を質問の答えとすることもできる．

(16)　A:　If it rains, Peter takes his dog out. (HC)
　　　B:　a.　That's not true, he takes his dog out if it's sunny.
　　　　　b.　I agree (that he takes his dog out if it rains).
(17)　A:　I'll invite her to tea if I see her again. (HC)
　　　B:　{Under what conditions / When} will you invite her?

A: If I see her again.

否定や同意の対象にできるのは，断定（assertion）内容に限られ，前提は否定や同意の対象とならない．仮定条件節の場合は，条件節も含めて［if p, q］という命題全体が話者の断定内容に含まれているので，if 節を否定や同意の対象としたり，質問の答えとすることができる．

これに対して，叙実的条件節（FC）の場合は if 節を質問の答えとすることができない．（# は，不適切な受け答えであることを示す．）

(18) A: If you like her so much, you should invite her to tea. (FC)
　　 B: {Under what conditions / When} should I invite her?
　　 A: #If you like her so much.

叙実的条件節では，他の話者の発話を受けて，それを真と認めることが前提とされている．したがって，この条件節の内容は，話者の断定ではなく，前提とみなされるので，質問の答えとすることはできない．

関連性条件節（RC）の場合も，(19) に示すように，if 節を否定や同意の対象とすることができない．

(19) A: If I may be honest, you're looking awful. (RC)
　　 B: a. That's not true, #I look awful if you may be deceitful.
　　　　 b. I agree that I looks awful #if you may be honest.

これは，関連性条件節が，談話において話者の断定内容が適切になる前提となる条件を表し，話者の断定内容に含まれないためである．

次に，3 つの条件節の統語上の位置を VP の前置によって考えよう．仮定条件節は，VP に随伴して前置することも，残留することもできる．

(20) a. ［$_{VP}$ Take the dog out if it rains］$_i$ though Peter may t_i, he is still afraid of water. (HC)
　　 b. ［$_{VP}$ Take the dog out］$_i$ though Peter may t_i ［if it rains］, ... (HC)

これに対して，叙実的条件節は，VP に随伴して前置することは許されず，残留しなければならない．

(21) a. *［$_{VP}$ Leave his place if he is so unhappy］$_i$ though he should t_i, he can still stay in touch with May. (FC)
　　 b. ［$_{VP}$ Leave his place］$_i$ though he should t_i, ［if he is so unhappy］, he can still stay in touch with May. (FC)

関連性条件節は，VP に随伴することも，残留することも許されない．
- (22) a. *[$_{VP}$ Look sick if I may say so]$_i$ though John does t_i, he is still one of the handsomest guys in the department. (RC)
  - b. *[$_{VP}$ Look sick]$_i$ though John does t_i [if I may say so], ... (RC)

このような統語的事実は，仮定条件節は VP または IP に，叙実的条件節は IP に，関連性条件節は CP に付加されると分析することによって説明される．

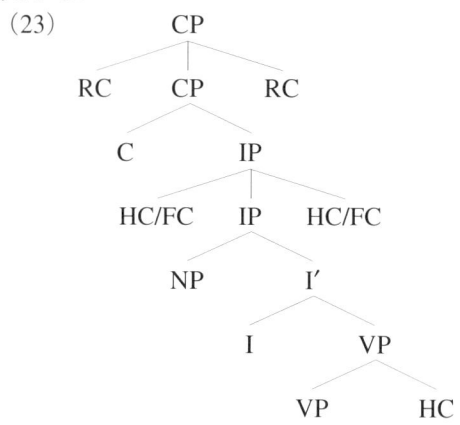

(23)
```
           CP
         / |  \
       RC  CP  RC
          / \
         C   IP
           / | \
       HC/FC IP HC/FC
            / \
          NP   I'
              / \
             I   VP
                / \
              VP   HC
```

(20a) では仮定条件節が VP に付加されており，VP の前置に随伴して前置されている．(20b) では仮定条件節が IP に付加されており，VP が前置されても元位置に残っている．(21) の叙実的条件節は，IP に付加されるので，VP の前置に随伴せず残留する．関連性条件節の場合，(22a) が非文法的であることは，if 節が CP に付加されていることの帰結として説明される．しかし，(22b) の場合，if 節を残して VP を前置することは可能であるので，(22b) の非文の理由は別の点に求めなければならない．

23.3 Because 節と Since 節

because 節と since 節の相違は，because 節が新情報を表し，since 節が旧情報を表す点にある．すなわち，because 節は文の断定内容の一部となるのに対し，since 節は文の断定内容に含まれず，主節の断定内容を述べる際の前提を表している (cf. Iatridou 1991)．次の例を見よう．

(24) I knew that John had left. But I just found that he left {because / *since} he was sick.

I just found that... は，that 節で新情報を提示する表現である．(24) では，John が立ち去った理由が新情報として that 節で示されている．したがって，because 節は適切であるが，since 節は不適切となっている．

because 節と since 節の意味上の相違として，まず，(25) に示すように，because 節の内容を確認する疑問文は許されるが，since 節の場合はそれが許されない．また，(26) に示すように，why 疑問文に対して because 節で答えることはできるが，since 節で答えることはできない．これは，疑問化されたり疑問の答えとなるのは新情報であることによる．

(25) a. Did John leave because he was sick or because he was tired?
　　　b. *Did John leave since he was sick or since he was tired?
(26) 　A: Why did John leave?
　　　B: {Because / *Since} he wasn't feeling well.

第二に，because 節は，分裂文や同定文の焦点位置に生起可能であり，just / only / even / simply / mainly などの副詞によって強調できるが，since 節にはそれが許されない．これらの位置は新情報が生じる位置であるので，because 節が生起することはできるが，since 節は生起できないためである．

(27) It is {because / *since} he was poor that he had to leave home.
(28) The reason he likes them is {because / *since} they are always helpful.
(29) John left home just / only {because / *since} he was short of money.

第三に，because 節はその内容を否定し，訂正することができるのに対し，since 節はそれができない．これは，否定の対象となれるのは新情報であるためである．

(30) a. It is not the case that John left because he was sick. He left because he has to be home by 9 p.m.
　　　b. *It is not the case that John left since he was sick. He left since he has to be home by 9 p.m.

(31) a. He didn't like them because they are always helpful but because they never complain.
　　 b. *He didn't like them since they are always helpful but since they never complain.
(32) He didn't leave {because / *since} he was sick. In fact, he wasn't sick.

最後に，because 節と since 節の統語上の相違を見よう．because 節は，VP に随伴して前置することも，残留することもできるのに対して，since 節は，VP に随伴して前置することはできない．

(33) a. [$_{VP}$ Hit his dog because he loves her]$_i$ though he hasn't t_i, ...
　　 b. [$_{VP}$ Hit his dog]$_i$ though he hasn't t_i because he loves her, ...
(34) a. *[$_{VP}$ Leave the party early since he has to be home by 9 p.m.]$_i$ though John did t_i, Bill will still find something to complain about.
　　 b. [$_{VP}$ Leave the party early]$_i$ though John did t_i since he has to be home by 9 p.m., Bill will still find something to complain about.

この事実は，because 節の付加位置が VP と IP の可能性があるのに対し，since 節は IP にのみ付加される帰結として説明される（⇨ 23.2 節 (23)）．

(35)
```
            IP
           /  \
          IP   because 節 / since 節
         /  \
        NP   I′
            /  \
           I    VP
               /  \
              VP   because 節
```

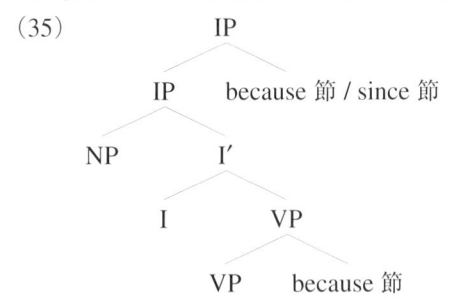

23.4　譲歩の **Though** 節と **As** 節

譲歩節は，主節の内容と通例は整合しない内容を表す．

(36)　It was an exciting game, although no goals were scored.

得点の入らない試合は面白くないのが通例であるが，(36) では，得点は

入らなかったが，面白かったと述べている．譲歩表現は，「p であるなら普通は q である」という前提のもとで，「p であるが q ではない」という陳述を行なう（König 1986; Kikuchi 1986）．

though 節内の述語（NP, AP, VP など）は though の前に前置でき，この規則は though 移動（*though*-movement）と呼ぶ（Culicover 1982）．

(37) a. [Proof of God's existence]$_i$ though this is t_i, we ignored it. (NP)
b. Bizarre$_i$ though it sounds t_i, cosmic inflation is a scientifically plausible consequence of some respected ideas in elementary-particle physics. (AP)
c. Carefully$_i$ though the elephant walked into the room t_i, it broke a vase. (ADVP)
d. Fail$_i$ though I did t_i, I would not abandon my goal. (VP)

though 移動で前置される NP は，冠詞や数量詞などの決定詞を伴うことができず，関係節などの修飾要素を伴うこともできない．

(38) a. *[A Proof of God's existence]$_i$ though this is t_i, we ignored it.
b. *[Every American family]$_i$ though the winners might be t_i, we'll take our chances.

(39) a. *[Man that likes good food]$_i$ though John is t_i, he never eats out.
b. *[Woman very easy to please]$_i$ though Mary is t_i, she is largely ignored here.

AP の場合にも，決定詞 so や修飾節を伴うことが許されない．

(40) a. *[So tall]$_i$ though Fred is t_i, he rarely tries to touch the rim.
b. *[So tall that he can slam dunk]$_i$ though Fred is t_i, he rarely does it.

これらの制約をどのように説明するかは今後の課題である．

接続詞 as の場合は，述部が前置された場合にのみ譲歩の意味を持つ．

(41) a. Naked$_i$ as I was t_i, I braved the storm.
b. [$_{VP}$ Change your mind]$_i$ as you will t_i, you will gain no additional support.

23.5 Wh-ever, No matter wh- などの譲歩構文

wh-ever 節，no matter wh 節，despite wh 節も譲歩を表す表現である．
(42) a. [$_{NP}$ Whatever$_i$ Mary does t_i] turns out OK.
  b. [$_{NP}$ Whatever$_i$ the reason might be t_i for your unpleasant behavior], I find it quite unforgivable.
(43) a. It is always reasonable to consider alternative approaches, if they can be devised, and this will remain true no matter [$_{CP}$ what successes$_i$ t_i are achieved].
  b. We are going outside, no matter [$_{CP}$ whether it rains or not].
  c. {Despite / Disregarding / Regardless of / Notwithstanding} [$_{CP}$ what$_i$ (else) he says t_i], we're leaving.
  d. {Despite / Disregarding / Regardless of / Notwithstanding} [$_{NP}$ the weather], we're leaving.

(42a) の wh-ever 節は自由関係節，(42b) の wh-ever 節は付加詞の自由関係節(⇨ 8.4)，(43a–c) の wh 節は間接疑問文である．

(43c) が疑問文である根拠として，この wh 節に else が生起する点をあげることができる．(44) に示すように，else は疑問文には生起するが，wh 型の自由関係節には生起しない．

(44) I {found out / *ate} [what$_i$ else John bought t_i].

(43a, b) の no matter wh 節の wh 句が疑問詞である根拠として，no matter wh の節では前置詞の随伴が許される点があげられる．前置詞随伴は，疑問文では許され，自由関係節では許されない現象である(⇨ 8 章)．
(45) a. No matter [$_{CP}$ [$_{PP}$ at what time]$_i$ the concert (is) t_i], we are going to go.
  b. *I'll buy [$_{NP}$ [$_{PP}$ at what]$_i$ he was pointing t_i]．（自由関係節）

さらに，(43d) の the weather は what the weather is という疑問文として解釈される潜在疑問 (concealed question) であると考えられる．

▶基本文献◀

- Culicover (1982): though 移動構文の統語的特性を分析している．
- Iatridou (1991): if 節や because 節の意味と構造を分析している．
- Johnston (1994): because 節等の従属節の意味と構造を分析している．

第24章　数量詞と作用域

【実例】

(a)　The CDC surveyed adults in all 50 states, plus the District of Columbia and Puerto Rico, about their smoking habits. People were considered smokers if they smoked almost every day and had smoked more than 100 cigarettes in their life.　　（*USA Today*, November 2, 2000）

(b)　Tracy McGrady returned to Orlando's lineup after serving a onegamesuspension and had 31 points in the Magic's 110–99 victory over the Seattle Super Sonics on Monday night. McGrady, who sat out Saturday night's win at Atlanta, made 11 of 21 shots and delivered 12 fourth-quarter points to help Orlando pull away. The Magic made 14 of 20 shots in the final 12 minutes after shooting 38％ (28-for-74) through the first three quarters. Darrell Armstrong and John Amaechi each had 20 points, while Michael Doleac finished with 17.　　（*USA Today*, November 7, 2000）

24.1　数　量　詞

　数量詞（quantifier）とは，some, many, all, every, each 等のように，数や量を表す表現のことである．数量詞は，some, many のように，論理学で存在数量詞（existential quantifier）と呼ばれるものと，all, each, every のように普遍数量詞（universal quantifier）と呼ばれるものとに大別される．論理学では，存在数量詞は'∃'，普遍数量詞は'∀'と表記される．また，これらとは別に，who や what などの疑問詞や，no, few のような否定要素も，数量詞の仲間とみなされている．

　数量詞を含む文の解釈には，次のような問題がある．

（1）a. John loves Mary.
　　　b. John loves every girl.

数量詞を含まない（1a）が真（true）であるか偽（false）であるかを決定するには，John が指す人物ジョンと Mary が指す人物メアリーについて，「ジョンがメアリーを愛している」という関係が成り立っているかどうかを確認すればよい．しかし，（1b）の every girl の場合，every girl が指す特定の人物は存在しない．（1b）が真であるかどうかを決定するには，（1b）が発話される場面で問題となる少女の集合，たとえば｛メアリー，ローズ，花子｝のすべてのメンバーについて，「ジョンがその少女を愛している」かどうかを確認しなければならない．そのためには，他動詞 loves の目的語の位置は，メアリー，ローズ，花子のいずれも代入できるようにしておく必要がある．

そこで，論理学では，（1b）の論理形式（logical form）として（2a）または（2b）の表記を与える．

（2）a. [for every x, x a girl], [John loves x]
　　　b. [$\forall x$, x a girl], [John loves x]

（2）の表記において，for every または $\forall$ が演算子（operator）であり，x を変項（variable）と呼ぶ．[x (is) a girl] の部分は，変項 x の領域を限定する「限定表現」（restriction），[John loves x] は数量詞の作用域（scope）と呼ばれる．さらに，（2）の表記において，「変項 x は，作用域 [John loves x] において演算子 for every（=$\forall$）に束縛（bind）される」と言う．（演算子についている指標（index）x は，どの変項を束縛するかを指定している．）（2a, b）は，「少女であるすべての x について，John は x を愛している」と解釈される．少女の集合が｛メアリー，ローズ，花子｝である場面で（1b）が真であるか偽であるかは，変項 x の位置にメアリー，ローズ，花子を代入し，全員について「ジョンがその少女を愛している」が成り立つかどうかを確認すればよい．

存在数量詞を含む（3）の論理形式は，（4a）または（4b）のように表記される．

（3）　Some boy loves Mary.

(4) a. [for some y, y a boy], [y loves Mary]
    b. [∃y, y a boy], [y loves Mary]

for some または ∃ が演算子，y が変項，[y (is) a boy] が限定表現，[y loves Mary] が作用域である．(4a, b) は「少年であり，かつ Mary を愛している y が，少なくとも 1 人存在する」と解釈される．

以下，(2) や (4) のような論理形式を作り出す方法，数量詞の統語的・意味的特性を見よう．

24.2 数量詞の作用域と数量詞繰り上げ

ある文に複数の数量詞が生じた場合，通例，多義性 (ambiguity) が生じる．

(5) Someone loves every girl.

(5) には，「ある特定の人物がいて，その人がすべての女性を愛している」という解釈と，「女性 1 人 1 人に対して，その人を愛している人が少なくとも 1 人はいる」という解釈の 2 通りの解釈が存在する．前者の解釈を some が every よりも広い作用域を持つ解釈 (∃ > ∀ 解釈) と呼び，後者の解釈を every が some より広い作用域を持つ解釈 (∀ > ∃ の解釈) と呼ぶ．このような多義性を説明する操作として，数量詞繰り上げ (Quantifier Raising: QR) が提案されている (May 1977, 1985)．

文の派生は D 構造から S 構造へと行なわれ，そこで PF 構造と LF 構造へ分かれ，LF 構造が意味解釈の入力となる．

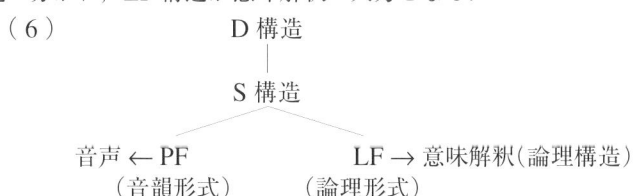

(6)　　　　　　　　D 構造
　　　　　　　　　　｜
　　　　　　　　　S 構造
　　　　　　　／　　　　　＼
　　音声 ← PF　　　　　　LF → 意味解釈 (論理構造)
　　　（音韻形式）　　　　（論理形式）

QR は，S 構造から LF までの派生の段階 (LF 部門と呼ぶ) において，(7a) から (7b) を導くような移動操作である．

(7) a. John bought everything.
    b. [$_{IP1}$ everything$_i$ [$_{IP2}$ John bought t_i]]

(7b)で，IP_2に付加された every thing$_i$ は演算子 $\forall$ と限定表現 $[x\,(is)\,a\,thing]$ に，痕跡 t_i は変項と解釈され，(7b)は(8)の論理表記に翻訳される．

(8) $[\forall x, x\,a\,thing]$, [John bought x]

(5)には 2 つの数量詞が含まれているので，QR 操作は(5)に対して 2 回適用され，(9a, b)という 2 つの異なる LF 構造が得られる．

(9) a. [$_{IP}$ someone$_i$ [$_{IP}$ every girl$_j$ [$_{IP}$ t_i loves t_j]]]
  b. [$_{IP}$ every girl$_j$ [$_{IP}$ someone$_i$ [$_{IP}$ t_i loves t_j]]]

ここで，数量詞の作用域は(10)の原理に従って決定されると仮定しよう．

(10) 文中に数量詞 A と数量詞 B があって，A が B を構成素統御する場合，A が B より広い作用域をとる．

(10)によれば，(9a)では，someone が every girl を構成素統御するので $\exists > \forall$ 解釈が得られ，(9b)では，every girl が someone を構成素統御するので $\forall > \exists$ の解釈が得られる．このように，数量詞の演算子・変項構造を表示する QR を導入すると，(5)の多義性を捉えることができる．

24.3 QR の適用に課される制限

前節で見たように，英語では，同一文中に存在数量詞と普遍数量詞が共起した場合，作用域に関する多義性が生ずるのが普通である．しかし，そのような多義性が生じない環境がいくつか知られている．以下ではそれらの事例を見よう．

24.3.1 QR の節境界性

QR は同一節内に限定されるのが普通で，通例，wh 移動のように節の外に移動が行なわれることはない．

(11) a. Who$_i$ do you think [t_i will win reelection]?
  b. Someone expects [every Republican will win reelection].

(11a)の wh 移動と異なり，(11b)において，時制を持つ補文の主語である every Republican は，主節の主語である someone よりも広い作用域をとることができない．もし，QR が節境界を越えて適用されるとすると，

(11b) の LF として (12) が得られ，every が some より広い作用域を持つことができるはずであるが，この解釈は存在しない．したがって，この事実は，QR が節境界を越えて適用されることはないことを示している．

(12) [IP every Republican_i [IP someone expects [IP t_i will win reelection]]]

QR の節境界性（clause-boundedness）は (13a–d) においても観察される．

(13) a. A different student wanted [for you to read every book].
b. I told someone [you would visit everyone].
c. Someone hated [PRO to kiss everyone].
d. Someone believes [John to be attending every class].

これらの文でも，角括弧で示した補文内の数量詞が，主節の数量詞より広い作用域をとることはできない．ただし，QR の節境界性には一定の例外がある．まず，(14a) に見るように，数量詞が不定詞節の主語である場合，主節の主語位置の数量詞より広い作用域を持つことができる．ただし，(14b) に見るように，数量詞が小節の主語である場合，主節の主語位置の数量詞より広い作用域を持つことができない．

(14) a. At least one person considers [every senator to be smart].
(at least one person > every / every > at least one person)
b. At least one person considers [SC every senator smart].
(at least one person > every / *every > at least one person)

これらの事実を含めて，QR の節境界性の解明は今後の課題である．

24.3.2　否定の島制約

第二は否定が関わる場合である．how のような付加詞の疑問詞は，(15a, b) の対比が示すように，否定の作用域内部から取り出すことが不可能であり，これを否定の島（inner island）効果と呼ぶ．QR にもこの制約が働くことが観察されており，(16b) では，everyone が否定の作用域から取り出されて someone より広い作用域を持つことができない．

(15) a. How_i did you fix the car t_i?
b. *How_i didn't you fix the car t_i?

(16) a. Someone loves everyone. (∃ > ∀ / ∀ > ∃)
   b. Someone doesn't love everyone. (∃ > ∀ / *∀ > ∃)

また，wh 句と普遍数量詞の相互作用においても，(17) に示されるように，(16) とよく似た否定の島効果が観察される．

(17) a. What$_i$ did you say that [everyone didn't buy t_i]? (wh > ∀ / *∀ > wh)
   b. What$_i$ didn't you say that [everyone bought t_i]? (wh > ∀ / *∀ > wh)
   c. What$_i$ did you say that [everyone bought t_i]? (wh > ∀ / ∀ > wh)

(17a) では補文中に，(17b) では主節に否定辞があり，いずれの例でも，everyone が what の痕跡を構成素統御しているが，∀ > wh の解釈は存在しない．否定辞が存在しない (17c) では，∀ > wh の解釈が可能なので，(17a, b) で everyone が what より広い作用域を持たないのは否定辞の存在によるものと考えられる．

24.3.3　束縛代名詞を含む場合

複数の数量詞が共起しても多義的解釈が得られない第三の事例は，束縛代名詞 (bound pronoun) が含まれる場合である．

(18)　Someone$_i$ played every piece of music he$_i$ knew.

(18) では，he が誰を指すかは，someone が誰を指すかに依存している．このように数量詞に依存して解釈が決まる代名詞を束縛代名詞と呼ぶ (⇨ 24.6)．束縛代名詞は (19) の認可条件に従う．

(19)　束縛代名詞は，その先行詞 (数量詞) の痕跡によって構成素統御されなければならない．

(18) には，2 つの数量詞が含まれるので，QR により次の 2 つの LF 構造が派生される．

(20) a. [$_{IP}$ someone$_1$ [$_{IP}$ [every piece of music he knew]$_2$ [$_{IP}$ t_1 [$_{VP}$ played t_2]]]].
   b. [$_{IP}$ [every piece of music he$_1$ knew]$_2$ [$_{IP}$ someone$_1$ [$_{IP}$ t_1 [$_{VP}$ played t_2]]]].

(20b) では，束縛代名詞の he が，その先行詞である someone の痕跡によって構成素統御されず，束縛代名詞の認可条件 (19) に違反している．したがって，(18) には，every が someone より広い作用域をとり，someone が he を束縛する (20b) の解釈は許されない．

24.4 逆行連結

同一文中に複数の数量詞が生起する場合，S 構造で他方を構成素統御する数量詞が広い作用域を持つ解釈は常に存在する．これに対して，名詞句内に複数の数量詞が生起する場合には，この一般化が成り立たない事例が少なくない．たとえば，(21a, b) を見よう．

(21) a. [$_{NP}$ Everybody in some Italian city] met John.
  b. [$_{NP}$ Every exit from a freeway] is badly constructed.

これらの例では，S 構造で普遍数量詞が存在数量詞を構成素統御しているにもかかわらず，∀>∃ の解釈は許されず，∃>∀ の解釈のみが許される．たとえば，(21a) には，「ある特定のイタリアの街から来たすべての人が John に会った」という解釈しかない．このような現象を逆行連結 (inverse linking) と呼ぶ．

この事実は，(21a) において，everybody と some Italian city の両方に QR を適用することによって説明される．everybody を主要部とする主語名詞句は QR によって IP に付加され，さらに，some Italian city は主語名詞句内部で QR を受け，主語名詞句に付加される．その結果，(21a) の LF 構造は (22) となる．

(22) [$_{IP}$ [$_{NP}$ [some Italian city]$_1$ [$_{NP}$ everybody in t_1]$_2$] [$_{IP}$ t_2 met John]]

この構造では，some Italian city は everybody を構成素統御するが，everybody は some Italian city を構成素統御しない．したがって，(21a) には ∃>∀ の解釈しか許されない．

ただし，逆行連結の可能性は，2 つの数量詞を結んでいる前置詞の意味に影響される．逆行連結の解釈を持つ例では，当該の前置詞に所有の of，場所や方向を表す in や to，目的を表す for が用いられている (May 1985)．

これに対して，(23a, b) を見よう．

(23) a. Every senator on a key congressional committee voted for the amendment.
　　b. I saw a picture of all the children.

ここでは，関係を表す on や，名詞とその内項を結ぶ of が用いられている．(23a) では，$\forall > \exists$ の解釈と $\exists > \forall$ の解釈の両方が可能であり，(23b) も多義である(ただし，S 構造での階層を反映した $\exists > \forall$ の解釈の方が優位である)．

名詞句内部の数量詞と名詞句外部の数量詞の間の作用域関係も，名詞句内部の数量詞と名詞主要部を結んでいる前置詞の意味によって影響される．

(24) a. Fathers of many children read few books. (many > few)
　　b. Fathers with many children read few books. (few > many)

(24a, b)は，fathers と many children を結ぶ前置詞が of であるか，with であるかの点で異なる．(24a) は many > few の解釈を持ち，There are many children whose father read few books. とパラフレーズされるのに対して，(24b) は few > many と解釈され，The books that fathers with many children read are few in number. とパラフレーズされる．この解釈の相違は，前置詞の意味の相違に基づいていると考えられる．

24.5　遊離数量詞

数量詞の中には，それが量化する名詞句から離れた位置に生じる遊離数量詞 (floating quantifier) と呼ばれる数量詞がある．この数量詞は，英語では all, both, each などの普遍数量詞に限られるが，他の言語を観察すると，存在数量詞の中にも，遊離数量詞としてふるまうものがある (= 26)．

(25)　The boys have *all* left.
(26)　学生が昨日 3 人やって来た．

遊離数量詞の派生については，数量詞移動規則を用いる方法と，解釈規則を用いる方法の2つが提案されている．まず，移動規則を用いる方法を見ると，(25) において，all the boys から数量詞 all を右方へ移動して (25) を派生する分析がある．しかし，この移動は要素を下方へ移動する

操作であるので好ましくない．

(27) [$_{IP}$ [＿ the boys] [have all left]]

VP内主語（VP internal subject）仮説に基づき，VP内に生成された主語 all the boys から all だけを残留し，(28)のように，the boys の部分を表層の主語位置（IP 指定部）へ移動させる分析もある（Sportiche 1988）．

(28) [the boys have [$_{VP}$ [all ＿] left]].

このような移動規則を用いる分析の問題点は，その元になる構造が非文である場合があることである．その場合，本来随意的であるはずの数量詞遊離を例外的に義務的に適用しなければならない．

(29) a. The lion, the bear, and the monkey are all mammals.
　　 b. *All the lion, the bear, and the monkey are mammals.

また，数量詞遊離が適用された文と適用されていない文で，数量詞の作用域の解釈に関して相違が見られる場合がある．

(30) a. At least one teacher made each student sing the national anthem.
　　 b. At least one teacher made the students each sing the national anthem.

数量詞 each が遊離していない（30a）では，each student が at least one teacher より広い作用域をとることができる．これに対して，each が遊離している（30b）では，at least one teacher より広い作用域をとることができない．移動規則を用いる方法では，このような事実をうまく説明できない．

一方，解釈規則を用いる方法では，(25) の all を基底構造で表層の位置に生成し，the boys との関係は，何らかの解釈規則で捉える（中村 1996）．この方法では，(29a) と (29b)，(30a) と (30b) はそれぞれ異なる基底構造を持つ．したがって，(30a) と (30b) が異なった解釈を持つことは問題とはならない．ただし，(29b) が非文である理由は，いずれの分析でも，独立に説明が必要である．

24.6 数量詞と束縛代名詞

束縛代名詞とは，数量詞表現によって束縛され，束縛変項として解釈される代名詞のことである．たとえば，(31) で，his が every man に束縛され，[for every x, x a man], [x kissed x's dog] と解釈される場合の his が束縛代名詞である．

(31)　Every man$_i$ kissed his$_i$ dog.

この束縛代名詞には (32) の制限が課される．

(32)　束縛代名詞は，その先行詞(数量詞)の痕跡によって構成素統御されなければならない．

この条件により (31) と (33) の相違が説明される．

(33)　*Her$_i$ mother loves every girl$_i$.

(31) と (33) の数量詞に QR が適用された結果が，次の構造である．

(34)　[$_{IP}$ every man$_1$ [$_{IP}$ t_1 kissed his$_1$ dog]]

(35)　[$_{IP}$ every girl$_2$ [$_{IP}$ her$_2$ mother loves t_2]]

(34) では，変項 t は代名詞 his を構成素統御するので，条件 (32) が満たされている．一方，(35) では，変項 t は代名詞 her を構成素統御しないので，(35) は条件 (32) の違反として排除される．(35) を見ると，数量詞が代名詞を交差して移動され，その結果が非文となっているので，これを (弱) 交差現象 ((weak) crossover phenomena) と呼ぶことがある．

▶基本文献◀

- Beghelli (1995): 数量詞の作用域の問題に対して，統語的説明を与えることを試みている．
- Hornstein (1995): LF の必要性を論証し，LF で扱うべき問題を網羅的に概説している．
- May (1985): 数量詞の作用域の問題を LF における数量詞繰り上げを用いて説明し，LF の必要性を論証した最初の著書．

第25章　遂行動詞と発話行為

【実例】
(a)　As darkness settled on Gorazde, neither scenario came to pass. Instead, <u>Yasushi Akashi, the U.N.'s chief civilian representative in Bosnia, suddenly announced that he was close to signing a pact with the Serbs.</u> According to Akashi, the U.N. would stop combat air patrols above Gorazde if the Serbs agreed to a cease-fire and released U.N. personnel held across Bosnia beginning last Monday.　　　　　（*Time*, April 25, 1994）

(b)　The day after they lost the right to have two-year-old Tyler ever set foot in their home again, Sharon Bottoms and her lover April Wade sat on a couch beneath a framed handwritten copy of the vows of love and commitment that brought on all her grief. The pledge reads, "With this ring, I give you my love forever. <u>I promise to be faithful, honest and totally yours,</u> for as long as I shall live . . . I ask that you take me as I will take you, to love and cherish forever in life, till death do us part."

（*Time*, September 20, 1993）

25.1　発話行為理論

　談話における文の発話に関わる諸問題を扱う理論を発話行為理論と呼ぶ．発話行為理論では，(1)にあげるような問題がテーマとなっている．

(1) a.　発話と遂行の関係
 b.　遂行文の特徴と分析の方法
 c.　発話行為，発語行為，発語内行為，発語媒介行為とはそれぞれ何を指すのか
 d.　適切性条件とはどういう条件を言うのか

e. 会話の公理と含意との関係
  f. 直接発話行為と間接発話行為の指すものは何か
  g. 先行研究の相互関連性

以下，これらのテーマについて順次見ていこう．

25.2 発話と発話行為

「発話」(speech)ということばを耳にした時に，われわれは2つの事柄を頭に描く．1つは「何かを言う」という純粋な伝達であり，もう1つは伝達に伴う何らかの行動まで含める場合である．後者の場合は，「行為の遂行」という観念が重要視される．発話とそれに伴う行為をまとめて「発話行為」(speech act)と呼ぶ．

発話行為は，聞き手が，話し手が意図する行為を発話からいかに読みとるかということに関わっている．日本語の例で考えてみよう．

(2) 今日は4月のわりに寒いね．

(2)の字面の意味だけでは，その場の状況の描写にすぎず，「伝達」という機能しか見えてこない．しかしたとえば寒い部屋に入ってきて，ストーブがあるにもかかわらず点火されていない状況を仮定してみよう．さらに(2)の話し手より目下の人間がその部屋にいたとすれば，「ストーブをつけてほしい」という要請をしていると推測できる．この場合，(2)は「要請行為」を担う文とみなされる．

(2)は一定の状況設定によって初めて発話行為文であることが明らかになる文であるが，これに対して，話し手がその文を発話すると，ある行為が遂行されることが自動的に保証される場合がある．

(3) 私はあなたの手伝いをすることを約束するよ．

話し手は，この文を発話すると，自動的に「約束」という行為を行なっており，手伝うことを相手に保証している．このことは，(2)の例のように，状況に依存しているのではなく，「約束する」という動詞の特性によるものである．このような文を「遂行文」(performative sentence)と呼び，そこで用いられる動詞を「遂行動詞」(performative verb)と呼ぶ．

25.3 遂行動詞と遂行分析

英語で遂行動詞と呼ばれるものには，次のようなものがある．

(4) a. announce, claim, explain, insist, state, etc.（陳述表示型）
　　b. advise, ask, command, permit, request, etc.（行為指導型）
　　c. embrace, guarantee, offer, promise, swear, etc.（行為拘束型）
　　d. apologize, complement, thank, welcome, etc.（態度表明型）
　　e. bless, communicate, declare, resign, etc.（宣告命名型）

(5a–e) は (4a–e) に対する具体例である．

(5) a. I state that it is snowing
　　b. I command you stand at the bus stop.
　　c. I promise to help you tomorrow.
　　d. I apologize for my judgement.
　　e. I declare that the ceremony is postponed.

主動詞の遂行動詞は，後続する命題内容に関係する一定の行為を支配する．(4a) の陳述表示型動詞は，「命題内容を正確に述べる」という行為を担う．(4b) の行為指導型動詞は，「命題内容をつつがなく行なうことをうながす」という行為を果たす．(4c) の行為拘束型動詞は，「命題内容に対してその遂行の義務を負う」という意志表示をする．(4d) の態度表明型動詞は，「命題内容に対して話し手の意図を明らかにしようと試みる」行為をする．(4e) の宣告命名型動詞は，「命題内容を宣告する」行為をする．(5) の具体例では，命題についてその行為の遂行を主節の遂行動詞が保証している．すなわち，遂行動詞は発話行為を明示的に表す役割を果たしている．

遂行動詞を含む文が常に遂行文となるわけではなく，遂行文として用いられるには，次のような統語的制約がある．

(6) a. 主語が1人称である．間接目的語をとる場合は，原則として2人称である．
　　b. 現在時制の平叙文である．
　　c. 動詞が遂行動詞である．

(7a) では (6) の条件がすべて満たされ，遂行文と解釈される．(7b) から (7d) のように，これらの条件に1つでも合致しないと，遂行文とはならず，単に事実を述べているにすぎない文となる．

（7） a. I promise to study mathematics hard.
　　 b. Tom promises to study mathematics hard.
　　 c. I promised to study mathematics hard.
　　 d. Tom promised to study mathematics hard.

(7b) では，主語が3人称であり，(7c) では過去時制が用いられており，(7d) では，(6a, b) の条件をともに満たしておらず，これらの文は遂行文ではない．

Ross (1970) は「遂行文と非遂行文の基底構造は同一である」という仮定に立ち，遂行分析（performative analysis）を提案した．それによれば，すべての文は(8)のような基底構造を持つと分析される．

（8）　[I + Present + TELL / ORDER / ASK + you] + S

主語は1人称で，時制は現在であり，TELL は平叙文，ORDER は命令文，ASK は疑問文の遂行動詞を表す．平叙文，命令文，疑問文は，対応する遂行動詞を含む節を主節として，その補部(S)に埋め込まれたものと分析される．角括弧の部分を遂行節と呼び，遂行文の場合には明示的に示されるが，非遂行的な文では表面には表れない．

この分析を支持する証拠を見よう．

（9）　That article was written by Bill and myself / *himself / *themselves.

(9) では，himself と themselves は先行詞を持たず不適格となっているが，myself は，先行詞が見あたらないにもかかわらず適格である．遂行分析では，(9) の基底構造は(10)である．

（10）　I TELL you [that article was written by Bill and myself / *himself / *themselves].

この構造では，myself の先行詞として遂行節の主語 I が存在するので，(9) の適格性が説明できる．

　第二の証拠として(11)を見よう．

（11）　People like *herself / yourself are rare.
（12）　I TELL you [People like *herself / yourself are rare].

(11) でも，先行詞が表面上は存在しないにもかかわらず，yourself が可能である．遂行分析では，遂行節 [I TELL you] の目的語である you が，

yourself の先行詞となると説明される．

　第三に，副詞の生起についても興味深い説明が可能になる．
(13) a.　The student criticized this paper frankly.
　　 b.　Frankly, that museum is wonderful.

frankly は，(13a) のように，criticize のような伝達動詞を修飾する．しかし，(13b) のように，文修飾語として用いられることがあり，その場合，frankly が修飾できる伝達動詞が見あたらない．遂行分析では，(13b) の基底構造に遂行節 [I TELL you] が存在するので，frankly はその中の伝達動詞 TELL を修飾すると説明され，(13a) の frankly と統一的な説明が可能になる．

25.4　発話行為の下位分類

　遂行動詞を含む構文は明示的な発話行為文であるが，実際の発話行為はすべてを遂行文に依存しているのではない．遂行文は発話行為文の一部であるにすぎない．Austin (1962) は，意味機能論の立場から，発話行為を (14) のように下位分類している．
(14) a.　発語行為（locutionary act）
　　 b.　発語内行為（illocutionary act）
　　 c.　発語媒介行為（perlocutionary act）

これら 3 つの行為の間には，概略 (15) に図示する関係が存在する．
(15)　発語行為 + 発語内行為 → 発語媒介行為

すなわち，発話行為の 3 つの下位分類は，並列的に存在するのではなく，発語行為と発語内行為の総和に基づいて発語媒介行為が成立する．このことを踏まえて，それぞれの行為について見てみよう．

　まず，発語行為とは，「ことばを発する行為」そのものを意味するので，発話そのものを指すと言うことができる．

　次に発語内行為について見ると，この行為は，発語行為の背後にある意図や心的態度のことをいう．発語行為によって口にされた発話には，表面的意味のほかに言外の意味が潜んでいることが多い．たとえば，「命令」，「論述」，「依頼」，「質問」，「許可」，「申し出」，「約束」，「感謝」などであ

る．これらは「発語内の力」とも呼ばれる．発語内の力は，平叙文以外の統語形式でも表現される．たとえば「命令」という発話の力は，典型的には命令文で表現され，「依頼」には命令文と疑問文が使われる．

さらに，発語内行為文は，明示的なものと含意的(非明示的)なものに二分される．明示的なものとは，遂行動詞を持つ遂行文であり，含意的なものとは遂行文以外の，行為と関係する言外の意味を持つ構文のことである．

(16) I promise to study English harder.
(17) I will study English harder.

(16)は遂行動詞 promise が含まれている明示的な発語内行為文であるのに対して，(17)は非明示的な例であり，相手がどのようにこの発話を聞くかによって左右される．すなわち，study English harder という行為の遂行が，助動詞 will によって保証されていると聞き手によって解釈されるなら，(17)は発語内行為として「約束」が含意されることになる．

明示的発語内行為文(すなわち遂行文)と含意的発語行為文は，副詞 hereby(「これによって」の意)との共起可能性の点で相違が見られ，遂行文のみが hereby と共起可能である．(18a)と(19a)は(6)であげた遂行文の条件を満たしており，hereby と共起できる．これに対して(18b)と(19b)は遂行文ではないので，hereby と共起できない．

(18) a. I (hereby) order you to go.
　　 b. (*Hereby) Go.
(19) a. I (hereby) tell you that the number of children is decreasing.
　　 b. The number of children is (*hereby) decreasing.

(18)と(19)では，(a)と(b)の意味はほぼ同義である．(18)は命令を，また(19)は陳述を表している．このように，明示的発語内行為文(遂行文)には，対応するほぼ同義の含意的発語内行為文が存在することがある．話し手が，明示的に述べなくとも発語行為が伝えられると判断すれば，含意的発語内行為文が用いられ，そうでなければ明示的発語内行為文が用いられる．

最後に，発語媒介行為とは，発話を行なうことによって，相手の感情，行動，考え方に影響を与える効果を持つ行為をいい，「表現行為」とも呼ば

れる．「怖じけづかせる」，「印象づける」，「鼓舞する」，「当惑させる」，「だます」，「皮肉る」などが典型的なものであり，(15)に示したように発語行為と発語内行為の総和として出てくる．Austin (1962)は「x と言いつつ，y という行為を行なっていた」場合は発語内行為であり，「x と言うことによって，y という行為を行なっていた」というのが発語媒介行為であると説明している．言い換えれば，発語内行為は行為の結果に言及するのではなく，行為の遂行を予想しかつ保証しているのに対して，発語媒介行為は行動そのものに重点が置かれている．

発語内行為と発語媒介行為の相違を示す具体例を見ておこう．

(20) Jim is a genius.

Jim が他人には真似のできないような離れ業をやってのけたときに，(20)が発せられたとする．まず「論述」という発語内行為が行なわれている．聞き手の側に立ってみると，(20)を聞いて「納得して信ずる」という行為が新たに加わるであろう．これが発語媒介行為にあたる．しかし Jim が誰からも笑われるようなミスばかりする人間である場合，ミスをした時に(20)が発せられたらどうであろう．この場合は「論述」という発語内行為は変わらないが，「皮肉」という発語媒介行為が成立する．このように，発語媒介行為は，発語内行為が遂行されたあと，文脈からどのように聞き手がその中身を推論するかに依存している．

25.5 協調の原則

今まで見てきた発話行為についての提案および分析は，談話の中の 1 つの文を対象としたものである．これに対して，実際のコミュニケーションは，話し手と聞き手の両者の間の会話 (conversation) である．Grice (1975)は，会話をある種の協同行為と捉えて，「自分の話すことが，その会話の参加者が当然のこととして認めている目的・方向から外れないように協力しなさい」という「協調の原則」(co-operative principle) を提案した．すなわち，日常の会話は，話し手と聞き手の間の協力関係によって成立しているという主張である．そして，そのような協力関係を確立する上で必要な条件として，「会話の公理」(conversational maxim) と呼ぶ基準を設定した．

(21) a. 量 (quantity) の公理：言いたいことを過不足なく話しなさい．
b. 質 (quality) の公理：内容について自信のあることを話しなさい．
c. 関係 (relation) の公理：状況に即して要点を話しなさい．
d. 方法 (manner) の公理：明確に話し，曖昧な言い方は避けなさい．

(21a) は「会話には適切な情報量が必要であり，情報不足も困るが情報過多も困る」ということを意味する．(21b) は「嘘であるように思われることや，妥当性を欠くことは言ってはいけない．誠実に話をしてくれるはずだという相手の期待を裏切ってはいけない」ということである．また，(21c) は「会話の中に関係のないことばかり含めると，混乱のもとになりかねない」ということを示している．さらに，(21d) は「表現の不明瞭さを回避して，順序立てて会話を進めなさい．敬語など相手を意識したことば遣いをしなさい．音調なども考慮する必要がある」ということを言っている．

「会話とはその参加者たちが情報伝達のために協力し合う協同行為の一つである」という Grice (1975) の考えを，日常の会話の例で考えてみよう．

(22) A: Where is my hat?
B: It's on the table.

A の質問に対して，B は，明解に (21d)，正しいこと (21b) を，適切な分量で (21a)，的確に (21c) 答えている．4つの公理には重複気味のところがいくつかあると思われるが，この公理を遵守して会話が行なわれれば，安定的な情報伝達ができる．

しかしメタファー (隠喩) や皮肉のように，会話の公理を無視して，協調の原則を守らないように見える例がある．

(23) a. His father was a big stone.
b. That company was a stepping stone for him.

(23a) を文字どおり解釈すれば，彼の父親は石になってしまう．したがって (21) の質，関係，方法の公理に違反しているように見えるが，文脈によっては「彼の父親は偉大であった」とも「彼の父親は彼には大きな重荷であった」とも解釈することができる．表面的には会話の公理を破ってい

るように見えるが，話し手は好んで違反しているわけではなく，的確な情報伝達に努めている．すなわち，この場合には，「言外の意味」に会話の公理が適用されると考えれば，違反行為は存在しない．さらに (23b) は会社が踏み石という物理的な石であると解釈する人はまずいないであろう．stepping という修飾語が付いているので，stone の意味は比喩的に「立場，場所」の意味で使用されていることは，文脈にかかわらず常識的に理解される．

25.6 間接発話行為

　話し手がある構文を発話するときに含意した内容を，聞き手がその期待どおりに推論する場合，円滑な会話が遂行される．遂行動詞を含んでいる場合は比較的容易に推論が行なわれるが，そうでない場合は，会話の状況を判断しながら多面的な推論が行なわれる．前者を「直接発話行為」(direct speech act) と呼び，後者を「間接発話行為」(indirect speech act) と呼ぶ．間接発話行為では，法助動詞や文副詞が使用されることが多い．
　間接発話行為は，さらに慣用的なものと非慣用的なものに二分される．慣用的な間接発話行為とは (24) のような構文をいう．

(24) a. Could you open the door?
　　　b. Why don't you open the door?

(24) は疑問文であるが，純粋な「質問」ではなく，I request that you open the door. という「要請」を意図して発話される．このように，統語的形式 (質問) と意味 (要請) がずれてしまっているのが間接発話行為文の特徴の1つである．また平叙文であっても間接発話行為を表すこともある．

(25) a. I hope you will open the door.
　　　b. The door should be open.

(25) は平叙文であるが，聞き手は「ドアを開けてほしい」という「要請」を容易に推論することができる．
　間接発話行為文とみなされるか，単なる事実記載文とみなされるかは，状況に依存している．

(26)　A: Let's go to the park to play baseball.

　　　　　　B:　I have a headache.

(26) の B の発話は，聞き手は I can't / won't go to the park. という内容であると推論できるが，B がこれとは別の状況で発話されれば，この推論は成立しないかもしれない．このように，状況が異なるとその発話行為も異なってくるものを非慣用的な間接発話行為と呼ぶ．

▶基本文献◀

- Austin (1962): 発話行為の理論の土台となった著書．
- Grice (1975):「会話の公理」の提示と文に内在する「含意」の分析．
- Grundy (1995): 発話行為，ポライトネス，関連性理論まで含む入門書．
- Thomas (1995): Grice (1975)，Searle (1969) の問題点などを論じている比較的平易な解説書．
- Searle (1969): Austin (1962) を発展させて，「適切性条件」を整備している．

参 考 文 献

BLS = *Proceedings of the Annual Meetings of the Berkeley Linguistics Society.* Berkeley, Calif.: Berkeley Linguistic Society.
CLS = *Papers from the Regional Meeting, Chicago Linguistic Society.* Chicago: Chicago Linguistic Society.
ESCOL = *Proceedings of the Eastern States Conference on Linguistics.* Columbus: ESCOL Publications Commitee, Dept. of Linguistics, Ohio State University.
NELS = *Proceedings of the Annual Meeting of the North East Linguistic Society.* Amherst: GLSA, Dept. of Linguistics, University of Massachusetts.
WCCFL = *Proceedings of the West Coast Conference on Formal Linguistics.* Stanford: Stanford Linguistics Association.

Aarts, B. (1992) *Small Clauses in English: The Nonverbal Types.* Berlin: Mouton de Gruyter.
Abney, S. P. (1987) *The English Noun Phrase in Its Sentential Aspect.* Ph.D. dissertation, MIT.
Akmajian, A. (1970) "On Deriving Cleft Sentences from Pseudo-Cleft Sentences," *Linguistic Inquiry* 1, 149–168.
Akmajian, A. (1977) "The Complement Structure of Perception Verbs in Autonomous Syntax Framework," *Formal Syntax*, ed. by P. W. Culicover, T. Wasow, and A. Akmajian, 427–460. New York: Academic Press.
Adrews, A. (1983) "A Note on the Constituent Structure of Modifiers," *Linguistic Inquiry* 14, 313–317.
Austin, J. L. (1962) *How to Do Things with Words.* London: Oxford University Press.
Baker, C. L. (1995) *English Syntax.* 2nd ed. Cambridge, Mass.: MIT Press.

Baker, M. (1988) *Incorporation: A Theory of Grammatical Function Changing.* Chicago: University of Chicago Press.

Baker, M., K. Johnson, and I. Roberts (1989) "Passive Arguments Raised," *Linguistic Inquiry* 20, 219–251.

Beghelli, F. (1995) *The Phrase Structure of Quantifier Scope.* Ph.D. dissertation, University of California, Los Angeles.

Bellert, I. (1977) "On Semantic and Distributional Properties of Sentential Adverbials," *Linguistic Inquiry*, 1–34.

Belletti, A. (1988) "The Case of Unaccusatives," *Linguistic Inquiry* 19, 1–34.

Belvin, R. (1993) "The Two Causative *Have*s Are the Two Possessive *Have*s," *CLS* 29, 61–75.

Bhatt, R. (1999) *Covert Modality in Non-Finite Contexts.* Ph.D. dissertation, University of Pennsylvania.

Borkin, A. (1974) *Raising to Object Position: A Study in the Syntax and Semantics of Clause Merging.* Ph.D. dissertation, University of Michigan.

Bošković, Ž. (1997) *The Syntax of Nonfinite Complementation: An Economy Approach.* Cambridge, Mass.: MIT Press.

Bowers, J. (1993) "The Syntax of Predication," *Linguistic Inquiry* 24, 591–656.

Brennan, V. M. (1993) *Root and Epistemic Modal Auxiliary Verbs.* Ph.D. dissertation, University of Massachusetts, Amherst. Reproduced by GLSA, University of Massachusetts, Amherst.

Bresnan, J. (1973) "Syntax of the Comparative Clauses," *Linguistic Inquiry* 4, 275–343.

Bresnan, J. (1975) "Comparative Deletion and Constraints on Transformations," *Linguistic Analysis* 1, 25–74.

Bresnan, J. (1991) "Locative Case vs. Locative Gender," *BLS* 17, 53–68.

Browning, M. (1987) *Null Operator Constructions.* Ph.D. dissertation, MIT. Published by Garland (1991).

Carlson, G. (1977) *Reference to Kinds in English.* Ph.D. dissertation, University of Massachusetts, Amherst. Published by Garland (1980).

Chomsky, N. (1970) "Remarks on Nominalization," *Readings in English Transformational Grammar*, ed. by R. A. Jacobs and P. S. Rosenbaum,

184–221. Waltham, Mass.: Ginn and Company.

Chomsky, N. (1973) "Conditions on Transformations," *A Festschrift for Morris Halle*, ed. by S. R. Anderson and P. Kiparsky, 232–286. New York: Holt, Rinehart and Winston.

Chomsky, N. (1977) "On Wh-Movement," *Formal Syntax*, ed. by P. W. Culicover, T. Wasow and A. Akmajian, 71–132. New York: Academic Press.

Chomsky, N. (1981) *Lectures on Government and Binding*. Dordrecht: Foris.

Chomsky, N. (1982) *Some Concepts and Consequences of the Theory of Government and Binding*. Cambridge, Mass.: MIT Press.

Chomsky, N. (1986a) *Barriers*. Cambridge, Mass.: MIT Press.

Chomsky, N. (1986b) *Knowledge of Language: Its Nature, Origin, and Use*. New York: Praeger.

Chomsky, N. (1995) *The Minimalist Program*. Cambridge, Mass.: MIT Press.

Chomsky, N. and H. Lasnik (1993) "The Theory of Principles and Parameters," *Syntax: An International Handbook of Contemporary Research*, ed. by J. Jacobs, A. von Stechow, W. Sternefeld, and T. Vennemann, 506–569. Berlin: Walter de Gruyter.

Chung, S., A. W. Ladusaw and J. McCloskey (1995) "Sluicing and Logical Form," *Natural Language Semantics* 3, 239–282.

Cinque, G. (1990) *Types of A'-Dependencies*. Cambridge, Mass.: MIT Press.

Corver, N. (1997) "*Much*-Support as a Last Resort," *Linguistic Inquiry* 28, 119–164.

Culicover, P. W. (1971) *Syntactic and Semantic Investigations*. Ph.D. dissertation, MIT.

Culicover, P. W. (1976) *Syntax*. New York: Academic Press.

Culicover, P. W. (1982) *Though-Attraction*. Distributed by Indiana University Linguistics Club.

Culicover, P. W. (1991a) "Polarity, Inversion, and Focus in English," *ESCOL* 8, 46–68.

Culicover, P. W. (1991b) "Topicalization, Inversion, and Complementizers in English," ms., Ohio State University.

Culicover, P. W. (1996) "On Distinguishing A′-Movements," *Linguistic Inquiry* 27, 445–463.

Culicover, P. W. (1997) *Principles and Parameters: An Introduction to Syntactic Theory.* Oxford: Oxford University Press.

Culicover, P. W. and M. S. Rochemont (1992) "Adjunct Extraction from NP and the ECP," *Linguistic Inquiry* 23, 496–501.

Declerck, R. (1984) "The Pragmatics of *It*-Clefts and *Wh*-Clefts," *Lingua* 64, 251–289.

Declerck, R. (1991) *Tense in English: Its Structure, and Use in Discourse.* London: Routledge.

Diesing, M. (1992) *Indefinites.* Cambridge, Mass.: MIT Press.

Doetjes, J. (1992) "Rightward Floating Quantifiers Float to the Left," *The Linguistic Review* 9, 313–332.

Emonds, J. (1976) *A Transformational Approach to English Syntax: Root, Structure-Preserving, and Local Transformations,* New York: Academic Press.

Ernst, T. B. (1984) *Toward an Integrated Theory of Adverb Position in English.* Ph.D. dissertation, Indiana University. Reproduced by Indiana University Linguistics Club.

Erteschik-shir, N. (1973) *On the Nature of Island Constraints.* Ph.D. dissertation, MIT.

Farkas, D. F. (1988) "On Obligatory Control," *Linguistics and Philosophy* 11, 27–58.

Felser, C. (1998) "Perception and Control: A Minimalist Analysis of English Direct Perception Complements," *Journal of Linguistics* 34, 351–385.

Fiengo, R. and J. Higginbotham (1981) "Opacity in NP," *Linguistic Analysis* 7, 395–422.

Geach, P. (1962) *Reference and Generality.* Ithaca, N.Y.: Cornell University Press.

Geis, M. (1970) *Adverbial Subordinate Clauses in English.* Ph.D. dissertation, MIT.

Greenbaum, S. (1969) *Studies in English Adverbial Usage.* London: Longman.

Grice, H. P. (1975) "Logic and Conversation," *Syntax and Semantics* 3:

Speech Acts, ed. by P. Cole and J. L. Morgan, 41–58. New York: Academic Press.
Grimshaw, J. (1990) *Argument Structure*. Cambridge, Mass.: MIT Press.
Grundy, P. (1995) *Doing Pragmatics*. London: Edward Arnold.
Guéron, J. (1980) "On the Syntax and Semantics of PP Extraposition," *Linguistic Inquiry* 11, 637–678.
Haegeman, L. (1991) *Introduction to Government and Binding Theory*. Oxford: Blackwell.
Haegeman, L. (2000) "Negative Preposing, Negative Inversion, and the Split CP," *Negation and Polarity: Syntactic and Semantic Perspectives*, ed. by L. Horn and Y. Kato, 21–61. New York: Oxford University Press.
Haegeman, L. and J. Guéron (1999) *English Grammar: A Generative Perspective*. Oxford: Blackwell.
Haïk, I. (1984) "Indirect Binding," *Linguistic Inquiry* 15, 185–223.
Hankamer, J. and I. A. Sag (1976) "Deep and Surface Anaphora," *Linguistic Inquiry* 7, 391–426.
Heim, I. (1982) *The Semantics of Definite and Indefinite Noun Phrases*. Ph.D. dissertation, University of Massachusetts, Amherst.
Higgins, F. R. (1973) *The Pseudo-Cleft Construction in English*. Ph.D. dissertation, MIT. Reproduced by Indiana University Linguistics Club (1976).
Hitzeman, J. (1993) *Temporal Adverbials and the Syntax-Semantics Interface*. Ph.D. dissertation, University of Rochester.
Hooper, J. B. (1975) "On Assertive Predicates," *Syntax and Semantics* 4, ed. by J. P. Kimball, 91–124. New York: Academic Press.
Hooper, J. B. and S. A. Thompson (1973) "On the Applicability of Root Transformations," *Linguistic Inquiry* 4, 465–497.
Hornstein, N. (1990) *As Time Goes By: Tense and Universal Grammar*. Cambridge, Mass.: MIT Press.
Hornstein, N. (1995) *Logical Form: From GB to Minimalism*. Oxford: Blackwell.
Hornstein, N. and D. Lightfoot (1987) "Predication and PRO," *Language* 63, 23–52.
Hornstein, N. and A. Weinberg (1981) "Case Theory and Preposition

Stranding," *Linguistic Inquiry* 12, 55–91.

Huang, C-T. J.（1982）*Logical Relations in Chinese and the Theory of Grammar.* Ph.D. dissertation, MIT.

Huddleston, R. D.（1974）"Further Remarks on the Analysis of Auxiliaries as Main Verbs," *Foundations of Language* 11, 215–229.

Iatridou, S.（1991）*Topics on Conditionals.* Ph. D. dissertation, MIT.

Imanishi, N. and I. Asano（今西典子・浅野一郎）（1990）『照応と削除』東京：大修館書店.

Jackendoff, R. S.（1972）*Semantic Interpretation in Generative Grammar.* Cambridge, Mass.: MIT Press.

Jaeggli, O.（1986）"Passive," *Linguistic Inquiry* 17, 587–622.

James, F.（1986）*Semantics of the English Subjunctive.* Vancouver: University of British Columbia Press.

Jenkins, L.（1972）*Modality in English Syntax.* Ph.D. dissertation, MIT. Reproduced by Indiana University Linguistics Club.

Jespersen, O.（1933）*Essentials of English Grammar.* London: George Allen and Unwin.

Johnston, M.（1994）*The Syntax and Semantics of Adverbial Adjuncts.* Ph.D. dissertation, University of California, Santa Cruz.

Jones, C.（1991）*Purpose Clauses: Syntax, Thematics, and Semantics of English Purpose Constructions.* Dordrecht: Kluwer.

Joseph, B.（1980）"Linguistic Universals and Syntactic Change," *Language* 56, 345–370.

Kaneko, Y.（1997）"On English Modal Sentences: Interaction of Lexical, Constructional, and Situational Meanings," *The Annual Reports of Faculty of Arts and Letters, Tohoku University*, vol. 46, 217–242.

Kaneko, Y.（金子義明）（1999）「英語法助動詞の意味解釈―語彙特性，語用論，叙述様式のインターフェイス」黒田成幸・中村捷（編）『ことばの核と周縁―日本語と英語の間』321–355. 東京：くろしお出版.

Karttunen, L.（1971）"Some Observations on Factivity," *Papers in Linguistics* 4, 55–69.

Kayne, R.（1994）*The Antisymmetry of Syntax.* Cambridge, Mass.: MIT Press.

Kikuchi, A.（1986）"On Wh-ever Concessive Clauses," *Studies in English Literature*（English number）, 39–57.

Kiparsky, P. and C. Kiparsky (1971) "Fact," *Semantics: An Interdisciplinary Reader in Philosophy, Linguistics and Psychology*, ed. by D. D. Steinberg and L. Jakobovits, 345–369. Cambridge: Cambridge University Press.

Klima, E. S. (1964) "Negation in English," *The Structure of Language*, ed. by J. A. Fodor and J. J. Katz, 246–323. Englewood-Cliffs, New Jersey: Prentice-Hall.

König, E. (1986) "Conditionals, Concessive Conditionals and Concessives," *On Conditionals*, ed. by E. Traugott, A. ter Meulen, J. S. Reilly and C. A. Furguson, 229–246. Cambridge: Cambridge University Press.

Koster, J. (1987) *Domains and Dynasties: The Radical Autonomy of Syntax*. Dordrecht: Foris.

Kratzer, A. (1989) "Stage and Individual Level Predicates," *Papers on Quantification*, NSF Grant Report, Department of Linguistics, University of Massachusetts, Amherst.

Ladusaw, W. A. (1980) *Polarity Sensitivity as Inherent Scope Relations*. New York: Garland.

Langendonck, W. van. (1980) "Indefinites, Exemplars and Kinds," *The Semantics of Determiners*, ed. by J. van der Auwera, 211–231. London: Croom Helm.

Larson, R. K. (1985) "Bare-NP Adverbs," *Linguistic Inquiry* 16, 595–621.

Larson, R. K. (1991) "*Promise* and the Theory of Control," *Linguistic Inquiry* 22, 103–139.

Lasnik, H. and R. Fiengo (1974) "Complement Object Deletion," *Linguistic Inquiry* 5, 535–571.

Lasnik, H. and M. Saito (1992) *Move α: Conditions on Its Application and Output*. Cambridge, Mass.: MIT Press.

Lasnik, H. and J. Uriagereka (1988) *A Course in GB Syntax: Lectures on Binding and Empty Categories*. Cambridge, Mass.: MIT Press.

Levin, B. (1993) *English Verb Class and Alternations: A Preliminary Investigation*. Chicago: University of Chicago Press.

Levin, B. and M. Rappaport Hovav (1995) *Unaccusativity: At the Syntax-Lexical Semantics Interface*. Cambridge, Mass.: MIT Press.

Lewis, D. (1975) "Adverbs of Quantification," *Formal Semantics of Natural Language*, ed. by E. Keenan, 3–15. Cambridge: Cambridge University Press.

Liberman, M. (1975) "On Conditioning the Rule of Subj.-Aux Inversion," *NELS* 5, 77–91.

Linebarger, M. (1980) *The Grammar of Negative Polarity*. Ph.D. dissertation, MIT.

Linebarger, M. (1987) "Negative Polarity and Grammatical Representation," *Linguistics and Philosophy* 10, 325–387.

Linebarger, M. (1991) "Negative Polarity as Linguistic Evidence," *CLS* 27, 165–188.

Lobeck, A. (1995) *Ellipsis: Functional Heads, Licensing and Identification*. Oxford: Oxford University Press.

Lobeck, A. (1999) "VP Ellipsis and the Minimalist Program," *Fragments: Studies in Ellipsis and Gapping*, ed. by S. Lappin and E. Benmamoun, 98–123. Oxford: Oxford University Press.

Löscher, A. (1992) "The Pragmatics of Nonreferential Topics in German (and Other Languages)," *Linguistics* 30, 123–145.

Martin, R. (1992) "On the Distribution and Case Features of PRO," ms., University of Connecticut.

May, R. (1977) *The Grammar of Quantification*. Ph.D. dissertation, MIT.

May, R. (1985) *Logical Form: Its Structure and Derivation*. Cambridge, Mass.: MIT Press.

McCawley, J. D. (1971) "Tense and the Time Reference in English," *Studies in Linguistic Semantics*, ed. by C. J. Fillmore and D. T. Langendoen, 96–113. New York: Holt, Rinehart, and Winston.

McCawley, J. D. (1983) "What's with *With*," *Language* 59, 271–287.

McCawley, J. D. (1988) *The Syntactic Phenomena of English*. Chicago: Chicago University Press.

Milsark, G. L. (1974) *Existential Sentences in English*. Ph.D. dissertation, MIT. Published by Garland (1979).

Müller, G. and W. Sternefeld (1993) "Improper Movement and Unambiguous Binding," *Linguistic Inquiry* 24, 461–507.

Nagahara, Y. (長原幸雄) (1990) 『関係節』 東京: 大修館書店.

Nakajima, H. (1989) "Bounding of Rightward Movements," *Linguistic*

Inquiry 20, 328–334.

Nakajima, H.（中島平三）(1989)「主述関係の諸問題 (1) (2)」『英語青年』135 巻 11 月号, 374–376; 12 月号, 443–445.

Nakamura, M.（中村捷）(1996)『束縛関係: 代用表現と移動』東京: ひつじ書房.

Newmeyer, F. J. (1970) "The 'Root' Modal: Can It Be Transitive?" *Studies Presented to Robert B. Lees by His Students*, ed. by J. M. Sadock and A. L. Vanek, 189–196. Edmonton: Linguistic Research.

Nishikawa, Y. (1990) "Evidence for the Existence of AGR Phrase: Heavy NP Shift," *English Linguistics* 7, 14–31.

Palmer, F. R. (1990) *Modality and the English Modals.* 2nd ed. London: Longman.

Papafragou, A. (2000) *Modality: Issues in the Semantics-Pragmatics Interface.* Oxford: Elsevier.

Perlmutter, D. (1970) "The Two Verbs *Begin*," *Readings in English Transformational Grammar*, ed. by R. A. Jacobs and P. S. Rosenbaum, 107–119. Waltham, Mass.: Ginn and Company.

Perlmutter, D. (1971) *Deep and Surface Structure Constraints in Syntax.* New York: Holt, Rinehart, and Winston.

Pesetsky, D. (1989) "Language Particular Rules and the Earliness Principle," ms., MIT.

Pinker, S. (1989) *Learnability and Cognition: The Acquisition of Argument Structure.* Cambridge, Mass.: MIT Press.

Pinkham, J. (1982) *The Formation of Comparative Clauses in French and English.* Ph.D. dissertation, Harvard University. Distributed by Indiana University Linguistics Club.

Postal, P. (1971) *Crossover Phenomena.* New York: Holt, Rinehart, and Winston.

Postal, P. (1974) *On Raising: One Rule of English Grammar and Its Theoretical Implications.* Cambridge, Mass.: MIT Press.

Potsdam, E. (1998) *Syntactic Issues in the English Imperatives.* New York: Garland.

Prince, E. F. (1978) "A Comparison of *Wh*-Clefts and *It*-Clefts in Discourse," *Language* 54, 883–906.

Pustejovsky, J. (1995) *The Generative Lexicon.* Cambridge, Mass.: MIT

Press.

Quirk, R., S. Greenbaum, G. Leech, and J. Svartvik (1985) *A Comprehensive Grammar of the English Language.* London: Longman.

Radford, A (1981) *Transformational Syntax: A Student's Guide to Chomsky's Extended Standard Theory.* Cambridge: Cambridge University Press.

Radford, A. (1997) *Syntactic Theory and the Structure of English: A Minimalist Approach.* Cambridge: Cambridge University Press.

Rando, E. and D. J. Napoli (1978) "Definiteness in *There*-Sentences," *Language* 54, 300–313.

Reichenbach, H. (1947) *Elements of Symbolic Logic.* New York: Macmillan.

Reinhart, T. (1976) *The Syntactic Domain of Anaphora.* Ph.D. dissertation, MIT.

Reinhart, T. (1980) "On the Position of Extraposed Clauses," *Linguistic Inquiry* 11: 621–624.

Reinhart, T. (1983) *Anaphora and Semantic Interpretation.* Chicago: University of Chicago Press.

Riddle, E. (1975) "Some Pragmatic Conditions on Complementizer Choices," *CLS* 11, 467–473.

Riemsdijk, H. van and E. Williams (1986) *Introduction to the Theory of Grammar.* Cambridge, Mass.: MIT Press.

Ritter, E. and S. T. Rosen (1993) "Deriving Causation," *Natural Language and Linguistic Theory* 11, 519–555.

Rizzi, L. (1990) *Relativized Minimality.* Cambridge, Mass.: MIT Press.

Rizzi, L. (1996) "Residual Verb Second and the Wh-Criterion," *Parameters and Functional Heads*, ed. by A. Belletti and L. Rizzi, 63–90. Oxford: Oxford University Press.

Rochemont, M. S. (1978) *A Theory of Stylistic Rules in English.* Ph.D. dissertation, University of Massachusetts, Amherst.

Rochemont, M. and P. W. Culicover (1990) *English Focus Constructions and the Theory of Grammar.* Cambridge: Cambridge University Press.

Rodman, R. (1974) "On Left Dislocation," *Papers in Linguistics* 7, 437–466.

Ross, J. R. (1967) *Constraints on Variables in Syntax.* Ph.D. dissertation,

MIT.
Ross, J. R. (1969) "A Proposed Rule of Tree-Pruning," *Modern Studies in English: Readings in Transformational Grammar*, ed. by D. Reibel and S. Schane, 288–299. Englewood Cliffs, New Jersey: Prentice-Hall.
Ross, J. R. (1970) "On Declarative Sentences," *Readings in English Transformational Grammar*, ed. by R. A. Jacobs and P. S. Rosenbaum, 222–272. Waltham, Mass: Ginn and Company.
Ross, J. R. (1973) "Nouniness," *Three Dimensions of Linguistic Theory*, ed. by O. Fujimura, 137–257. Tokyo: TEC.
Ross, J. R. (1986) *Infinite Syntax!* Norwood, New Jersey: Ablex.
Rothstein, S. (1983) *The Syntactic Form of Predication*. Ph.D. dissertation, MIT.
Safir, K. (1983) "On Small Clauses as Constituents," *Linguistic Inquiry* 14, 730–735.
Safir, K. (1986) "Relative Clauses in a Theory of Binding and Levels," *Linguistic Inquiry* 17, 663–689.
Sag, I. A. (1976) *Deletion and Logical Form*. Ph. D. dissertation, MIT. Published by Garland (1980).
Sakakibara, H. (1982) "*With*-Construction in English," *Studies in English Literature* (English number), 79–95.
Schachter, P. (1973) "Focus and Relativization," *Language* 49, 19–46.
Schachter, P. (1981) "Lovely to Look at," *Linguistic Analysis* 8, 431–448.
Searle, J. R. (1969) *Speech Act: An Essay in the Philosophy of Language*. London: Cambridge University Press.
Sportiche, D. (1983) *Structural Invariance and Symmetry in Syntax*. Ph.D. dissertation. MIT.
Sportiche, D. (1988) "A Theory of Floating Quantifiers and Its Corolaries for Constituent Structure," *Linguistic Inquiry* 19, 425–449.
Steever, S. B. (1977) "Raising, Meaning, and Conversational Implicature," *CLS* 13, 590–602.
Stowell, T. (1978) "What Was There before There Was There," *CLS* 14, 458–471.
Stowell, T. (1981) *Origins of Phrase Structure*. Ph.D. dissertation, MIT.
Stowell, T. (1983) "Subjects Across Categories," *The Linguistic Review* 2,

285–312.
Stowell, T. (1991) "The Alignment of Arguments in Adjective Phrases," *Syntax and Semantics* 25: *Perspectives on Phrase Structure: Head and Licensing*, ed. by S. D. Rothstein, 105–135. San Diego, Calif.: Academic Press.
Stuurman, F. (1990) *Two Grammatical Models of Modern English: The Old and the New from A to Z.* London: Routledge.
Swan, M. (1980) *Practical English Usage.* London: Oxford University Press.
Takami, K. (高見健一) (1995)『機能的構文論による日英語比較』東京: くろしお出版.
Tenny, C. L. (1994) *Aspectual Roles and the Syntax-Semantics Interface.* Dordrecht: Kluwer.
Thomas, J. (1995) *Meaning in Interaction: An Introduction to Pragmatics.* London: Longman.
Thompson, E. (1996) *The Syntax of Tense.* Ph.D. dissertation, University of Maryland.
Vendler, Z. (1967) *Linguistics in Philosophy.* Ithaca: Cornell University Press.
Warner, A. R. (1993) *English Auxiliaries: Structure and History.* Cambridge: Cambridge University Press.
Whitney, R. (1982) "The Syntactic Unity of Wh-Movement and Complex NP Shift," *Linguistic Analysis* 10, 299–319.
Williams, E. (1980) "Predication," *Linguistic Inquiry* 11, 203–238.
Williams, E. (1982) "The NP cycle," *Linguistic Inquiry* 13, 277–295.
Williams, E. (1983) "Against Small Clauses," *Linguistic Inquiry* 14, 287–304.
Wouden, T. van der (1997) *Negative Contexts: Collocation, Polarity and Multiple Negation.* London: Routledge.
Wurmbrand, S. (1999) "Modal Verbs Must Be Raising Verbs," *WCCFL* 18, 599–612.
Zhang, S. (1991) "Negation in Imperatives and Interrogatives: Arguments against Inversion," *CLS* 27, 359.
Zwarts, F. (1998) "Three Types of Polarity," *Plural Quantification*, ed. by F. Hamm and E. Hinrichs, 177–238. Dordrecht: Kluwer.

索　引

あ　行

アスペクト　31
位置交替（locative alternation）　38
一致（agreement）　62, 85
イディオム要素（idiom chunk）　73
移動規則　8
意図性（intentionality）　36
イベント（event）項　138
意味役割　58
意味役割（θ-role）の吸収　52
意味論（semantics）　2
右方転位構文（right dislocation）　105
演算子（operator）　232
演算子移動　74
演算子・変項（operator-variable）　72
音韻論（phonology）　2

か　行

外項（external argument）　42
階層構造（hierarchical structure）　2
外置　108, 158
会話の公理（conversational maxim）　247
格（Case）　53
格の吸収　52
格フィルター（Case Filter）　53
下接の条件（subjacency condition）　66
仮定法（subjunctive mood）　21
仮定法現在　28
過程名詞（process nominal）　148
下方含意（downward-entailment）　178, 204
関係詞　95
関係詞演算子（relative operator）　72

関係節（relative clause）　71
関係副詞　77
完成（accomplishment）　31, 37
間接疑問縮約（sluicing）　117
間接疑問文　230
間接発話行為（indirect speech act）　249
感嘆文　123, 179
完了（perfect）の助動詞 have　12, 19
擬似受動文（pseudo-passive）　54
擬似分裂文（pseudo-cleft sentence）　91, 97, 130, 170
記述の述語（depictive predicate）　155
寄生空所（parasitic gap）　96, 164, 178
義務的（deontic）　22
義務的（obligatory）コントロール　136
疑問文　61
逆行的束縛　45
逆行連結（inverse linking）　237
旧情報　56, 92, 97, 104, 226
境界性　32
境界節点（bounding node）　66
境界的（bounded, delimited, telic）　32
協調の原則（co-operative principle）　247
極性（polarity）　201
虚辞（expletive）の it　44, 129
虚辞（expletive）の there　83, 129, 143, 166
均一性　36
空演算子（null operator: Op）　72, 95, 163, 179
空演算子（Op）の移動　173
空所化（gapping）　118
屈折（inflection）　12

繰り上げ（raising）構文　56
経験者（Experiencer）　42, 45, 127
形式主語・天候の it　56, 143
形式助動詞の do　28
継続性　33
結果構文（resultative construction）152, 159
結果名詞（result nominal）　148
言語知識（linguistic knowledge）　1
現在形　34
限定表現（restriction）　232
語彙意味論（lexical semantics）　42
語彙概念構造（lexical conceptual structure）　49
項（argument）　42, 58
行為名詞形（action nominal）　142
項構造（argument structure）　42
（弱）交差現象（（weak）crossover phenomena）　240
構成素（constituent）　2
構成素統御（c-command）　194
構成素否定（constituent negation）　202
構造保持制約（structure-preserving constraint）　59
個体レベル（individual-level）　40
個体レベル（individual-level）述語　86, 188
コメント（評言）　101
根源的（root）　22
根源的解釈　22
コントローラー（controller）　131
コントロール（制御）　131
コントロール動詞（control verb）　132

さ　行

再帰形　192
再帰代名詞　154
最上級　175
最小領域（minimal domain）　157
最短移動条件　60
最短距離の原理（minimal distance principle）　133, 135
再分析（reanalysis）　54
左方転位構文（left dislocation）　103
作用域（scope）　215, 217, 232, 234
恣意的（arbitrary）解釈　136
使役起動交替（causative-inchoative alternation）　47
使役構文　127
使役主（causer）　127
思考動詞（verb of thinking）　125
指示時（reference time: R）　14
指示表現（referring expression）　196
事象時（event time: E）　14
時制（tense）　11
時制の調和（tense harmony）　20
指定主語（specified subject）　193
指定的解釈　100
指定部（Specifier）　7
指定部・主要部の一致（SPEC-head agreement）　65, 116
指定（specificational）文　100
支配　195
指標（index）　232
島（island）　66
姉妹要素　5
島の制約　74
弱交差現象（weak crossover phenomena）　240
自由関係節（free relative）　77, 99, 230
重名詞句転移（heavy NP shift: HNPS）　106, 119
主格（Nominative Case）　53
主語コントロール（subject control）　132, 139
主語志向の（subject-oriented）副詞　214
主語条件（subject condition）　67, 74, 101, 178
主題（Theme）　42
主題役割付与一様性の仮説（uniformity

of theta assignment hypothesis: UTAH）46
出所（Source）42
受動形態素 en 52
受動（passive）態の be 128
受動文 51
主要部（head）6
照応表現（anaphor）196
小節（small clause: SC）44, 83, 86, 151, 152, 160
状態（state）31
焦点（focus）91, 92
焦点話題化（focus-topicalization）103
上方含意（upward-entailment）204
上方制限 105, 107
譲歩節 228
省略 111
叙実性（factivity）121
叙実的（factive）述語 121, 147
叙述（predication）151
叙述規則（rule of predication）163
叙述的解釈 100
叙述的用法（predicational）の be 動詞 83
叙述（predicational）文 100
助動詞（auxiliary）12
所有格（possessive）動名詞 142, 145
進行形 34
進行（progressive）相の be 128
進行（progressive）の助動詞 be 12
新情報 56, 92, 97, 104, 226
心理（psychological）動詞 45
随意的コントロール 136
遂行節（performative clause）224
遂行動詞（performative verb）242
遂行文（performative sentence）242
遂行分析（performative analysis）243, 244
随伴（pied-pipe）74
数量詞（quantifier）231

数量詞繰り上げ（Quantifier Raising: QR）218, 233
ステージレベル（stage-level）40
ステージレベル（stage-level）述語 86, 188
制御可能性条件 27
制限的（restrictive）183
制限的（restrictive）関係節 71, 79, 183
接辞（affix）11
先行詞繰り上げ分析 73
潜在項（implicit argument）138
全体的読み（holistic reading）38
選択疑問文（alternative question）61
前置詞句外置（PP extraposition）185
前提 121, 124, 225
前提の読み（presuppositional reading）186–188
前提名詞句制約（Presuppositional NP Constraint）185
相互指示表現（reciprocal）195
総称的解釈 188
挿入句 124
属格の's 116
束縛（bind）194
束縛原理（Binding Principle）63, 197
束縛代名詞（bound pronoun）218, 236, 240
存在数量詞（existential quantifier）88, 231
存在の（existential）there 構文 82, 83
存在の解釈 188
存在の読み（existential reading）186–188

た　行

対格（Accusative Case）53
対格（accusative）動名詞 142, 145
代不定詞（pro-infinitive）113
代名詞 191
多重 wh 疑問文（multiple wh-interroga-

tive） 69
達成（achievement） 31
段階性 176
段階的（gradable） 176
単純未来形 18
断定（assertion） 123, 124, 225
断定性（assertivity） 125
知覚動詞 129
着点（Goal） 42
中間交替（middle alternation） 50
中間構文 50
長距離（long distance）コントロール 137
直接作用域制約（Immediate Scope Constraint = ISC） 207
直説法（indicative mood） 21
定形（finite） 13
定形（finite）節 126
提示（presentation） 90
提示の（presentational）there 構文 82
定性制限（definiteness restriction） 87, 89
程度表現 175
定名詞句（definite NP） 87, 181
出来事名詞（event nominal） 148
天候の it 154
問い返し疑問文（echo question） 68
等位構造制約 104, 178
等位接続構造 118
同一性（identity） 112, 113
統語構造（syntactic structure） 1
統語論（syntax） 2
動作（activity） 31, 37
動作主（Agent） 42
動作主性（agentivity） 36
動詞句外（outside verbal）there 構文 82, 89
動詞句内（inside verbal）there 構文 82, 88
動詞的（verbal）動名詞 142

動的（dynamic） 22
同等比較節 177
動名詞（gerund） 141
時の副詞節 20
特定性条件（Specificity Condition） 185
特定的解釈 189

な 行

内項（internal argument） 42
二次述語（secondary predicate） 152, 155
二重詰め COMP（doubly-filled COMP）制約 72, 76
二重目的語構文 49, 133, 164, 166
認識様態（epistemic） 20, 22
認識様態の解釈 22
能格（ergative）動詞 47
能動文 51

は 行

場所（Location） 42
派生接尾辞（derivational affix） 148
派生名詞化形 46, 147
発言動詞（verb of saying） 125
発話（speech） 242
発話行為（speech act） 242, 245
発話時（speech time: S） 14
発話内行為（illocutionary act） 245
発話媒介行為（perlocutionary act） 245
半叙実の述語（semi-factive predicate） 123
範疇素性（categorial feature） 93
被影響性（affectedness） 38
比較級 175
比較構文 171
比較削除（comparative deletion） 172
比較削除構文 171
比較小削除 173
比較小削除構文 171

比較省略（comparative ellipsis） 174
比較省略構文 172
非境界的（unbounded, non-delimited, atelic） 32
非局所的繰り上げ（super-raising） 59
非叙実的（non-factive）述語 121, 147
非制限的（nonrestrictive） 183
非制限的関係節（nonrestrictive relative: NR） 79, 183
非対格仮説（unaccusative hypothesis） 43
非対格（unaccusative）動詞 43, 84, 88, 109
左枝分かれ条件 104
非段階的（non-gradable） 176
否定 217, 222
否定極性構文 177
否定極性表現（negative polarity item: NPI） 80, 202
非定形（non-finite） 13
非定形 IP 節 126
否定倒置構文 208
非特定的解釈 189
非能格（unergative）動詞 43, 88
付加疑問 85, 201
付加疑問文 26
付加詞条件（adjunct condition） 67
付加詞の島 101
不完全自動詞 44
複合名詞句制約（complex NP constraint） 66, 74, 101, 104, 178
不定詞関係節 75, 137
不定名詞句（indefinite NP） 87, 182
不定名詞句と特定性 182
不定名詞句の特定的(specific)用法 182
不定名詞句の非特定的（non-specific）用法 182
普遍数量詞（universal quantifier） 88, 231
文主語制約 104

文否定（sentence negation） 201
文副詞 18, 154, 211, 217
文法（grammar） 1
分裂文（cleft sentence） 91, 92
ペア・リストの解釈（pair-list interpretation） 69
平行性の条件（parallelism requirement） 114
変項（variable） 72, 232
法助動詞（modal） 12, 21
補部（Complement） 6
補文標識（Complementizer） 7

ま 行

未完了のパラドックス（imperfective paradox） 35
無冠詞複数形 39, 188
ムード（叙法）（mood） 21, 25
名詞化（nominalization） 147
名詞句からの外置（extraposition from NP） 108
名詞句内省略 115
名詞的（nominal）動名詞 142
命令文 25
命令法（imperative mood） 21, 25
目的語コントロール（object control） 132, 139
目的節（purpose clause） 137, 149, 169
モダリティー（modality） 21
元位置の wh 句（wh-in-situ） 68

や・ら・わ 行

遊離数量詞（floating quantifier） 215, 238
ゆるい同一性（sloppy identity） 113–114
様態の（manner）の副詞 212
与格交替（dative alternation） 48
与格（dative）構文 133, 164, 166
リスト（list）の there 構文 82

理由節（rationale clause） 137, 169
量化の副詞（adverb of quantification） 186, 218
リンキング規則（linking rule） 43
リンキングパラドックス 46
例外的格標示（exceptional case marking: ECM）構文 126
連続循環的な適用（successive cyclic application） 68
ロバ文（donkey sentence） 219
論理形式（logical form） 232
話者志向の（speaker-oriented）副詞 214
話題化構文（topicalization） 101, 103
話題話題化（topic topicalization） 103

A～Z
affective 202, 203
as 節 228
because 節 221, 226
clever 構文 168
CP 7
D 構造（D-structure） 10
do 支持（do-support） 64
do 挿入 28
do it 198
do so 代入（do so substitution） 197
DP 7, 116, 144
eager 構文 168
ECM 構文 126
enough-to 構文 178
give 動詞 48
have 構文 127, 128
how 型感嘆文 179
how 疑問文 177
if 節 224
INFL (=I) 12, 153
-ing 知覚構文 129
IP 7
it 外置（it extraposition） 109
LF 233
make 構文 127, 128
NegP 128
no matter wh 節 230
NP 移動 58
one 199
persuade 類の動詞 134
pretty 構文 167
PRO 131, 146
promise 133, 139
[+Q] 素性 64
QR 234
S 構造（S-structure） 10
since 節 226
that-t 効果 102
that 補文 121
there 構文 81
though 移動（though-movement） 229
though 節 228
too / enough 構文 165
too-to 構文 178
tough 構文 161
VP 省略（VP ellipsis） 112
VP 内主語仮説（VP-internal Subject Hypothesis） 189
VP 副詞 18, 211, 215
wh 移動（wh-movement） 62, 64
wh 疑問文（wh-question） 61
wh 島（wh-island） 66
wh 島条件 74, 178
[+wh] 素性 64
wh-ever 句 78
wh-ever 節 230
what 型感嘆文 179
with 絶対構文（with absolute construction） 153
X′ 理論 5
Yes-No 疑問文（Yes-No question） 61, 64
θ 規準（θ-criterion） 58

執筆者一覧

執　筆　者	担当章
中村　　捷（東北大学名誉教授）	1
金子義明（東北大学）	2, 3
朝賀俊彦（福島大学）	16, 19
内田　　恵（静岡大学）	25
小川芳樹（東北大学）	22, 24
奥野忠徳（弘前大学名誉教授）	13, 21
川平芳夫（東北大学名誉教授）	8, 23
島　　越郎（東北大学）	6, 17
鈴木　　亨（山形大学）	14, 15
富澤直人（山形大学）	9, 10
中村良夫（横浜国立大学）	7
西山國雄（茨城大学）	4, 20
畠山雄二（東京農工大学）	11, 18
丸田忠雄（東京理科大学特任教授）	5
遊佐典昭（宮城学院女子大学）	12

（2020年4月現在）

編者紹介

中村　捷（なかむら　まさる）　1945年生まれ．現在東北大学名誉教授．博士（文学）．MIT, カリフォルニア大学留学．主著:『形容詞』(「現代の英文法」7, 共著, 研究社, 1976),『意味論』(「英語学大系」5, 共著, 大修館書店, 1983),『束縛関係—代用表現と移動』(ひつじ書房, 1996),『生成文法の基礎—原理とパラメターのアプローチ』(共著, 研究社, 1989),『生成文法の新展開—ミニマリスト・プログラム』(共著, 研究社, 2001) など．

金子義明（かねこ　よしあき）　1956年生まれ．現在東北大学大学院文学研究科教授．博士（文学）．MIT留学．主著:『生成文法の基礎—原理とパラミターのアプローチ』(共著, 研究社, 1989),『生成文法の新展開—ミニマリスト・プログラム』(共著, 研究社, 2001),『機能範疇』(「英語学モノグラフシリーズ」8, 共著, 研究社, 2001), など．

KENKYUSHA

〈検印省略〉

英語の主要構文

2002 年 4 月 25 日　初版発行　　2022 年 7 月 8 日　6 刷発行

編　者	中　村　　捷・金　子　義　明
発行者	吉　田　尚　志
発行所	株式会社　研　究　社
	〒102–8152　東京都千代田区富士見 2–11–3
	電話　03(3288)7711(編集)　　03(3288)7777(営業)
	https://www.kenkyusha.co.jp/
	振替　00150–9–26710
印刷所	図書印刷株式会社

表紙デザイン：井村治樹　　　　　　　　　Printed in Japan
ISBN 978–4–327–40129–0　C3080

既刊の語学書

原口庄輔・中島平三・中村　捷・河上誓作 著
英語学モノグラフシリーズ　1
ことばの仕組みを探る
　　—生成文法と認知文法
　　A5 判　240 頁

＊

立石浩一・小泉政利 著
英語学モノグラフシリーズ　3
文 の 構 造
　　A5 判　216 頁

＊

中村　捷・金子義明・菊地　朗 共著
生 成 文 法 の 基 礎
　　　　——原理とパラミターのアプローチ
　　A5 判　264 頁

＊

中村　捷・金子義明・菊地　朗 共著
生 成 文 法 の 新 展 開
　　　　——ミニマリスト・プログラム
　　A5 判　312 頁

＊

原口庄輔・中村　捷 編
チョムスキー理論辞典
　　四六判　602 頁

編者紹介

中村　捷（なかむら　まさる）　1945年生まれ．現在東北大学名誉教授．博士（文学）．MIT, カリフォルニア大学留学．主著:『形容詞』（「現代の英文法」7, 共著, 研究社, 1976）,『意味論』（「英語学大系」5, 共著, 大修館書店, 1983）,『束縛関係―代用表現と移動』（ひつじ書房, 1996）,『生成文法の基礎―原理とパラミターのアプローチ』（共著, 研究社, 1989）,『生成文法の新展開―ミニマリスト・プログラム』（共著, 研究社, 2001）など．

金子義明（かねこ　よしあき）　1956年生まれ．現在東北大学大学院文学研究科教授．博士（文学）．MIT留学．主著:『生成文法の基礎―原理とパラミターのアプローチ』（共著, 研究社, 1989）,『生成文法の新展開―ミニマリスト　プログラム』（共著, 研究社, 2001）,『機能範疇』（「英語学モノグラフシリーズ」8, 共著, 研究社, 2001）, など．

KENKYUSHA
〈検印省略〉

英語の主要構文

2002年4月25日　初版発行　　2022年7月8日　6刷発行

編　者	中　村　　捷・金　子　義　明	
発行者	吉　田　尚　志	
発行所	株式会社　研　究　社	

〒102–8152　東京都千代田区富士見2–11–3
電話　03(3288)7711(編集)　　03(3288)7777(営業)
https://www.kenkyusha.co.jp/
振替　00150–9–26710

印刷所　図書印刷株式会社

表紙デザイン：井村治樹　　　　　　Printed in Japan
　　　　　ISBN 978–4–327–40129–0　C3080

既刊の語学書

原口庄輔・中島平三・中村　捷・河上誓作 著
英語学モノグラフシリーズ　1
ことばの仕組みを探る
　　―生成文法と認知文法
　　A5判　240頁

*

立石浩一・小泉政利 著
英語学モノグラフシリーズ　3
文　の　構　造
　　A5判　216頁

*

中村　捷・金子義明・菊地　朗 共著
生　成　文　法　の　基　礎
　　　　――原理とパラミターのアプローチ
　　A5判　264頁

*

中村　捷・金子義明・菊地　朗 共著
生　成　文　法　の　新　展　開
　　　　――ミニマリスト・プログラム
　　A5判　312頁

*

原口庄輔・中村　捷 編
チョムスキー理論辞典
　　四六判　602頁